易语文
——小学语文教学新思维

陈曦 编著

海峡出版发行集团 福建教育出版社

图书在版编目（CIP）数据

易语文：小学语文教学新思维/陈曦编著. —福州：福建教育出版社，2017.8（2022.1 重印）
ISBN 978-7-5334-7790-5

Ⅰ.①易… Ⅱ.①陈… Ⅲ.①小学语文课－教学研究
Ⅳ.①G633.302

中国版本图书馆 CIP 数据核字（2017）第 174381 号

Yiyuwen—Xiaoxue Yuwen Jiaoxue Xin Siwei

易语文——小学语文教学新思维
陈　曦　编著

出版发行	福建教育出版社
	（福州市梦山路 27 号　邮编：350025　网址：www.fep.com.cn
	编辑部电话：0591-83726147　83786912
	发行部电话：0591-83721876　87115073　010-62027445）
出 版 人	江金辉
印　　刷	北京一鑫印务有限责任公司
	（北京市顺义区北务镇政府西 200 米　邮编：101300）
开　　本	710 毫米×1000 毫米　1/16
印　　张	14.5
字　　数	276 千字
版　　次	2017 年 8 月第 1 版　2022 年 1 月第 2 次印刷
书　　号	ISBN 978-7-5334-7790-5
定　　价	32.00 元

如发现本书印装质量问题，请向本社出版科（电话：0591-83726019）调换。

序一

杨再隋

1997年10月，全国小语会青年教师阅读教学大赛在安徽马鞍山市隆重举行。比赛有两个赛场，我被委派为其中一个赛场的评委召集人。陈曦作为福建省参赛代表刚好分在我所在的赛场里。第一天下午，陈曦执教《灰雀》。上课之前，稍有紧张，但很快平静下来。教学中，陈曦以对学生身心特点的清晰认识和对课文重难点的准确把握，因势利导，收放自如，学生情绪很快被调动起来，课堂氛围十分活跃，真是思维和想象共舞，语言与智慧齐飞。全场观摩教师鸦雀无声，评委频频点头。我的印象中，在评选大赛一等奖（即特等奖）时，陈曦是毫无争议的一位。许汉先生、吴立岗教授、朱作人教授和宋德福先生等都给予了充分的肯定。

赛课后不久，陈曦应我之邀到武汉等地做示范课，均受到好评。几次接触之后，我不只感到她喜爱语文教学，真心实意想当一名出色的语文教师，而且觉得她的言谈举止，气质风度天生就具有做一位好老师的潜质，真是一位眼神里满含着慈爱、友善、温情，透着智慧，透着真情的好老师。

好多年过去了，我们很少联系，偶尔也听到有关陈曦的零零星星的信息。有好几年，在小语界，陈曦仿佛销声匿迹了。后来才知道，这些年正是陈曦拜师学艺、潜心静思、养精蓄锐、蓄势待发的几年。果然，沉寂数年之后，昔日"灰雀"又展翅飞翔了。

如果说，当年还是晨曦（陈曦谐音）初见，而今正是旭日东升。不仅"陈曦名师工作室"成绩斐然，而且她在学校管理上也颇有建树。

和我对待其他教学风格一样，对陈曦提出的"易语文"，我是赞赏的。我一直认为，在中国语文界出现十几个，甚至几十个确有特色且有成效的教学风格，不是多了，而是少了。在教学实践中，教师以不同视角，从不同的切入点对语文教学的规律作深入的、有创见的探索是十分可贵的。各种教学风格相互砥砺，彼此切磋，取长补短，共同进步，标志着语文教学的繁荣。语文教学园地里百花盛开、万紫千红、争奇斗艳、交相辉映中，展现出语文教学的勃勃生机。

"易语文"是从被喻为"百经之首，大道之源"的古代《易经》中获得灵感，陈曦根据语文教学特点而提出的教学主张。"易语文"把当代小学语文教学研究和古代《易经》根系相连，力求扎根于中华传统文化的土壤，让它舒枝展叶，开花结果，这无疑是一件开创性的工作，给语文教学研究拓展了新视野，打开了新思路。

的确，这些年我们似乎过分醉心于对西方教育理论的引进（学习借鉴未尝不可），不少教改实验的理论依据大都是舶来品，教师对中华传统文化中的教育思想的发挥和研究兴趣不大，热情不高，在某些人眼里，甚至成为落后、保守、陈旧的代名词。这些现象难道不应引起我们的警觉吗？

陈曦以她的执着和智慧敢于在语文教学研究上另辟蹊径，在中华民族的精神命脉中去挖掘语文教学生长、发育的源泉，真是难能可贵！是的，"易语文"刚刚生根发芽，只有两片小小的嫩叶，然而它朝气蓬勃，充满生机。不成熟的创新远胜于平庸的因循守旧。

《易经》作为中华传统文化中的瑰宝，博大精深，其蕴含的智慧使多少学者皓首穷经，有的甚至步入了神秘主义的迷途。陈曦从中汲取了和语文教学有关的思想精华，抓住了"易则易知，简则易从"这样的"天下至理"，力图使语文教学拂去尘埃，剔除冗余，从繁琐纷乱的状态回归到语文教学的本源、本真、本体和本色。她严谨的科学态度和积极的探索精神是值得赞许的。

中国汉字太美妙了，一个"易"字，其含义既有容易、平易、简易、轻易之说，又有变易、变换、交换之论。陈曦针对当前语文教学"少、慢、差、费"的现状和教师"忙、慢、漫、盲"的窘境，为创建"简约、高效"的教学模式，提出了"易语文"的教学主张，初步概括了"易语文"的三层含义，即"不易""简易""变易"。三者相互联系又相互制约，其中又以"变易"作为"易语文"的精髓。按照辩证法观点，事物总是发展变化的，都具有两面性，并在一定条件下相互转化。不变是变化中的统一，变易是统一中的变化。事物正是在变与不变，否定与肯定的相互转化中不断发展的。陈曦提到的教学过程中教与学的辩证统一、掌握知识与境界能力的辩证统一、教学内容和教学形式的辩证统一、关注预设与关注生长的辩证统一，以及培养学生的语文素养和提升教师的专业素养的辩证统一等等，都是在变与不变之中，变化与和谐之中，求得和谐统一，促进发展的。这就是我国古代先哲们的辩证法，也就是科学的方法论。由此推而广之，例如，在语文教学中继承中华文化传统和富于时代价值观之间的关系，打好基础和培养创新精神的关系，重视学生个体言语实践和倡导合作学习的关系等等，都要如陈曦所言，要"遵循'相生相克、和谐共存、转化适应'的规律""以全息的辩证的眼光正视矛盾的存在，恰到好处地转化这些矛盾，使之达到'中和'的最佳状态""让我们不逆天违常，顺时适变，使教育教学的生命保持长久的活力"。

马克思说："辩证法是新知识的生长点，是创造思维的源泉。"陈曦在《易经》中，取其精华，为语文教学所用，给语文教学研究拓展了视野，注入了活力。语文教学的简化将导致语文教学的活化。活化了的语文将赋予文字以生命。课文不仅有静态的画面感,而且有动态的立体感。学生疲惫的灵性被激活,沉睡的悟性被唤醒,思维活起来,想象力飞起来,语言也鲜活起来了。这样的语文教学,学生还会感到枯燥乏味吗?

本书收录了不少精选出来的陈曦课堂观察,大体上勾勒出了陈曦语文教学的轮廓和思路,全景式地展现了陈曦及语文工作室成员语文教学的样式和格调。正是这些具体生动的课例诠释,演绎了陈曦特有的教学风格。本书中的课例不是完美无缺的,但却能给人启迪,引发思考。我常说,课如其人,人无完人,课无完课,没有缺点的课并非好课。课因为有缺点,有不足,才留下了思维和想象的空间,激发我们去探索,去研究。

对这些课例,我不便多做点评,毕竟不是现场观察,缺乏感性认知。我非常赞同陈宝铝先生对陈曦执教《将相和》一课的"品课综述",他说:"陈曦老师倡导'易语文',她的课一向简单、扎实、灵动。"陈曦成长在福州这块文化底蕴十分深厚的土壤上,有陈宝铝先生等等一批学者、专家的悉心指导,有这样良好的教育生态环境,我深信,陈曦和她的名师工作室一定会涌现出更多的语文教学拔尖人才。

斗转星移,时光荏苒。"悟已往之不谏,知来者之可追。实迷途其未远,觉今日而昨非。"(陶渊明《归去来兮辞》)。抚今追昔,感慨系之。写至此,不禁想起了已故陈宏达以及林炳泰、郑义羲、舒镇这些老朋友,借此小序,谨向他们致以深深的敬意。他们对语文教学研究所作出的贡献,将永远铭记在广大教师的心里。我作为多年参与全国小语教材审查,多次参与"大纲"审定、"课标"审议的语文战线的老兵,作为我国近四十年来语文教学改革的见证人,对语文教学改革取得的成绩,对中青年教师的成长,真是由衷地感到高兴。陈曦嘱我为她的新书写序,我欣然允诺。有感而发,言不尽意,匆匆写了上面的话,是为序。

2014 年 11 月

序二 成如容"易"实艰辛

——谈陈曦老师的"易语文"

余文森

《易经》文化看起来高深莫测,玄之又玄,然而,它是浃髓沦肌地渗入我们的日常生活,只是所谓的"百姓日用而不知"。陈曦老师善于从平常的现象及课堂教学中提挈出被"易文化"点染的生活。同时,她以易经的理论来观照语文教学,并提出了"易语文"的教学主张,这是一种移植与借鉴。借鉴如若能融合无间,那就是一种创新。如李吉林老师的情境教育对中国古典文论"意境"的借鉴,就达到"善借不啻创造"的境界。解读陈曦老师的"易语文",我认为其对当下小学语文教学有所启发。

一、寻根溯本,持守"不易"

对于语文及语文教育的理解几乎是见仁见智,人人言殊。在这"重重叠叠、云遮雾罩"的言语的迷雾中,未免会让人有"月迷津渡""雾里看花"之感。在乱象丛生中,如何使语文及其教育教学拨乱反正,不误入歧途?"夫物纭纭,各复归其根",探寻语文教育教学的根本,探寻其本质规律,守持其不可移易的根基,这是直面并改进语文教育的不二法门。太多的"改革"和"颠覆",常常是"东风压倒西风"或"西风压倒东风",往往有失偏颇。"易语文"要从纷纭复杂的语文教育教学历史及实践中归纳总结提出"独立而不改,因行而不殆"的"正道":如发展言语能力、联系生活、教学相长、文道结合、道技相融等原则规律,这些无疑对导引教师重审语文教育教学的使命及规律有着较好的启示意义。

如果能对古今中外的语文及教育的传统与经验进行深入的反省与提炼,我们会离根本、根源更为切近,提炼出更为精到、凝练的语文教育的本质规律,如积累感悟、情理智趣兼具等等特点,这是浑根固柢之道。我们要针对时弊回应问题,从而善于归结自孔子至陶行知、叶圣陶、张志公、钱理群等教育家或语文研究专家们的研究成果,更精确地提炼总结语文及其教育的本质特征,这些是构成整个语文教育的基座。当然,若能面向世界,采撷国外语文及教育的精华,兼容并蓄,含英咀华,融会贯通抽绎出古今通透、中西合璧的语文教育的普遍规律与法则,那么我们的语文教育就会以约驭博、以一总多,就是老子的《道德经》中所谓的"抱一而为天下式"!

　　黎巴嫩著名诗人纪伯伦写道:"我们出发的太久了,以至于我们忘记了最初的目的。"我们需要对语文教育进行一番灵魂的回望,需要并守持语文教育的一颗本心。不少有识之士也高呼语文教育要"回家",要"返璞归真",而其前提就是我们要追问,语文教育的"家"在何方?"璞""真"到底是什么?"易语文"对此做了有益的尝试,同时也给同道者留下更为广阔的探索空间。

二、化难为易,力倡"简易"

　　在鹅湖之会上,陆九渊与朱熹以诗论学,他提出了"易简工夫终久大,支离事业竟浮沉"。治学之道,纷繁复杂就会杂乱无章,杂施而不逊,语文之道也是如此。语文教育及其媒介、方法的丰富多样固然值得赞赏,然而有些教育教学方法及媒介则是脱离了具体的教学目标及效果,一味的求新、求异、求美,如此一来便陷于追奇猎艳、本末倒置。乱花渐欲迷人眼的教学法、教学程序、教学模式层出不穷,如何辨别其高下优劣?我们以"有效教学"为其衡量标准,即简单高效就是最好的教育教学。我们要反复领会并践行夸美纽斯的教育思想,"寻求并找出一种教学的方法,使教员因此可以少教,但是学生可以多学;使学校因此可以少些喧嚣、厌恶和无益的劳苦,多具闲暇、快乐和坚实的进步"。

　　"易语文"倡导"简易"教学,即"在服务学生学习的前提下,把复杂的问题简单化,让教学过程简约,使课堂简洁又易于操作"。并提出了"1. 教学目标突出重难点;2. 教学内容取舍得当;3. 教学环节简单;4. 教学方法高效"。在具体的教学设计及教学过程中如何做到"简易"呢?这是"易语文"还要深入持续探究的课题。在我们看来,首先,教学目标在三维目标的整合过程中,要以能力为导向,要以素养培养为导向:以能力获取并转化知识;以能力来促进思维的方法与过程,增进学习的丰富性;以能力来体现涵养并提升情感、态度、价值观。这样就可以在目标与内容的无限泛化导致"模模糊糊一大片"的状况下,纲举目张,以能力进行优化取舍引领向"清清楚楚一条线"。其次,在教学环节的安排上,力求组块化、递进化,做到以"先学——后教——反馈"为基本环节加以推进,合乎学生的学习规律又循序渐进。第三,教学方法的高效最主要的是体现在"自学自悟""不教之教"。其重要的方式应该以"指导——自主"学习精神贯穿其间,重在学法指导,即引导学生在学、真学、会学、能学、乐学。

　　化难为易,化繁为简不是以"简单"为借口,将整个教育教学引向"刀耕火种,茹毛饮血"的简陋与野蛮,而是一种"洗尽铅华见真醇""皮毛落尽剩精神"的精心与笃实。

三、辩证丰富，秉承"变易"

"易语文"认为，"变易"是其最精髓的思想。"万物负阴而抱阳，冲气以为和"，万事万物都是辩证统一的。教育教学过程也是各种因素辩证统一的过程。每一个生命个体都是向未来不断生成的过程，社会生活也在不断地流变，这就意味着教育教学是一个动态、生成、充满张力的发展过程。如果说"易语文"的"简易"是化简思维，那么，其"变易"就是一种复杂性思维。"看似寻常最奇崛，成如容易实艰辛"，"易语文"追求的"简易"，实是"不易"与"变易"的相激相荡，相生相成。因此，"易语文"中强调"生长""中和""融合"等理念特征。

"易语文"立足课堂的变动不居，追求虚灵圆通的课堂生活。具体要求做到：教学的目标设定要因"人"制宜；教学的内容取舍要因"文"制宜；教学策略使用要因"情"制宜；教学节奏的变化要因"时"制宜。即从目标到方法、策略及节奏都要因人而异，因时而异，因材施教。以变化、运动的心态来滋养课堂的对话姿态，润泽学生的生命状态。

在教育教学的诸多要素、诸多矛盾中，一些教育者处于依违两可的境地，对收与放、教与学、严与松、苦与乐、情与理、深与浅……不知如何处理。"易语文"提出，以对立统一的观点来对待，不能简单地厚此薄彼、顾此失彼，而应相辅相成、相互融通。简单的线性思维只能造就单调而僵化的教育，只有复合辩证的思维才能创造美好而有活力的教育生活。就是不能以简单粗暴的"非此即彼""非对即错"的单一性来取消生命及教育的丰富性，而是在纷繁复杂的教育教学过程中保持适当的张力。而这张力就是在彰显课堂的活力、思想的活力、生命成长的活力。

最后对于陈曦老师的"易语文"提两点建议：

一是化玄妙为实践的层面上。如何将《易经》的理论精髓与小学语文教育教学实践有机地联系起来，在知与行之间转化，转知为识，转识为行？这也是一个不断开掘与深入研究的过程。理论与实践的联系是一个"你中有我、我中有你"的过程，不仅仅是简单的说辞。真正的理论是在细致深入的课堂实践中深耕细作生长起来的，而且它一定是持续生长的，如同一棵树的生长。

二是转借鉴为己用的层面上。借用的全部奥秘在于"隔"与"不隔"之间，"隔"即是食古不化，如悬疣附赘，弄巧成拙，断鹤续凫；而"不隔"即是圆润自如、自由通透。借鉴不是生吞活剥与生搬硬套，而是用其精髓，用得恰到好处，化用于无痕，活用于无间，妙用于无限，神用于无形。

序三　陈曦对"易语文"的哲学思考

高林生

陈曦，她干练、睿智，通体洋溢着女性知识分子特有的书卷气。这正应了"一方水土养一方人"那句话，她真的不愧为冰心先生的一位小老乡。

读了陈曦的这本书，铭心的是三个字"易语文"，其中，夺人眼球的是那个"易"字。什么是"易"呢？

东汉许慎所著的《说文解字》解释说："易，蜥易，蝘蜓，守宫也，象形。"由此可见，"易"就是指人们所说的"蜥易""蝘蜓"（体形较小的蜥蜴），是个象形字。因为蜥蜴在一日十二时之间每时一变色，有善于"变易"的特性，所以，从这个意义上讲，冠以"群经之首"的《周易》，讲述的就是"时间变易"；再者，因为"易"字的读音与"噫""呀"相似，是人们遇到变化或新奇现象时的惊讶之声，惊讶之中自然带有惊喜和疑问的意味，因而"易"又有了新旧交替的意味；再因为"易"字又与数字"一"同音，故而"易"字新添了万物开始的意思。另外，甲骨文中，"易"字像双手捧一个杯子向另一个杯子倾注水的形状，后来简省了双手，写作一个杯子向另一个杯子注水之形，再后来，简省后只剩下一个杯向外流水的形状，最终纵向截取杯子的一半而失去原形，被讹化演变为"易"字。由"易"字的注水、两器物之间的"哀多益寡"而表示"变化、变换、交易、变易"之义。同时，日常生活中，一般是从大杯子向小杯子分注液体，才能达到具体使用液体的目的，于是，"易"字的字形还具有转化而使用的意义。

从"易"的造字，字形、字音、字义的变迁以及实际的用法看，"易"字有多重含义：或是指"变易"；或是指"惊喜和疑问"；或是指"开始"；或是指"变化"；或是指"使用"之意。仅此一个"易"字，让随后出现的"语文"的内涵丰富了许多、许多……

"易语文"首先告诉我们：语文是一个不断"变易"的学科。所谓变易，就要求我们为了认识某个事物，必须注意到这个事物与其他事物之间的某一属性的不同。比如2011年版《义务教育语文课程标准》（以下简称《课标》）有关课程性质的认定"语文课程是一门学习语言文字运用的综合性、实践性课程"，就是认识语文课程有别于其他学科课程的基本属性。

"易语文"其次告诉我们：从事语文教学的实验与探索是一个充满了"惊喜

和疑问"交织的过程。看看陈曦曾进行过的改革的实验与探索，哪怕是小小的一点点的成功，也会给陈曦自己以及她的同事们带来莫大的惊喜。但塞满胸臆的更多的是疑问，是无休止地问为什么，用一句时兴的话来说，她惊喜并疑惑着。

"易语文"再者告诉我们：陈曦所从事的语文教学是启蒙，是为日后学习奠基的工程。古人说，"合抱之木，生于毫末；九层之台，起于累土。千里之行，始于足下"。启蒙既是不可有失的开始，也是一项"至简"的工程，所谓"万物之始，大道至简"就是这个道理。然而，这里所说的"简"不是简单，而是一种浓缩，一种觉醒。

"易语文"第四层告诉我们：语文教学，尤其是我们从事的汉语言文字的教学变数更多。一位从事多年翻译工作的学者说，汉语就像是千变万化的精灵，它是一种规则最少、省略最多、最灵活、最简洁而含蓄的语言，它是一种文学性最强的语言，是诗一样的语言。它的表达充满了暗示性和会意性。

"易语文"第五层告诉我们：语文教学是一门实践性很强的学科课程。我们应该在使用中掌握语文。正如2011年版《课标》所说的那样："语文课程是实践性课程，应着重培养学生的语文实践能力，而培养这种能力的主要途径也应是语文实践。"

读到此处，我觉得，陈曦所说的"易语文"已经从学科的研究提升到哲学层面，她追求的是一种以"太和"为最高目标的天与人、自然与社会的整体和谐。她探求的是"中和"，探求的是阴阳协调，刚柔并济，双向互补，动态平衡，让语文教学的内在活力生生不已、持续发展。

我记得代表一个时代的科学伟人钱学森先生曾经说过："世界上的一切理论，都是一层一层地概括的，到了最高层次就是哲学，就是人认识客观世界、改造客观世界总结出来的最高的原理、最有普遍性的原理。"

目 录/CONTENTS

绪论 易语文，中和的智慧 ………………………………………………… 1

不 易 篇

不变的追求——小学语文教学共性探究 …………………………………… 9
语文教学要"实" ……………………………………………………………… 15
从"热闹"到"门道"——刍议小学第三学段语文实践能力培养 ……… 19
《灰雀》第二课时课堂观察 …………………………………………………… 24
  课堂实录 ……………………………………………………………………… 24
  品课综述：主体明显，训练落实 ………………………………………… 30
《全神贯注》第一课时课堂观察 ……………………………………………… 32
  课堂实录 ……………………………………………………………………… 32
  品课综述：精导妙放，言意兼得 ………………………………………… 40
《将相和》第一课时课堂观察 ………………………………………………… 41
  课堂实录 ……………………………………………………………………… 41
  品课综述：紧扣学段目标，在扎实的训练中培养能力 ………………… 46
《桥》第二课时课堂观察 ……………………………………………………… 47
  课堂实录 ……………………………………………………………………… 47
  品课综述：聚焦文眼，诵读体验 ………………………………………… 55
《七颗钻石》第一课时教学案例 ……………………………………………… 56
《梅花魂》教学实录片段赏析 ………………………………………………… 61
《匆匆》教学设计 ……………………………………………………………… 67
《桃花心木》片段教学案例 …………………………………………………… 74

简 易 篇

大道至简——小语教学的课境 ………………………………………………… 81

1

简易备课"三板斧" ································ 86
《小英雄雨来》第一课时课堂观察 ······················ 90
 课堂实录 ···································· 90
 品课综述:"三不教"与"三教" ···················· 97
《开国大典》第一课时教学设计 ························ 101
 品课综述:迈向有效教学的新境界 ·················· 105
《电脑住宅》第一课时课堂观察 ························ 107
 课堂实录 ···································· 107
 品课综述:把准说明性文章略读特点,聚焦学习说明性语言文字运用 ··· 115
《再被狐狸骗一次》教学设计 ·························· 115
 品课综述:立足"三化",化难为易 ················· 118
《纸船和风筝》第一课时教学案例 ······················ 121
《窗前的气球》第一课时教学设计 ······················ 124
《搭石》识字教学微课案例 ···························· 127
《自己的花是让别人看的》教学设计 ···················· 134

变 易 篇

语文教学的固守与创新——谈小学阅读教学中接受性学习与探究性学习的结合
 ··· 139
让写走进阅读课 ····································· 147
玩中悟,乐中学,趣中写 ······························ 150
合作学习要关注操作细节 ····························· 156
《猴王出世》第一课时翻转课堂学案 ···················· 159
 品课综述:重构课堂,易于翻转 ···················· 163
《母亲的鼓励》课堂观察 ······························ 164
 课堂实录 ···································· 164
 品课综述:移情练语,得法得智 ···················· 171
《神奇的饼干》作文教学课堂观察 ······················ 172
 课堂实录 ···································· 172
 品课综述:作文课贵在有趣、有味、有效 ············ 179
《日记一则——在那面墙上》第一课时教学设计 ·········· 181

品课综述：因势利导，顺势而变 …………………………………… 183
绘本《我的幸运一天》阅读指导课教学实录 …………………………… 186
《送元二使安西》第一课时教学设计 …………………………………… 191
特别的说明书——非连续性文本读写联动教学设计 …………………… 199
《伯牙绝弦》第一课时教学案例 ………………………………………… 206

附录
陈曦印象记 …………………………………………………………… 211
精彩陈曦 ……………………………………………………………… 214

绪论　易语文，中和的智慧

从事小学语文教学二十多年，我逐渐形成了较为独特鲜活的教学风格，积累了较为丰富的教学经验，日渐明晰了自己的教学主张，综合思考和实践的结果，我将其命名为易语文。[①]

一、易语文教学思想产生的背景

易语文的提出不是心血来潮，更不是跟风树帜，这是我们长期浸润在闽派语文土壤中的研究团队全体成员，综合一线教育教学实践工作经验以及海量阅读中外相关书籍后所共同思考的结果。针对长期以来小学语文教学"少、慢、差、费"的现状以及一线教师"忙、慢、漫、盲"的教学困惑，我们一直在尝试构想创建简约、高效的语文教学模式，消除教师的职业倦怠感，减轻教学负担，提高教学实效。

我们做了近八年的调查、访问、实践、研究，走访了大量一线教师，在数十场教育教学示范课和专题演讲中历练，为易语文教学主张奠定了扎实的实践基础。2011年版《课标》的颁布让我们更坚定了主张易语文的信心，也为我们的研究指明了方向。2012年，借助福建省首届名师培养活动和福州市小学语文"陈曦名师工作室"的成立契机，我们在福建师范大学张善文教授、余文森教授，福建省普通教育教学研究室陈建志主任等专家团队的理论指导和帮助下正式提出易语文主张。

二、易语文教学思想的宗源探索

易语文教学思想和《易经》这部书关系密切。《易经》可谓是易语文教学思想的宗源。《易经》是我们华夏五千年智慧和文化的结晶，被喻为"百经之首，大道之源"，它作为中国文化的基因，根植在每一个中国人的心中。《易经》博大精深，是宏观的，全息的，在现代社会仍有广泛且深刻的现实意义。从古代的医学、建筑学、伦理学……到现代的物理学、化学、信息学、遗传学等都受到《易

[①] 注："易语文"是本书主编的教学主张，在本书中出现次数较多，以下统一不加引号。

经》的启发和影响。有人形容"《易经》就像个古井，不管是谁，不管在什么时间，放下一个水桶，就能打上你要的那桶水"，因此，《易经》被誉为"中华文化最高的智慧"。

《易经》是我国古老而又朴素的哲学思想，它的思维方式是：做任何事情，都要抓住根本（阴阳），掌握事物之间的发展规律（变易），通过建立一个系统来把握这个规律，运用这个规律（简易）。我想，我们的汉语作为中华文明重要的组成部分，承袭着《易经》的文化，我们的语文教学不也完全可以传承并借鉴《易经》的思想武装自己，使语文教学做到"不易""简易""变易"吗？这样既能够为一线教师理清很多教育、教学中的问题，减轻些不必要的负担，又能够追求各种方面达到"中和"的状态，实现我们理想中简约、高效的语文教学境界。在这种思想的引导下，我开始思索是否能从《易经》中获得启发，从纷繁复杂的教学现状中梳理出一套比较清晰的思维方式，易语文正是这样产生的。

三、易语文教学思想的内涵

易语文的"易"有三层含义：第一，"不易"。即做任何事都要抓住根本，事物的根本属性是阴阳两性，一阴一阳之谓道。大道同源，语文教学亦是如此。我认为，语文教学不仅要考虑为提升学生的语文素养服务，也要考虑教师自身语文素养的提升；不仅要关注学生知识的掌握，更要关注其能力的培养；不仅要关注预设，也要关注生成……只有一分为二地看待语文教学，才能使各方力量不断地相互中和、促进、生长，周行而不改，独立而不殆。第二，"简易"。"简易"不能单纯理解为简单，而是在服务学生学习的前提下，把复杂的问题简单化，让教学过程简约，使课堂简洁又易于操作。第三，"变易"，这是易语文最精髓的思想。一切事物均有两面性，并且不断转化。生生之谓易，事物是在不断发展变化的，这跟辩证法中提出的"变是唯一不变的真理"是完全相吻合的。我们的语文教学不能一成不变，不能因循守旧，也不能花样百出、变来变去。"变"与"不变"要在"易"上求得和谐统一。"易"是阴阳的协调，是宇宙生化的过程，是开放的过程。刚柔相推，变在其中。课堂的诸多方面，都可以用"阴阳"两种方式来理解，关键是我们要以全息的、辩证的眼光正视矛盾的存在，恰到好处地转化这些矛盾，使其达到"中和"的最佳状态。将这些《易经》思想运用到语文教学中，不仅符合教学科学，还能不断丰富我们的人生观、价值观、教学观、学生观，让我们不违天逆常，能顺时适变，使教育教学的生命保持长久的活力。

四、易语文教学思想下的课堂特点

第一，模糊性——重在理念，以势定教。长期以来，教师的强势，导致课堂学生地位的弱化。现在强调将课堂交给学生，让学生成为课堂的主人，但我们也担心一味追求以学生为主而忽略了教师的指导作用。所以，易语文主张教学要根据不同文本，不同的师情、学情来调整内容，调整策略。策略概括起来就是"中和"二字，只要达到平衡，即为最佳策略。

第二，灵活性——活在课堂，注重生成。《易经》指导人做事要注意"时"与"中"。"时"指要与时势一致，"中"就是孔子讲的中庸之道，既不要过，也非不及。《易经》讲求洁净精微，要求人的行为与天地万物的运动产生协动，发生共振，在顺应性的相通相协中顺畅地实现人的存在。所谓"活"是指师生思维活跃带动课堂气氛活跃。教师根据教学目标和课堂具体情况，营造气场，让学生的创造性、积极性得到充分发挥，各方面得到动态的平衡。

第三，空白性——功在平时，注重训练。《易经》告诉我们，一切事物在变化发展的过程中都会遇到各种的艰难、坎坷，一顺到底的事，往往也是极其浅薄、没有生命力的。因此，我们教给学生方法的同时，还要注重磨炼，每一节课都留有一定的空间，让学生进行训练，让他们在实践中获得真知，获得提升。

结合当前语文教学的普遍问题，我强调以下三个方面：首先，文本处理要童化。在解读任何文本时，都要考虑学生的观点，用学生们可接受的方式指导他们学习。教育讲究可接受性，只有学生接受了，教育才是有效的。其次，教师的地位要柔化。我认为，教师主宰话语权的时代要渐渐远去，教师角色要逐渐转变，要循序渐进强化学生的作用，教师积极引导，学生主动学习，使师生双方都成为课堂的主人，只有这样才能实现理想的课堂效果。再者，教学过程要简化。简约，才有更多的时间和空间生成，所以，每节课的教学环节尽量不超过四个，留出足够的空间，让学生自己去发现、实践、发展、生成。

易语文的课堂追求的是简简单单学语文，扎扎实实学语文。以往的提法大都是教语文，以教师的"教"为立足点，而易语文考虑的则是"学"。我觉得，语文教学，不仅学生在学，要发展，教师也在学，也要发展。因此，我们应当以"学"为落脚点，在注重培养学生语文素养的同时，不断提升教师自身的素养，正所谓教学相长。易语文的教学主张强调简约明快，将复杂的问题简单化，使课堂易于操作。因为只有简单的东西，才具有亲和力。如果一味追求感观艺术、课堂完美，却没有真正对学生进行语言文字的训练，没有让学生的语文素养得到发展，那么教学的实效性就会大打折扣。

五、易语文的实际操作要点

在易语文指导的教学实践中，我们不断梳理语文教学的各种关系。一方面，我们牢牢把握语文教学的目标，不设太多无用的环节，尽量让课堂简约、明快，易于操作。实实在在教语文，实实在在搞训练；简化课堂内容，集中学生的注意力；在细节处理上多下工夫，力求给学生留下深刻的印象；教学手段更加灵动鲜活，使课堂上充满生机和活力。另一方面，我们坚持以辩证观为指导，在看似简单的教学过程中渗入丰富的思想。这里需要强调的是，虽然我们强调简约平实，但是在简约平实的课堂背后，还需要我们不畏困难，善于钻研，夯实根基，灵活应变，不断探求语文的真知。

1. 解读教材要"四心"相通，厚积薄发。

备课过程是进一步发展"易"的思想的过程。备课时应注重做到"四心"相通：一通编者心，此为心之"窍"。教材编者是以课程标准为依据，以文本为载体，依标靠本，合理组织阅读文本。所以通编者心，从编者的意图去备课，会为教师打开新的教学思路。二通作者心，充分与作者对话，对作品全面了解。教师对文本的细读揣摩必不可少，对文本的理解有多深，就能带着学生走多远。只有读"进"文中了，教师才会身临其境地来到文章所描述的情景中，才会为情节所动容，才会因文字的精彩而拍案，才会有喜怒哀乐的情绪反应，才会有一种分享他人感受的冲动，才会想尽办法带领学生一起体验这美妙的感觉。这就需要我们更加充分了解文章写作背景、写作意图、文学特色及作者相关作品等，更加准确地抓住"文眼"，把握"课眼"，抓住教学的重点、难点。解读教材可以"双线突围"，并注重和谐统一：一条线要立足于语言文字，文字承载了内容，承载着情感，只有深入地品词析句，才能慢慢地体会其中的情感；另一条线要立足于情感、情境，注重营造适合语文学习的气氛，中高年级的课文还有文学的底蕴在其中，因此，教师要创设情境让学生去学习和感悟。三通学生心，了解学情，确立学生在课堂中的主体地位，此为关键点。教学是为学生服务的，心中无学生，课堂无好课。关键要考虑学生如何学，要了解学生知识的停靠点，学习的兴奋点，兴趣的热点，认识的盲点、难点等，还要考虑知识以外的情感、态度、价值观、学习习惯等的养成。四通教者心。知己知彼，百战不殆，教师要考虑教出自己的特色、水平，并以此影响、激励学生。教师在备课时多考虑教学目标是否明确，自己的优势如何发挥，如何营造合适的教学氛围，设计合适的具体的实施步骤、策略，如何突破重、难点，如何在教学资源的挖掘、使用上做得更加极致等，在备课中不断提升自身的素质和修养。

备课要深入有效，就要处理好"厚"与"薄"的关系，厚积薄发，更要深入浅出。把课文变"厚"。新课标明确了语文学科的性质"是一门学习语言文字运用的综合性、实践性课程"。我们要时刻胸怀大语文观，在课堂上注意人文性和工具性的统一。对于语文而言，工具性与人文性统一于语言；对于语文课程而言，工具性与人文性统一于学习语言。语言学家洪堡特说："民族的语言即民族的精神，民族的精神即民族的语言，二者的同一程度超过了人们的任何想象。"

因此，文本解读时，教师要深入语言文字，涵泳其中，又能跳出来，懂得取舍，抓住事物的主要矛盾，研究知识的重、难点，并用学生乐于接受的方式"化"之。

语文课程的根本任务是"学习语言文字运用"，让学生"在大量的语文实践中体会、把握运用语文的规律"，尤其要重视培养良好的语感和整体把握能力。因此，要多考虑留给学生练习听说读写能力的时间，还学生感悟、体验、思考的快乐，搭建课堂与生活之间的桥梁，同时激发兴趣，拓展思维，培养创新意识和实践能力。

2. 课堂教学应注重因势定教，注意"变易"，力求中和。

首先，教学的目标设定要因"人"制宜。全面了解学生，关照学生，是课堂教学"变易"的初衷和旨归。教学目标虽然是众所周知的，但细化到具体的内容时就要注意学生的元认知和知识停靠点，并关注到群体差异，充分考虑各个层面学情，这样才能部署出更为合适的"局"，"渡化"各个层次的学生都能在课堂上舒展自己、发展自己，在自由的天空下放飞思维，展示个性，到达理想的彼岸。

其次，教学的内容取舍要因"文"制宜。教材无非是个例子，如果都掰烂、揉碎，或让学生"吃老师吃过的东西"必定索然无味，学生会失去阅读神奇美妙的初体验和探秘的快乐。学生的语文实践既是学语文的途径，又是学语文的目标。语文实践对于学生学习文化、提高听说读写能力、掌握学习方法、培养语感、发展思维，以及提升品德修养、审美情趣、个性品格等方面都有着直接的影响作用。易语文教学讲求洁净精微，紧守语文实践，不为泛滥，此是洁净；教学扣紧语言文字的训练点感悟、体会、积累、运用……穷理尽性，细如秋毫，精微之至；能中和教学中各个方面的矛盾，达到新的和谐；追求课堂的简洁明快、高雅志趣、和谐共生。例如，篇幅长、内容浅的课文，可以加快节奏，长文短教；篇幅短、立意深的课文，宜放慢步伐，短文长教等。

第三，教学策略使用要因"情"制宜。教学有法，教无定法。不管是皮亚杰的认知发展理论、维果茨基的知识建构观，还是费厄斯坦的认知可塑性和中介性学习理论，归根到底，都是要调动学生，用科学的认知规律激发学生主动地学。情动而辞发，让学生感悟、体会、运用语言，最为有效的是课堂上学生情绪的管理。学生在问题解决顺利时则兴高采烈，遇到疑难障碍时则情绪低沉。教师要时刻注意学生的情绪，适当调节教学的策略，以适应学生思维的张弛，使学生保持良好的学习状态。师生情绪中正平和，才能皆大欢喜。

第四，教学节奏的变化要因"时"制宜。课堂要"有戏剧的情节，中国画的意境，交响乐的气势，相声的幽默……大处起波澜，小处见优美，那该有多美！"所以，在教学时要注意课堂的变奏和美。根据教材、学生、教师自身特点，教学时注意动静结合，高低起伏，疏密适当，课堂气氛必然抑扬顿挫，高潮迭起。预设与生成要完美结合，不管预设是一种价值追求，还是生成是一种意外收获，不管预设是一种常态要求，还是生成是一种教育智慧，二者能够而且必须和谐统一起来。通过预设去促进生成，通过生成完成预设目标；在预设中体现教师的匠心，在生成中展现师生智慧碰撞的火花。比如低年级的学生自制力较差，教师的教学方式要经常变化，以吸引学生的注意力，消除学生因思维定势造成的疲劳；高年级的学生自制力强，教学方式宜相对稳定以保持思维的稳定和深入。课堂教学开始时宜精彩激越，引人入胜；发展阶段宜舒展缓慢，留有余地；高潮时宜迅猛疾速，奇峰突起；结尾宜简洁紧凑，余音缭绕。

在现实课堂教学环节中，我们发现不少教师太关注自己，而没有充分观察学生在课堂上的反馈，导致课堂失控。（1）行为过敏。教师对课堂内所有的杂音，如咳嗽、细语等都会作出强烈反应，动辄对学生批评、指责，小题大做，激化矛盾，自乱阵脚。这往往造成教学中断，课堂一片混乱，正常的教学进程遭到破坏。（2）枝节过敏。教师在教学中不能很好地分配教学时间，把握教学内容的主次，在一些细小的枝节上花费过多的时间，打乱教学节奏，冲淡教学主题，在教学推进上制造了一种障碍。（3）期望过敏。教师不能根据学生的最近发展区合理设置教学环节，对学生要求过多、过高，致使学生无法应付，无所适从，甚至放弃对教师的追随。这不但增加了学生的心理负担，而且引起了学生的焦虑和不满，继而出现问题行为，最终影响教学任务的完成。

因此，我们要用开放的视野和心态与学生互动、对话、交流，深入了解学生的天性，掌握事物矛盾、对立、发展、变化的普遍规律，顺势而教。更重要的是，我们要守住"道"，一以贯之，处变不惊，对自己的教育理想坚定不移，还要"化而裁之"，心存忧患意识，不断更新自己的教学方法，在课堂上既不断给学生新鲜、适度的刺激，又摒除单纯为了追求"眼耳鼻舌身，色声香味触"的单纯感官刺激。以不变应万变，我们才能做到心无挂碍，潇洒超脱。

任何一种新思想的产生都伴随着许多潜在的不足。在探索易语文的道路上，我们越发感受到，它的概念很难定义，有太多的空间和余地留给我们探索、研究、论证。它的未来有无限的可能性和发展性。但通过研究，我们有了追求，有了思想，有了个性，这也许超过了它自身的意义、价值。老子云："大成若缺，其用不弊。大盈若冲，其用无穷。"推进易语文教学思想任重而道远，为了使其更好地指导课堂实践，我们还需要不断地在实践中摸索，在探索中完善。我们必须保持谦卑之心，不断学习，与时俱进，不断更新。只要我们保持一颗柔软而敏锐的心，从生活的最细微处去发现、感悟生活中的大道理，人生中的大智慧，在教学中不断去发现新规律，让自己的精神世界更为沉着、丰富，我们的课堂教学必定更加扎实灵动、鲜活出彩。

不易篇

不变的追求

——小学语文教学共性探究

长久以来,伴随着我国教学理论与实践的不断完善,小学语文课程的创新与改革持之以恒。每一次新课标的制定,都会诞生许多新的教学理念与教学方法,这为语文教育注入了源源不断的生机和活力。然而,轰轰烈烈的"颠覆"与"革命"背后,语文教学的本质却常常被人忽视。于是,当今的语文课堂,特别是公开课或观摩课,往往充斥着太多的资料补充与媒体展示,语文课堂赫然变成了舞台,课堂教学彻底变成了师生表演,而真正的语文本色却逐渐被淡化,被遗忘。那么,小学语文教学的出发点和终极目标是什么?数十年的教学改革中依旧存在哪些共性?这需要我们在接下来的探讨中寻求答案。

一、听说读写兼具,夯实语言基础

叶圣陶先生曾经力主将小学"国语"改称"语文"。对此,他进行了以下说明:"彼时同人之意,以为口头为'语',书面为'文',文本于语,不可偏指,故合言之。亦见此学科'听''说''读''写'宜并重,诵习课本,练习作文,固为读写之事,而苟忽于听说,不注意训练,则读写成效亦将减损。"叶老的这段话主要传递了一个观点,听、说、读、写宜并重。在此思想的引导下,1950年,教育部拟定了《小学语文课程暂行标准(草案)》,将语文教学内容分为阅读(读)、写话(听、说、写作)、写字三方面。1956年,《小学语文教学大纲(草案)》颁布,进一步指出"小学语文科的目的在于提高儿童的语言能力,培养儿童正确地听、说、读、写的技巧",同时明确了小学语文的教学内容——阅读教学、汉语教学、作文教学、识字教学、写字教学。其中,阅读教学、作文教学和识字(写字)教学成为了语文教学的重中之重。

当前,许多教师为了达到别具一格的课堂效果,采用了很多花哨繁复的教学方式,却忽视了语文教学的根本,把语文课上成了闹腾的艺术课。最终,教师费力劳神,学生却"颗粒无收"。

其实,小学语文教学的过程,就是要围绕"语"做足文章,通过听说读写四方面的训练,引导学生去发现和感悟语言文字之美、作者情感之美、文章意境之美。针对这一方面,不少名师用他们的课堂实践给予了我们许多示范与启示,他们的课大都朴实无华，但听说读写兼具，课堂底蕴浓厚，师生互动和谐，细细品味，大都有种艺术上的享受。

特级教师贾志敏在其执教的经典名课《给予树》中，便以训练学生听说读写能力为课程教学目标。整个授课过程始终在引导学生积累词汇、感悟语言、运用语言，让学生在反复阅读文本的过程中领会课文表达的情感。整个教学过程看似质朴，却散发着浓浓的语文味。

与此相反，有些教师过分拔高课文的思想内涵，对文本主题与内容的分析过于繁琐，反而忽视了对学生听说读写四项基本能力的训练，从而导致课堂教学高耗而低效。于永正老师提倡教学应抓住语文学习的根本，采用读写并重的方式，让学生在读中理解课文内容，领悟文章主题。他说："读书是我的学生最重要的作业，其次是作文和练字。实践证明把这三件事做好了，学生不但不怕考试，而且受益终身。"

于是，于永正老师在教说明文《新型玻璃》时，摒弃繁琐的内容分析，以读为本，通过自由朗读、自由默读、个别朗读、板书导读等多种形式，把字词句的语言训练寓于读书之中，随后，再通过学生当场写作，教师当堂面批的方式，有效提高学生的言语表达能力，真正做到听说读写兼具，让语文还原本色，复归本位。

当今，随着语文教学研究的不断深化和细化，我们赋予了小学语文太多的"头衔"与"定义"。其实，语文课程的根本目的依旧在于培养学生的语言文字运用能力。所有的"颠覆""转身""革命"最终都要回归学语习文之中。所以，我们应将语文教学牢牢定位在培养学生正确理解和运用语言文字的这个原点上，让语文教学复归其根本。

二、提倡启发式教学，倡导以学生为主体

"学生是学习的主体"，虽然它的首次出现是在 2011 年版《课标》中，但这一理念贯穿着我国数十年的小学语文教学历程，这是语文教学必须始终坚持的原则。

早在 1962 年 1 月 22 日，叶圣陶先生撰写《阅读是写作的基础》一文时，就强调教师要积极引导学生在课堂上自觉动脑，最终达到"不需要教"的目的。这便是叶老日后著名的"教是为了达到不需要教"思想的雏形。这一思想其实就是在倡导，教师要尊重学生的主体意识，引导他们掌握基本的语文学习方法，以此提高自学能力。

关于这一点，著名特级教师袁瑢也曾发表过相同看法。她指出，学生的积极自觉性是在教师的引导下调动起来的，"语文教师不但要把课文讲解清楚，还要

随时启发学生思考问题，引导学生多动脑筋，使学生愿意学，主动学"。

可惜，在过去相当长的时间里，我国陷入了应试教育的泥潭，过分重书本知识，轻实际能力，单一采取灌输式的教学方法，将考试作为手段，视实现高分数、高升学率为最高教学目标。实践表明，这种教学模式极大地压抑了学生独立思考的能力，不利于培养学生灵活运用知识的能力，更谈不上引导学生创造性地自主学习。

令人庆幸的是，我国整个教育战线很快开始反思、总结过去工作中的问题。1978年，《全日制十年制学校小学语文教学大纲（试行草案）》提出了"大力改进小学语文教学"的口号，在教学方法上主张"废止注入式，采用启发式"，核心是调动学生学习的积极性和自觉性，发挥学生的主动精神。

随后，霍懋征老师对此表示了支持。她强调，教师在教学中应积极营造一个民主、宽松、和谐的课堂教学氛围，努力引导学生发现问题、提出问题、探讨研究问题，并能设法解决问题，变"要他学"为"他要学"，变"让他学会"为"让他会学"，做到"授人以渔"。

1992年《九年义务教育全日制小学语文教学大纲（试用）》再次提出"要采用启发式，废止注入式"，并呼吁"教师既要发挥主导作用，又要充分调动学生的积极性、主动性，使学生在语文学习过程中生动活泼地得到发展。"2000年《九年义务教育全日制小学语文教学大纲（试用修订版）》在"教学中应该注意的几个问题"中正式提出"学生是语文学习的主人"。随后强调，教师在"教学过程中，要加强学生自主的语文实践活动，引导他们在实践中主动地获取知识，形成能力"。同时，教师"要注意学生个体的差异，满足不同程度学生对语文学习的需求，开发他们学习的潜能，发展个性""鼓励他们采用适合自己的方法学习，逐步提高自学能力"。

2011年版《课标》已将发挥学生主体性放在了更为重要的位置，其在"基本理念"中就明确提出"学生是学习的主体"，必须关注学生的"个体差异和不同的学习需求"，同时在"课程目标"中指出，"发展个性"是语文教学应有的价值指向。

小语界的名师们都特别强调，应尊重学生的主体性。例如，于永正老师在教授写作课时，不同于传统的"作前指导"，他总是采用"作中指导"的教学方式，先让学生独立审题，发挥自己的语言积累完成写作。然后，他再依据学生的初稿完成情况展开指导。在批阅作文时，于老师多采取点拨指导的方式，引导学生自己去发现问题，推敲修改。

然而，如今在许多学校的常规课堂中，语文教学模式仍然是教师讲课、学生听课的传统模式。这种教学模式由于缺乏足够的师生互动，学生无法充分发挥自己的主观能动性,更无法建立自己的学习主体地位。

"学生是学习的主体",这是语文教学的基本理念。教师们唯有坚持以"生"为"本",尊重学生的主体地位和主动精神,注重培养学生的自主学习能力和自我发展能力,为学生创设有利于自主、合作、探究学习的教学环境,才能真正让学生全面提高语文素养。

三、紧密联系生活,注重实践能力

著名教育家张志公先生曾说过:"语文是百科之母。"语文相较其他学科不仅具有知识性、工具性和思想性,还具有极强的实践性。2001年《全日制义务教育语文课程标准（实验稿）》提出:"语文是实践性很强的课程,应着重培养学生的语文实践能力,而培养这种能力的主要途径也应是语文实践,不宜刻意追求语文知识的系统和完整。语文又是母语教育课程,学习资源和实践机会无处不在,无时不有。因而,应该让学生更多地直接接触语文材料,在大量的语文实践中掌握运用语文的规律。"

早年,斯霞老师曾经强调:"教儿童学习语文,必须坚持实践的观点。听说读写都只有让儿童去亲身实践,才能达到应有的水准。而且这种实践必须人人积极参与,从小、及早进行。作为教师,要给每个学生创设听说读写的实践机会,才能全面提高教学质量。"袁瑢老师亦言:"我积四十多年的教学经验,觉得根据教学内容,针对学生认识特点,创造条件让学生接触社会,认识自然,使学生们眼看耳听,亲自实践,是提高教学质量的一种好办法。"因此,袁瑢老师多次结合课文内容组织学生参与课外实践,引导学生在生活实践中领会课文内容。袁瑢老师指出:"学生的成长,是需要多方面的教育帮助的。教师有目的地组织学生走出课堂,接触社会,认识自然,可以开拓他们的视野,发展他们的思维,既有利于思想品德的熏陶,又有利于知识的掌握和运用。因此,我在每一个学期,总是把这种活动纳入自己的教育计划之中。"

课改前,许多教师进行语文教学时,只注重课本知识,忽视联系实践,致使语文教学脱离生活,单纯成为学生的学习负担,最终导致不少学生产生厌学情绪。众所周知,语文教材的内容涵盖古今中外,主题纷繁庞杂,但归根结底,都与我们的现实生活有着千丝万缕的联系。如果教师们能主动寻找教材与现实生活的联系因素,将课本内容发散至生活,学生对教材内容的兴趣就会大大增加。美国教育家华特有句名言,"语文的外延与生活的外延相等",此话绝非无稽之谈。所以,让语文教学回归生活,富于实践性,其实是语文教学的返璞归真。2001年,《全日制义务教育语文课程标准（实验稿）》提出了"综合性学习"的要求,以此加强语文课程与其他课程及现实生活的联系,促进学生语文素养的整体推进和协调发展。

那么，学校应如何加强语文与现实生活的联系，让语文学科富于实践性？首先，校方应大力开发课程资源，充分利用学校和社区等社会资源，开设社会实践课程，开展综合性学习活动。其次，教师要着力引导学生主动进行探究性学习，在实践中学习、运用语文，把学生的实际生活穿插在语文教学中，让学生观察社会生活，积累实践体验。这不仅有利于学生加深对所学知识的理解与把握，也能进一步增强学生听、说、读、写等多方面的语言能力训练。

总之，注重语文的实践性，不仅可以克服传统语文教学中忽视实践能力的弊端，而且优化了教学过程，有利于学生创新精神的培养，从而使素质教育真正落到实处。

四、重视学生道德素养与良好习惯的培养

相较于其他学科，语文包含深厚的人文内涵，语文教材选编的文章，大都文质兼美，且颇具教育意义，体现了文以载道、道以文益的原则。语文教育不应是教与学的机械过程，而应该是一种道德素质与良好习惯的培养过程。因此，从1950年《小学语文课程暂行标准（草案）》将"具有爱国主义思想和国民公德"纳入学生的培养目标，到1986年《全日制小学语文教学大纲》指出，小学语文教学的主要目的在于培养学生良好的学习习惯，并在语言文字训练的过程中进行思想品德教育，再至2011年版《课标》明确提出"初步掌握学习语文的基本方法，养成良好的学习习惯""在语文学习过程中，培养爱国主义、集体主义、社会主义思想道德和健康的审美情趣，发展个性，培养创新精神和合作精神，逐步形成积极的人生态度和正确的世界观、价值观"的教学目标，学生道德素养与良好习惯的培养一直是语文教学的总目标之一。

霍懋征老师特别强调当前的教育要为育人而教，"首先一点是要正确处理语文教学与德育的关系。语文教育是塑造人的教育，一篇篇课文是把人类社会生产的经验、科学文化知识、思想观点、行为规范等传授给学生，使学生受到启发教育。因此，在语文教学中一定要做到文与道的统一。小学阶段主要从思想道德品质入手，进行道德品质、行为习惯的培养，教师要从大道理着眼，小道理入手，使学生入耳、入脑、入心，从思想上产生共鸣，通过形象的感染熏陶来塑造一代新人"。

著名特级教师靳家彦同样倡导通过"潜移默化，熏陶感染"的途径，在小学语文教学中实现思想品德教育。如在讲授《桂林山水》时，靳老师提出了六个层次递进的问题，让学生在"美—风景美—语言美—热爱桂林—热爱祖国—我们更加热爱祖国"的思想升华中，感悟语文教育赋予知识传授与品德教育的和谐之美。

叶圣陶先生则认为,"教育的重点在'育',所谓'育',就是培养良好的习惯。"他强调,教育要通过行为实践帮助学生养成良好的品德和习惯,使其形成正确的人生观,促进他们自觉地创造性地向社会化发展。

如今的学校教育,虽然已经非常注重对学生开展德育教育,但常常将其与语文教学完全脱离。其实,教师可将德育教育寓于语文课堂教学中,力求学生在生动活泼的学习过程中获得知识,发展能力,陶冶情操,受到教育,逐步形成积极的人生态度和正确的价值观。

1994年,于永正老师提出"五重教学法",即"重情趣,重感悟,重积累,重迁移,重习惯"。这个方法一经推出,便广受推崇。其实细细体味,小学语文"不易"不正是对于老师的"五重教学法"的完美体现吗?首先,"重情趣""重感悟"皆是真正将学生视为语文教学的主体,从学生的角度考虑教学的目标与方法。其中"重情趣"是将学生的课堂体验置于重要的地位,"重感悟"则是将学习的权力还给学生,引导学生自己读书,自己体会。其次,"重积累"主要是指语言基础的积累,这要求教师通过听说读写等多种方式加强学生的语言运用能力。再次,"重迁移"则是强调教师在语文教学中,应加强语文学科与其他学科及社会生活的联系,重视培养学生的实践能力和创新精神。最后,"重习惯"自然是指教师要督促学生形成良好的道德素养与行为习惯。因此可以说,"五重教学法"抓住了小学语文教学的根本,它的诞生不仅标志着于永正老师语文教学艺术的成熟,也昭示着小学语文教育重心的回归。

如今,新一轮课程改革正在如火如荼地进行着,处于教学一线的语文教师们继续以其饱满的热情,积极投身于新课程的探索与实践中。然而,就如周一贯先生所说,"'一时流行'往往只能'流行一时',把握本质本色,方能健康发展,永葆青春"。因此,我们在贯彻新理念、新要求的同时,更应该抓住语文教学的根本,遵循语文教学的共性。唯有在此基础上的课程改革,才会拥有稳固、厚实的根基,才能真正实现小学语文高效课堂的全面构建。

语文教学要"实"

对于小学语文教学，大家已经有了一条共识，提高课堂教学质量是教学改革成功的关键。为了提高课堂教学质量，我们要摆正教师与学生的位置，以学生为课堂教学的主体，想方设法提高教学艺术，调动学生的主动性和积极性。但在实施过程中，我们往往会为艺术搞一些形式，摆一些花架子，甚至不管学生的反应，千方百计地引导学生步入教师的教学轨迹，从表面上看课堂教学热热闹闹，实际上华而不实，并没有真正完成好教学任务。我认为，教学的手段是为教学目的服务的，小学语文课堂教学既要讲艺术，但更主要的是要落实教育目的，否则会本末倒置。所以，语文教学要"实"，也就是教学目的要务实，教学过程要踏实，教学方法要朴实，教学效果要夯实。课堂教学过程应该是教师实实在在地上课，学生实实在在地提高，教师要在教学过程中看到学生知识程度、能力状况的增长，由知之不多到知之甚多，由不惑到大悟的过程。总之，最后都要落实到学生身上，落实在教学效果上，真正使学生的能力得到培养，智力得到发展。

一、教学目的要务实

教学目的是课堂教学的根本，课程标准是教学的宗旨，每一年级，每一学期，每一单元，每一课，每一课时应有各自不同的教学目的。我们应该对语文学科的各个阶段，各个单元，各个课的教学目的了然于胸，在备课时要紧紧围绕课堂教学目的安排教学环节，设计教学手段。只有教学目的明确，教师才能在课堂上面对思维活跃的学生个体进行牵引，让他们实实在在地学到一些东西，顺利地完成好本课时的训练。每一课时的教学目的是本单元训练的子练习，要根据学生的认知水平循序渐进地进行训练，不能追求一蹴而就，也不能追求面面俱到。对于其他一些训练点，要根据学生实际情况和本课时的教学目的进行适当的取舍，由于时间等因素不一定能训练好的，宁可舍弃。教材的编写者为学生设计的课程有一定顺序，如果教师对每一个阶段、每一个项目的训练都是扎实、有效的，那么教学质量就能真正的提高。特级教师支玉衡老师说得好："要想有所得，必须有所舍。只有暂时的放弃，才有长远的取得，只有局部的少，才能实现整体的多。"教学目的的落实关键在于教学目的的确定，教学目的的确定不能只停留在教学参考书的提示。教师应该对课程标准、训练点、教材都要有全面与透彻的理解，在备课时扎扎实实地深入教材之中，摸透编者的训练意图，研究作者的写作思路，还要考虑到学生的实际情况，才能正确把握教学目的，在课堂上落实这个目的。

例如，支玉衡老师执教的《为人民服务》这一课，教学目的就抓得实，抓得准。《为人民服务》是小学语文教材中为数不多的议论文中的一篇，文章标题明旨，论点明确，层层分述，逻辑严密，语言有力。在确定教学目的时，根据课程标准和教材中单元的训练提示，考虑到学生学习时对课文内容的畏难情绪，他把教学目的确定为：1. 让学生了解议论文的重要性；2. 引导学生在理解语言文字的同时理解为人民服务的思想，从小学习为人民服务；3. 学习运用"句析"和"层析"的学段方法，概括段意，培养学生的自学能力；4. 指导朗读（用演讲的语气）。他在教学中设计了这样几个环节：1. 正式讲课之前告诉学生今天学习的是一篇议论文。议论文在今后工作、学习中要比记叙文更实用，并举了两个小例子；2. 学生初读课文，初步把握中心思想；3. 以第二、四自然段为例子，学习"句析""段析"的学段方法，概括段意；4. 运用学法，引导学生自学第一、三、五自然段；5. 根据板书归纳总结，掌握中心思想；6. 指导学生用演讲的语气朗读课文；等等。在教学中支玉衡老师从学生的角度出发，从课文的实际出发，设计学生能接受的教学环节，教学任务完成得较好，落实了教学目的。

二、教学过程要踏实

教学目的的落实要依靠踏实的教学过程来实现，而教学过程的实施又必须依据教学目的的确定，二者之间是相辅相成的关系。教学过程就是要体现教师教，学生学，课堂一定要充分让学生展示自己真实的思想，教师及时把握，脚踏实地地加以引导，教学目的才能落实，教师才能真正地起到"传道、授业、解惑"的作用。在教学过程中我们仍要依纲靠本，根据学生实际"授之以渔"，不能用我们的思想来代替学生的思想，以我们的思维代替学生的思维，应该充分地站在学生的角度来考虑，使教学过程真正为学生服务。对教学目的中重、难点的突破，训练点的落实，我们要抓住小学生的认知特点设计训练的层次，有方法，有步骤地加以引导，过程要讲求科学性和实效性。据心理学家研究，小学生学习汉字、阅读、作文的心理状态各不相同。阅读是由多种心理因素组成的复杂的智力活动，就阅读时的心理机制而言，存在着两种不同的思维加工方向——"逆分析方向"和"顺分析方向"，这两种方向常常同时存在，也就是学生阅读时经历了由文字、思想、形式、内容、外表、内里、部分、整体的互换心理过程。所以教师要深入研究学生的心理特点，对教学过程做周密、细致的安排，才能把训练落到实处。

例如，人教版四年级下册《全神贯注》这一课，教师要明确教学目标是对学生进行段的训练，让学生在字里行间体会"全神贯注"的真正含义。文章对人物的描写有特色，作者抓住罗丹的动作、语言、神态来体现那种全神贯注的精神。于是我把训练的重点定在培养学生抓住人物的动作、语言、神态来体会人物的精神，并引导他们以后写人的文章也要抓住人物的动作、语言、神态来写。在授课时，我先指导学生学习第一自然段，让他们想象观察"仪态端正"的女像，体会她的美，然后从描写罗丹的语句引导学生抓住"点儿"这个词，让学生体会罗丹对自己作品高度负责的态度，并得出结论：他的这种态度来自对作品的认真、仔细的观察。接着让学生总结学法。因为学生对学法的掌握还不熟练，而且第二段又是难点，在充分调动学生学习积极性的同时，教师仍要"送一程"，我让一个学生再现罗丹修改女像的情景，孩子们学法运用得很好，抓住了文章中关键的语句，体会出了罗丹"全神集中""全身集中""全心集中"，充分理解了"全神贯注"的意思，最后一部分才让学生自己学，这时候学生基本上掌握了学法，课堂讨论气氛十分热烈，学习的主动性充分被激发，教学重点、难点不攻自破，教学目的水到渠成。

三、教学方法要朴实

教学方法是教师与学生为实现教学目的所采取的途径和程序。古往今来，国内外同行共同努力，创造了许许多多行之有效的教学方法，但"教学有法，教无定法，贵在得法"。笛卡尔说过："没有正确的方法，即使有眼睛的博学者也会像瞎子一样盲目摸索。"他认为"最有价值的知识是方法的知识"。我所说的朴实，并非是不用或少用教学方法，而是指教学方法要用得恰当、实在。教学方法多种多样，教师在运用时最能展示自身教学艺术，但决不能为公开课、为某种"思想"、为某种"化"而勉强实施，不顾学生的接受程度去"展示"教案原有的设计，这是不明智的，表演的想法和做法都是不可取的。课堂是否有效果关键是看学生是否有所思，有所悟，有所得，而不是教师是否"展示"了自己。在课前设计的教案，多数是教师自己一厢情愿，不一定都符合学生的实际，在教学时教师要不断地接受学生的反馈信息，及时调整教学方法和教学进程，也就是要从教学目的、内容、环境、设备、教育对象等实际出发，相机行事，不能生搬硬套教案，否则会造成"东施效颦""邯郸学步"之类适得其反的后果。所以，在备课时，教师一定不能忽略学生，要充分考虑学生的认知水平、思维方式、生活环境、学习习惯等，有备无患，课堂上才能轻松驾驭，从容不迫地把课上"实"、上"活"。

例如，同样上的是《古井》这一课，我在福州、永泰、宁德讲课，教学方法和教学过程都有所变化，因为教材的设置不同，学生程度不同，教学设备不同。

如对井的说明，农村的孩子比城里的孩子见过井的多，我在农村上课就讲井讲得少，而在城市里讲课时对井就讲得多一些。农村的孩子胆子较小，当时又是学习五年制的教材，学生朗读、分析、体会句子的能力比较差，在教学时就要适当放低要求，讲求训练层次，多启发，多激励，特别要消除学生的畏惧心理，教予学法后还要多指导他们巩固学法；而给城市的孩子上课则侧重学习方法的指导，情感的激发，充分使用多媒体，并增加了写的训练。在课堂上我还根据学生的思维状况的变化，调整、改变已设定的教学步骤和手段。在宁德，上课之前五分钟突然停电，我就把原来幻灯片上的句子抄写在软黑板上，课照上不误。当发现学生看图说话能力较差时，我就多花了几分钟让学生练习。要求学生运用学法自学第三自然段，有些学生感到比较吃力，我就让"快一步"的学生帮助一下，调动全体学生学习积极性，教学效果较好。

四、教学效果要夯实

教师讲课完毕，并不意味着教学任务已经完成了。学生个体之间有差异，学生的注意力、理解能力和记忆能力还处在发展阶段，对所教的知识点学生难免会有遗漏、疏忽的地方，要把教学任务完全落实，我们还应该在授课之后夯实效果，真正让每一个学生都有收获。比如让学生总结今天学习到的知识，让学生质疑，说出自己还有什么不明白、不懂的地方，教师从学生的总结、提问中发现学生对知识的掌握情况和我们教学中存在的问题，及时做出反应，或重复讲解，或启发提示，或补充修正，或巩固加深，还可以让学生做课堂练习，写生字，检查学生知识的掌握情况。这时教师还可以到学生中间对有困难的学生进行个别帮助。这样学生要学习的知识才能掌握扎实，教育效果才能真正得到落实。例如，上完《灰雀》这一课，为检查教学效果，我设计了一个课堂练习，让学生在课堂上做"把左右两边有联系的句子用线连起来"的题，左边的内容是列宁教育小男孩的短句，右边是小男孩每次受教育后的表现，句子的顺序被打乱了，目的在于检查孩子们对课文内容的掌握情况，帮助他们在梳理文章的同时再次体会列宁爱男孩的情感和男孩受教育后知错就改的诚实品德。大多数学生连对了，个别学生会出错。对完答案后我让全班学生齐读整理后的答案，在他们齐读时，我穿插着说"这时男孩犯了错""男孩这时知错了""这时男孩认错了""男孩下决心要改正错误""男孩用实际行动改正了错误"。最后再一次让孩子们看板书，我提问："男孩是个怎样的孩子？"学生齐答："诚实的孩子！"这时，学生的声音和目光告诉我，他们是真的明白了。

"实"是语文课堂教学的基础，是课堂教学的生命。我相信，本着实事求是的科学态度，落实素质教育，我们的学生一定会是出色的一代。

从"热闹"到"门道"

——刍议小学第三学段语文实践能力培养

2011年版《课标》明确了语文课程的性质:"语文课程是一门学习语言文字运用的综合性、实践性课程。"这一明晰的定位,平息了关于课程性质的持久纷争,给予一线教师明确的教学目标和努力方向。这一课程性质要求教师从追求课堂的"热闹"尽快进入真正的语文之"门道"。

小学高年级学生在认知、情感、能力、思维等方面都处于快速发展的阶段,让学生"学习语言文字运用",教师究竟教什么,怎么教?学生究竟该怎样更好地学语言,用语言?

一、"热闹"在哪里?

不少观摩课呈现出"热闹"的场面:其一,课件缤纷绚丽,让人眼花缭乱,对语言文字特有的品评被媒体所代替;其二,教师的引导语环环相扣,滴水不漏,但儿童思考的缝隙被教师的解读所取代;其三,文本思想精神挖得深邃,儿童应有的理解水平被无情地突破超越;其四,师生交流互动流于形式,课堂应有的沉静被教师的"挑逗性评价"打破。

其实,如此"热闹"是让人忧虑的,它的非理性出现正是教师徘徊于语文教学门外的突出表现,正是课堂教学过程中语文精神内核缺失的典型反映。

1. 对语文课程基本理念理解的误差导致学习主体的缺失。李海林教授在一次听评课后的讲座中也提到当下语文课堂"一般模式"的问题。

(1) 教学过程基本上是学生按照教师的指示把课文的角角落落找了一遍。

这里有两个关键词"指示""角角落落"。课堂上学生做什么都要教师指示,按章办事,阅读不是自觉自愿的行为,仅是依照教师的要求读,这时的读就是李教授所说的"找"了,好像玩一个在文章中寻找传说中宝藏的游戏。这样的"指示性要求"在名师的公开课中很常见。依照命令的"找"代替自己发现的"读",学生看似在读,实际思维的参与只是最简单的寻找相应的文字,可能对文本内容有一定印象,但绝不是自觉地深入对文本内核的理解和对文本写作手法的赏析等,这种阅读是被动的、浅层的。看似发言汇报很热闹,实则就是一种交差。而"角角落落"一词在小学语文教学中显得比较突出,边边角角、细枝末节都不肯放过，保姆式的教学为的是保全考试时的无一遗漏。李教授说到点子上了，这样的阅读学习是最低级的状态，可悲的是我们以之为常态，甚至视为"精彩"。

（2）以课文中的某些语句为支点谈论。这正是当下小学语文课堂教学的主流模式。

根据各种各样的要求，教师迫不及待地直接将其出示在屏幕上，文章中的某一句话从课文里剥离出来，带着神圣的使命挑起"大梁"，师生围绕它开始谈论：写什么，怎么写，好在哪里，在文章中起到什么作用，文中地位如何……场面"热闹"非凡，花样百出，文本钻得很深、很全、很透，一句话就像折射出大世界的小水滴，被无尽放大，时不时拿它作为钩子，勾连起其他一两句话，似乎要从这样的关键处见教师们解读文本的功力。其实，真正的功力是对文本的整体观照，优秀作品中的每一句话，每一个词都像水中鱼，抽离出来就会缺氧而死，只有将其放置在文本中，随文欣赏、解析，方可悟得其中之奥妙。自然也有抽离单句好好把玩的案例，那是在充分与文本会话之后的进一步揣摩、赏析、借鉴，是个性色彩浓郁的个体感悟，点到即止，不能以之为主流，更不能就这样折腾一节课还美其名曰"窥一斑见全豹"。课堂把大量的时间搁置在所谓的关键语句的深度理解上，其实只是让学生得到"兔子"，而非"猎枪"，对学法的掌握，对语言文字的感悟、积累、运用都显得仓促随意。

（3）结课、结束语是激情语，是号召语。

结课，流行的趋势好像在变化：激情结语的有之，欲擒故纵留问题的有之，号召拓展阅读的有之，布置读写结合任务的有之……变化总是好的，总比统一用激情洋溢的演说结尾来得要灵活些。毕竟每节课都那样惊心动魄，就很难体验到平淡之真善美了，少见学生把"养分"转化成"能量"，调整出自然舒展的拔节状态，所谓的语文实践成了纸上谈兵的虚拟梦想。

2. 对语文课程性质认识的模糊导致教学目标偏离。无独有偶，巢宗祺教授发现了小学语文教学的普遍性问题：教师将文质兼美的文本意蕴讲"深"，讲"透"，力图通过"传授"把学生语言文字运用能力给提高了。这样追求"热闹"的教学在许多观摩课上常见，教师重视学生对文本内容或形式的"知道""懂得"，注重思想意念的统一与提升，但忽视了学生阅读文本的体验与感受，忽视语言直接经验的获得，忽视语言的积累、表达、运用，教学成为沙漠中孤独的小洲。殊不知，语言文字运用能力必须通过长期持续的语言文字运用的实践才能逐步形成和发展。

如何去除浮夸、虚幻的热闹，走进语文"门道"呢？2011年版《课标》对语文课程性质的定义就是一剂良方。有舍才有得，实践出真知。摒弃对课文繁琐的分析，把学习的主动权交还给学生，让学生广泛充分参与学习过程，在语文实践中自觉自我地感悟、积累、运用，是小学高年级学生学习语言文字运用的关键。

二、"门道"有应对

1. 尊重个体差异，强化学习的主体意识。

儿童是天生的学习者。教育的本质是"发展和提升生命"，教育的真正主体是儿童生命的本身。尊重学生，就要认同他们儿童的身份，学习主体的身份。教师放下自己的身段，适当弱化主导地位，串联起文本与儿童语言特征之间的呼应，要悦纳他们的差异。小学高年级学生不再是"零起点"或"同起点"，且求知欲旺盛，有一定生活经验。教师要尊重学生个性化的解读，让学生在"自得"中各有所悟，显得尤为必要。语言学家洪堡特说："没有人能真正传授一种语言，只能提供条件让语言在学习者的头脑中自然地发展起来。"学生有了自然状态下的语文实践，才有文本的解读差异，而这种差异恰恰是课堂上宝贵的课程资源。这种状态下，学生的思维、语言不再是"平面""静止"的，而是在质朴的、天真的、粗糙的、零碎的、无序的、多元的碰撞中不断喷涌出自然美丽的生命之火。教师适时、适机、适度的引导，是为了更让学生浸润于润物无声的"听、说、读、写、思"的语言学习实践自觉中。

那么如何还学生以学习的主动权，达到"不教之教"的理想境界呢？以五年级上册《开国大典》教学为例：教师引导学生确定课文最重要的部分——"典礼时"，先是让学生静心慢读、细读这部分句段，要求边读边想边批注，促进自读、领悟与发现。在这一过程中，教师注重学生学习行为的调控，加强巡视，不时示意领悟独到、善于发现的学生将自己的批注或标注的关键词写在黑板上，激励学生主动学习与发现。接着教师注重课堂生成性资源的整合利用，组织交流和分享学习成果：利用让学生在黑板上自由发表批注，或写出对有关词句的理解与感受，强化学生的自主意识和分享意识。学生在交流分享中获得诸多信息之后，教师让学生带着相关信息再次进入体验性、感受性的阅读：感受有意、有情或有序的表达等等。这一教学过程设计了两个层面的语文实践：其一，让每个学生在已有知识经验的自然状态下参与独立阅读，并在阅读中做批注，这里强调学生自读自悟的亲历和生成点，强调学生获得独特体验、感悟与发现；其二，让学生交流与分享阅读中的批注和对有关词句的理解，并在学生交流分享获得多元信息的状态下引导学生再次阅读，强调学生对语言文字的感受、体验、积累，强调阅读中形成新的生成点，强调从阅读实践中获得多方面的语言直接经验。虽然课堂上学生的知识能力有差异，但毕竟是学生自己找到了"水源"，而并非教师给予的"浇灌"，学生获得的是生长的元气。我们一定要正确把握语文教育的特点："语文课程丰富的人文内涵对学生精神世界的影响是广泛而深刻的，学生对语文材料的感受和理解又往往是多元的。因此，应该重视语文课程对学生思想情感所起的熏陶感染作用，注意课程内容的价值取向……同时也要尊重学生在语文学习过程中的独特体验。语文课程是实践性课程，应着重培养学生的语文实践能力，而培养这种能力的主要途径也应是语文实践。"不宜刻意追求语文知识的系统和完整。正如郭思乐教授提出"只要学习同儿童的情感相联系，其意义为儿童所体验，他们就会以十倍的热情去对待它。只要我们教学的立意更加贴近儿童，就会呼唤更多的儿童，就会让每一个儿童更多地投入"。注重语文实践的教学，就要提倡在教师的支持下，激起、强化、优化学生的自主合作与探究学习，落实学生自觉自悟的学习过程。

2. 强化积累意识，把握语言运用的教学重点。

教育规律告诉我们，要尊重学生的经验系统、思维逻辑。在学生学习语言的高峰期，忽视学生积累语言、积累学法、积累生活经验，会给他们造成一辈子的损失。著名儿童教育家张庆先生对此有很形象的比喻："学语文好比天上布云，云布得越厚，雨下得越大；又好比在口袋里攒钱，钱攒多了，就不愁花不出去。"没有积累，就不可能有实践。让学生背诵经典文章、片段、诗词，打好童子功底；引导学生学会"鲸吞"和"牛嚼"的读书方法，让学生大量阅读的同时，丰富社会经验，思考、欣赏、储存与之心灵呼应的美文妙语；不断渗透写作方法，让学生不知不觉被情节吸引的同时，丰富其内心世界，也逐渐感受到表达特点和写作规律……正如于永正老师所言："把孩子教出'灵性'来。'灵性'是什么？是丰富的语言，丰富的经验，丰富的积累和善于用脑子所产生的智慧。"由此看来，高年级阅读教学的重点不能局限或满足于语言文字所承载的相关内容与形式、文化与思想等方面的理解，更重要的是学生大量"鲸吞"似的阅读和"牛嚼"般的反复阅读。阅读教学要强化学生的积累意识，强调阅读实践要获得语言的直接经验，包括阅读理解的经验和阅读表达的经验。

3. 丰富语言经验，落实语文实践的教学目标。

学以致用是王道。2011年版《课标》总体目标第5条明确指出："能主动进行探究性学习，激发想象力和创造潜能，在实践中学习和运用语文。"这是有一定道理的。先贤孔子早就提出"学而时习之，不亦说乎"。叶圣陶先生说过："大凡传授经验技能技巧，讲说一遍，指点一番，只是个开始，而不是终结。讲话和指点过后，接下去，有一段必要的功夫，督促受教育的人多多练习，硬是要按规格练习。"的确，学了不用，或者不会用，知识和能力就会"死亡"。运用是最好的理解，与其纠结在个别语句的"牛角尖"里，不如让学生用它，用好它，常用它。

青年名师何捷老师在教学《冬阳 童年 骆驼队》一课时，采取"细品段落，归纳写法，激发练写"的教学策略。他先让学生自读课文，交流感想，谈谈"趣"体现在哪些地方；再让学生回读课文，看看作者是怎样写出"趣"的味道来，在阅读中揣摩和领悟写法，学生对文本的表达就有多样的、个性化的总结和感受——"如实地写""激活联想""不能忘我"等；接着引导学生动笔写美丽童年的回忆，童年就是成长轨迹上最绚丽的弧线，写的时候可不能把自己置身事外，要时不时"送"自己回到那段最美丽的回忆中，写出当时自己最真的表现，最真的想法，最隐蔽的秘密，这样的文字才能给人真实的感受，才能打动读者……何老师的教学强调从读悟写、从读练写，强调学生读写语文实践的落实，在阅读和练写的实践中着力培养学习语言、运用语言、发展语言的自主意识，着重提高学生读写能力和认识事物能力。此外，高年级语文教学还应拓展学生语文实践的空间，让学生在生活的广阔天地里学习语文、运用语文。如，不定时地举行"班级新闻发布会""出自己的书""小型辩论会""调查报告""新书推介"等语文实践活动等，不断丰富学生运用语言的经验，促进学生身心健康成长。

当我们牢牢把握语文课程的性质，并以此为鉴，观照自己的教学言行时，我们就不会停留在内容理解的层面，而要不断开放课堂，不失时机地培养学生的语文鉴赏能力，让学生加强积累，活化应用，在水中学会游泳。这样的语文课，会让每个学生的心灵受到震荡、洗礼，语言素养得到扎实有效的发展。只有这样，教师才不愧为儿童语言生命成长的引路人。

《灰雀》第二课时课堂观察

（1997年获全国青年教师语文阅读教学比赛一等奖）

> 课堂实录

【教材】

人教版小学语文三年级上册（1997年版）第18课。

一、复习检查，导入新课。

1. 认读第一自然段生字词。

师：上节课，我们学习了第18课的第一自然段，现在请大家读一读这一段的生字词。

（生齐读"郊外""散步""面包渣""惹人喜爱"，师重点强调"惹"字）

2. 复习课后练习。

师：昨天我们还认识了三只惹人喜爱的小鸟，它们叫——

生：灰雀。（师板书：灰雀）

师：我们说惹人喜爱的灰雀也可以说——

生：灰雀惹人喜爱。

师：老师这里有道题目。［打开课件，出示题目："三只灰雀，两只胸脯是（　　），一只胸脯是（　　）。它们在枝头（　　　　）地唱歌，非常惹人喜爱。"］

想想括号里该填上哪些词，能使人觉得灰雀是非常惹人喜爱。

（生口述答案：粉红的、深红的、欢蹦乱跳）

师：这里通过灰雀的颜色、动作，具体写出了它的美丽、活泼，惹人喜爱。

（生齐读）

师：正因为灰雀这么惹人喜爱，所以谁特别爱它？

生：列宁。（师板书：列宁）

二、讲读第二部分。

1. 读课文第二至第十自然段。

师：是啊，列宁每天都要到公园看它们，还经常给它们带来面包渣和谷粒。可见列宁是多么爱它们呀！（板书：爱）可是，一天，列宁发现那只胸脯深红的灰雀不见了。那只灰雀究竟到哪去了？今天我们继续学习第18课《灰雀》。（师板书：18）

请大家翻开课本，找出课文第二至第十自然段。大家放出声音自由读这几个自然段，边读边想，从哪些句子可以看出那只灰雀到哪去了？找到了用笔画一画，开始。

（生小声自由读课文）

2. 学生自学课文并思考。

师：那只灰雀到哪儿去了？

生：被小男孩捉走的。（师板书：男孩）

师：那你们是从课文中哪些句子里看出来的？

（师分别用课件出示：那个男孩本来想告诉列宁灰雀没有死，但又不敢讲；男孩看看列宁，说："会飞回来的，一定会飞回来的。它还活着。""一定会飞回来！"男孩坚定地说。师在课件上标序号，生在书上找句子，标序号）

3. 指导学生抓住关键词语，联系上下文，逐句理解。

师：从这三句话怎么看出灰雀是被男孩捉走的，请大家先看屏幕，谁来读第一句？（师指名读）

师：从这句话怎么看出那只灰雀是被男孩捉走的呢？

生：如果不是他捉走的，他怎么知道灰雀没有死呢？

师：你是从"没有死"这个词（在"没有死"下面做记号）猜想灰雀是被男孩捉走的。那男孩为什么想告诉列宁灰雀没有死呢？我们应该联系上面的句子想一想。（课件出示第三至第五自然段）谁来说说？

生：男孩看到列宁为灰雀的生死担忧着。

师：那列宁说了什么？

生：列宁说："一定是飞走了，或者是冻死了。天气严寒，它怕冷。"

师：原来，男孩听了列宁的话，才想告诉他灰雀没有死。从列宁说的这句话里，我们可以看出当时列宁在猜想灰雀怎样了？

生：灰雀可能飞走，可能冻死了。

师：在不能肯定的情况下，可以用这个词（出示生词卡片"或者"）来表示，一起读。"或者"在这里表示可能这样，也可能那样的意思。在这个句子里列宁猜想灰雀可能——

生：飞走了。

师：或者——

生：冻死了。

师：同学们，这时候列宁是边猜边说，说话的速度就显得慢一些，谁来试着读读列宁说的这句话？（朗读指导略）

师：男孩听了列宁说的话，他想告诉列宁灰雀没有死，可为什么又不敢讲呢？再联系上面的句子想一想。

生：男孩在列宁问他的时候说："没看见。"现在不好意思说。

师：问他什么？

生：列宁问："孩子，你看见过一只深红色胸脯的灰雀吗？"

师：男孩怎么回答？

生：男孩说："没……我没看见。"

师：对，联系上下文我们知道，男孩明明知道灰雀没有死，在这却说没看见，可见他原先没说——

生：实话。

师：所以他现在不敢讲了。好，现在请全班同学把这几个自然段连起来读一读。（生齐读）

师：（指课件小结）刚才我们先通过理解"没有死"这个词，猜想那只灰雀被男孩捉走了。接着联系上下文句子知道男孩本来想告诉列宁灰雀没有死，是因为听了列宁为灰雀担忧的话，后来他又不敢讲，是因为原先他没说实话。可见，通过理解词语和联系上下文的方法来理解句子，就能读懂文章。

4. 指导学生用以上方法学习第二、三句。

师：这两句话，从哪些词语可以看出那只灰雀是被男孩捉走的呢？

生："还活着""一定会飞回来""坚定"。

师：同学们，刚才你们读的是男孩说的话，原先男孩不是不敢讲吗，为什么又说出来了呢？

生：因为他听到列宁自言自语说的话。

师：列宁这句话，怎么会使男孩鼓起勇气说出来了呢？列宁说"多好的灰雀"，你们瞧（用课件展示书上插图），原先列宁见到的灰雀究竟有多好呢？谁能说说？

生：灰雀很漂亮。

生：灰雀很活泼，它会在枝头欢蹦乱跳地唱歌。

生：灰雀很惹人喜爱，来到公园里的人们都爱看它。（生回答热烈）

师：这几个同学都能联系第一自然段的内容，说出灰雀有多好。是啊，在这冰天雪地里，许多鸟飞到南方去了，许多鸟躲到窝里去了，可这三只美丽、活泼的灰雀在枝头唱啊，跳啊，给寒冷的冬天带来了生趣，给周围的人们带来了欢乐。想到这些，列宁情不自禁地赞叹——

生：多好的灰雀呀！

师：现在那只最美丽的、胸脯深红的灰雀不见了，（翻掉胸脯深红色的那只灰雀的活动片）列宁心里觉得非常——

生：伤心。

生：难过。

师：列宁感到失望，难过，感叹道——

生：多好的灰雀呀！

师：你们看看书，列宁说的这句话里，哪一个词最能表达出他此刻的心情呢？

生：可惜。

师：列宁为灰雀感到可惜，同学们，你们为灰雀感到可惜吗？

生：可惜。

师：列宁虽然自言自语，男孩听见了列宁的话，他会想什么？

生：列宁那么爱鸟，我要告诉他，免得他担心，免得他难过。

师：可见列宁的话感动了男孩，所以男孩鼓起勇气，看看列宁，说：——

生：会飞回来的，一定会飞回来的。它还活着。

师：看到男孩想说又不敢说的神情，听到男孩的话，现在我们谁都知道那只灰雀肯定是被小男孩捉走的，那列宁也一定会——

生：知道。

师：既然知道，为什么还要问："会飞回来？"

生：列宁想让男孩下决心改正错误。

师：列宁问"会飞回来？"的意思就是——

生：你会不会把那只鸟放回来。

师：可见列宁在启发、激励这个男孩。在列宁的激发下，男孩怎么回答？全班一起说。

生（齐读）：一定会飞回来！

师：这里的"一定会飞回来"和上句的"一定会飞回来"有什么不一样？

生：后面那一句加了感叹号。

师：这句为什么用感叹号？

生：这里是坚定的语气。

师：（出示生词卡片：坚定）一起读。

生（齐读）：坚定。

师："坚定"是什么意思？

生：下决心不改变动摇的意思。

师：男孩什么决心不动摇？

生：把鸟放回去的决心不动摇。

师：男孩回答这句话时，一定是干脆、有力的。全班同学用坚定的语气把这一句读一读。（生齐读）

5. 小结。

师：刚才我们通过理解词语和联系上下文来理解句子的方法，学习了列宁和男孩的对话，非常清楚地知道灰雀是被男孩捉走的，而且男孩在列宁的影响、激发下决心把鸟放回来。现在我请这两组同学读列宁说的话，那两组同学读男孩说的话，老师读叙述部分，一起把这一部分有感情地再读一遍。

（生分角色朗读）

三、讲读第三部分

1. 放录音，引出课文内容。生配乐齐读最后三个自然段。
2. 讨论揭示中心。

师：看来那个男孩说到做到，果然把灰雀放回来了，你们说他是个怎样的孩子？

生：诚实的。（师板书：诚实）

师：看见灰雀在枝头欢蹦乱跳地唱歌，男孩为什么低着头呢？

生：男孩知道自己错了，不好意思。

师：那他错在哪里呢？

生：男孩把鸟捉回去了。

生：男孩还撒了谎。

师：那男孩为什么把鸟捉回去？

生：因为男孩也很爱这只灰雀。

师：男孩爱鸟，列宁也爱鸟，像男孩这样做为什么不对？

生：公园里的鸟是要给大家看的。

生：鸟儿要生活在大自然里。

师：是啊，鸟儿是人类的朋友，如果人人都像列宁那样爱鸟，让鸟儿在大自然中自由自在地生活，我们的生活将变得更加美好。男孩知道自己错了，所以他低下了头。

师：同学们，你们看书上的这幅图，（课件出示课文插图）看到心爱的灰雀回来了，列宁笑了，他还说了什么？找出书上的句子，一起读。

生（齐读）：你好，灰雀！昨天你到哪儿去了？

师：列宁明明知道灰雀是被男孩捉走的，这时候列宁为什么不问男孩而问灰雀呢？

生：他知道男孩知错就改，再问，男孩会更不好意思。

师：可见列宁不仅爱鸟，更爱——

生：诚实的孩子。

师：听了列宁说的话，原先低着头的男孩，为什么也笑了？

生：他为灰雀回来而感到高兴。

生：列宁不再批评他，他为自己的进步高兴。

四、深化总体，总结全文

1. 课堂练习：从整体回到部分。

师：同学们，这篇课文我们已经学完了，现在根据课文内容来做个练习。同桌的小伙伴一起讨论一下，接着把这道练习做完。（生讨论做题，对答案）

2. 利用练习，总结提高。

师：现在大家把练习交给同桌保管，请大家看屏幕，这是刚才我们做的练习，老师已经帮大家按顺序整理好了，一起读。

生：列宁问有没有看见灰雀，男孩没说实话。

师：男孩捉了鸟，又没说实话，他犯了错。

生：列宁为灰雀担心，男孩想说又不敢说。

师：这时男孩已经知错了。

生：列宁的话感动了男孩，男孩说出灰雀还活着。

师：说明男孩认错了。

生：列宁进一步激发，男孩放鸟决心更坚定。

师：说明男孩想改错。

生：列宁笑了，因为男孩真的放回灰雀。

师：男孩终于改正了错误。

师：今天我们运用理解词语和联系上下文来理解句子的方法，读懂了这篇文章，知道男孩原先犯了错，后来他知错、认错、下决心改错，到最后用行动改正了错误。男孩说到做到，知错就改，是个怎样的孩子？

生：诚实的孩子。（师手指板书）

师：列宁从头到尾都没有直接批评男孩，而是用自己爱鸟的情感来感染这个孩子，让他知错改错，可见列宁不仅爱鸟，更爱怎样的孩子？

生：诚实的孩子。

五、总结谈话，教学生字

师：大家学得很好，下面我们还要学习写这两个生字。（出示生字卡片，生齐读）

师："或"字是半包围结构，找什么部？

生：戈字部。

师：（边板演边说）注意先写"横"，再写"口"和"提"，最后写"斜钩""撇""点"。"斜钩"的起笔在竖中线上，要写得稍长一些。

师："坚定"的"坚"怎么记？（出示生字卡片）

生：上面是"紧"字的上面部分，下面是个土字。

师：（边板演边说）写"㐄"时要写在横中线上半部，"土"字最后一笔要写得长一些。

师：拿出生字本，在第一格写领头的字，开始。（生写生字）

六、布置作业

1. 有感情朗读课文。
2. 写"或""坚"两个生字。

[板书设计]

<pre>
          18 灰 雀

              爱

     列宁   男孩（诚实）
</pre>

[课堂练习]

读一读，想一想，把左右两边有联系的句子用线连起来。

列宁问有没有看见灰雀，	男孩放鸟决心更坚定。
列宁为灰雀担心，	因为男孩真的放回灰雀。
列宁的话感动了男孩，	男孩没说实话。
列宁进一步激发，	男孩说出灰雀还活着。
列宁笑了，	男孩想说又不敢说。

品课综述：主体明显，训练落实

纵观《灰雀》一课的教学过程，我们觉得它有两个突出的特点：一是学生的主体地位明显；二是训练落实，重点突出。

以学生为主体已成为所有教师的共识。但是，教师在教学实践中并非都能做到这一点。而对《灰雀》这一课，教师经过对教材的深入钻研和对教学结构的精心设计，无疑已做到了这一点。

例如：陈曦老师将单元组的训练重点"通过理解词语和联系上下文理解句子，读懂文章"由教师的主导，潜移默化到学生学习"怎么看出那只灰雀是被小男孩捉去的"三句话中第一句的实践活动中去，在实践的基础上再抽象成教材中提出的学法（即上面的训练重点）。而后，她再多次让学生在继续学习其他句子中加以验证和运用，进而逐渐演化成学生的自学能力。这种教学设计，正是学生被确立为主体的较佳体现。

本课的训练落实主要体现在"目的明确，层次分明，形式多样"上。

如：对第二、三段的教学便是始终围绕着掌握"通过理解词语和联系上下文理解句子，读懂文章"这种学法，以培养自学能力为目的进行的。同时训练也是按从"扶"到"放"，循"实践—归纳总结—再实践—形成能力"的轨迹运作，符合学生自学能力培养的一般规律。整个训练层次由易到难，由浅入深，一目了然。至于训练的形式，就学生的操作而言，有动脑，即思维、理解能力的训练；有动口，即语言表达和感情朗读的训练；还有动手，即文字表达的训练。就手段而言，有多种形式的朗读，以读促理解，以读悟情，大大增加了学生感受语言的机会；也有运用电教媒体，如录音、投影等，创设情景，进行说的训练，加深对词语的理解，进一步领会句子的意思，达到理解全文的目的。

总而言之，本课教学由于训练目的明确，层次分明，形式的多样性、艺术性和可操作性，使学生在动脑、动口、动手的学习实践中，既有知识的获得，又有能力的培养，学生的学习情绪自然高涨，主体地位也就愈加明显了。

指导老师　张学平　林云涛　关　波

《全神贯注》第一课时课堂观察

(获 2012 年第三届华东六省一市比赛特等奖)

课堂实录

【教材】

人教版小学语文四年级下册第 26 课。

师：孩子们，听说你们一大早六点多就准备到这儿来上课了，我非常感动。来到这里，看到这么大的会场，看到这么多的人，这时候你们的心情怎样？

生：无比激动。

生：无比兴奋。

师：还用上"无比"呢！这个班是不是"无比"班呢？

生：无比开心！

师：还是用"无比"。（众笑）看来大家都爱读书，爱语文。这让我想起一个人，他是我们新中国第一个获得诺贝尔文学奖的，叫——

生：莫言。

师：你知道我为什么会突然想起他？因为你们和他一样，说实话，说真话。而且你们还知道吗？莫言为什么爱写作，什么时候开始写作的？想知道吗？那就要多看书，多看报。莫言之所以要写作，其实是想以后——

生：……

师：他爱写作目的很简单，就是想以后三顿饭都能吃上饺子。谁知道他的学历是什么吗？你们现在读几年级？

生（齐）：四年级。

师：猜得挺准。（众笑）他只比你们高一年级，几年级？

生（齐）：五年级。

师：是啊，他是自己学，自己写。学着学着，写着写着，他就得了诺贝尔奖。了不起呀！还有一个信息，不知道你们知不知道。莫言说他自己是一个非常——

生：爱讲故事的人。

师：你怎么知道的？

生：听别人说的。

师：包括他在诺贝尔颁奖仪式上的演讲也是以讲故事的形式进行的。可见会讲故事是一件了不起的事情，那今天老师也来和大家一起学一个故事，这是一篇课文，在你们下学期的第26课，有点难。挑战一下自己，超越一下自己好吗？

生（齐）：好。

师：这是课文结尾的一段话。谁来读一读呢？

（生读）

师：你们有什么问题吗？学习贵在有疑啊。

生：这段话是什么意思？

生：他在文章的工作室里学到了什么？

生：读了这段话你体会到了什么？

师：问我吗？了不起呀！敢向老师发问了。还有问题吗？

生：……

师：那我们今天就来学我们下学期才上的课文，题目叫——

生（齐）：全神贯注。

师：看老师来写课题，你们拿出手来。很难写，但我们还得认真写！这"全"字的两笔我们要打开，而且要对称。"神"字什么旁？

生（齐）：示字旁。

师：示字旁不要写成衣字旁。右边的这一竖定乾坤，一定要写得直而有力。"贯"字请注意，中间一横稍稍长些。"注"字的三点水要写窄些，给右边的"主"留出位置。但是，在这个标题旁边它还多了个什么？星号。这提醒我们什么？

生：这是一篇略读课文。

生：这是一篇自读课文。

师：还有吗？

生：这篇课文比较难。

师：很好，自读课文要怎么学？跟平时没有带星号的课文一样吗？

生：带星号的课文要自己理解。

生：带星号的课文要抓重点词、重点句来理解。

生：要默读课文。

师：那你们就只有带星号的课文才能默读，那不带星号的课文就不能默读了吗？

生（齐）：可以。

师：那就是说可以用学精读课文的方法来学习自读课文。还有吗？

生：自读课文自己不会的可以问老师。

师：现在，我们就是课堂的主人。第一段老师教你们学。我希望你们也能全神贯注地听。（师读课文第一自然段）

师：听的效果怎么样？我们来检验一下，做个小游戏。看上面那句话，它不是按照原文那样写，有些空要我们填，下面我们就来看看怎么填才正确。老师可以用掌声来提醒你。一次掌声就表示——（一个字）两次呢？三次呢？

生：两个字、三个字。

师：猜对了，说明你在全神贯注地听；猜错了，也不要怕。

师：法国雕塑家邀请哪国人参观？

生：奥地利。

师：对了，不容易，外国名称很难读的！

师：罗丹作品被茨威格称作——

生：杰作。

师：什么样的作品叫杰作呢？

生：非常好的。

生：漂亮。

生：栩栩如生。

师：精品，这样的作品才叫——杰作！

师：被茨威格称为杰作的女像左肩——

生：偏了点。

师：有没有不同意见？

生：偏了一点儿。

师：两个意见出来了。你们赞同谁的？

师：赞同他的，为什么？"偏了点"与"偏了一点儿"哪个告诉我们女像的问题就只有那么一点儿？

生：偏了一点儿。

师：你们听得很认真！的的确确是这样的，下面你们翻开课文，左肩只是偏了——

生（齐）：偏了点儿。

师：第一个空我只是考考你们的记忆力。后面两个词老师非常喜欢，因为我对这两个词非常有感触，跟你们刚才的感触是一样的。接着我们来读好吗？按照你们刚才说的，先读懂课文的意思。（生快速默读课文）

师：我跟你们一起看，注意坐姿！

师：我看完了，没看完的加快速度。

师：谁来说说这篇文章主要讲了什么？

师：没发言过的把手举得更高一点。这位小博士。

生：这篇课文主要讲了法国雕塑家邀请茨威格到他家做客，并把作品给他看，然后对自己的作品不满意，于是修改起作品来，最后忘记了茨威格还在自己的家里。

师：你是一个思维缜密型的读者。这么长的文章你能把每部分的内容记得清清楚楚。

师：还有一种读者叫简约型的读者。他能把很复杂的问题简单化，把一篇文章读成一两句话，他会懂得抓住这篇文章灵魂的词。这篇文章灵魂的词是哪个呢？

生（齐）：全神贯注。

师：谁能在这个词的前面和后面加上几个字，构成的句子就是这篇文章的主要内容了。

生：罗丹全神贯注地修改雕塑，把茨威格忘了。

师：这是两种读者，这两种思维都很重要，都很可贵。

师：我们现在面对的是一个海量知识的时代，我们要大量地看书，看书要讲求速度，要知道大概的意思，这种读书方法叫"鲸吞"，但是像他那种读书方法非常有条理，能把一些逻辑的东西记下来，就像"牛嚼"。

师：一篇课文读下来，可以把内容画成一条线、一个图形。这篇文章呢？

生：曲线。

师：为什么？他跟我想的一样！（师在黑板上画曲线）

师：是这样的吗？为什么？情节刚开始的时候——

生：刚开始的时候讲了故事的起因。

师：接着写——

生：经过。

师：最后写——

生：结果。

师：你看这像什么？

生：一座山。

师：用一句话概括就是"文似看山不喜平"。情节曲折生动！最高潮的部分是这个部分——经过，也就是罗丹全神贯注地——

生：修改雕塑。

师：一起来"牛嚼"好吗？自己读一读。像刚才那样抓住一些关键词，在特别有感触的关键词旁做批注。（生自读课文）

师：注意坐姿，提笔即练字。最高潮部分在哪几个自然段？对，第二、三、四自然段。可以小声地读。（师巡视指导）

师：好的，许多同学都有自己的感受了。现在同桌两个人把第二、三自然段小声地对读，然后把自己的感受和同桌交流一下，注意读准字音，把句子读通。虽然是独立阅读课文，字词还是很重要的。来，你的同桌就是你最好的伙伴。

师：把自己的感受，最有感触的一个词，跟同桌交流一下。很好，会讨论起来，能争论起来，说明你们有自己的见解了。

师：好的，来，同学们，你们是很会读书的四年（1）班的孩子，后面的生字还是要会读的，班长是谁？你能不能够做老师的小助手，你们来自学生字，你们平时怎么学生字？检查到不会的同学怎么办？

生：老师给我们讲解生字，然后让我们自己来读。（生让小组开火车）

师：开火车？现在很多地方都开动车了，有的还有——

生：高铁。

师：高铁，还有航母呢。你们还在开火车，能不能来个航母的？航母起飞动作怎么做？

师：读书啊，一定要跟上时代，要关心国家大事。快，航空母舰很厉害的，快，起飞。（生做动作，一小组开火车读生字。）

师：好，下次不要开火车了，开航母，再来一组好吗？谁愿意来当舰长指挥大家起飞？这位男同学你来。（生自学生字，兴趣盎然）

师：现在，请同学们把自己的批注写在黑板上。分类一下，这里有三位同学，有一位是写自己的感触，你们说是什么？走火入魔，谁写的？哇！这个词你怎么想出来的？

生：他把自己的挚友茨威格忘记了。

师：他是走火入魔，但我告诉你，走火入魔一般是形容什么？你欣赏罗丹吗？这个词意思差不多，但是感情色彩上差那么一点点了。

师：这类看看，"语言""神态""表情"。写这几个字的同学站起来。你们读出了什么？你们为什么写这些词？

师：会读书，不仅知道写什么，还知道怎么写。

师：抓住这些，还有比喻、排比啦，这是一些修辞手法，这样就使得文章更生动了，是吧？另外我还特别发现了，这个同学他写的什么？

生：吁。

师：还打了个问号。谁写的？这说明他不懂。谁知道，"吁"什么意思？你来，舰长。

生：喘气。

师：你是吸气呀，应该是吸了口气，然后再——（生吸气）

师：还是在吸？（生笑）还是这口气憋在那里，吁了一口气，说明他已经——

生：放松了。

师：对，读书就是这样读的。你们读得明白不明白不重要，关键要把这段话读好，好不好？读出文章的高潮，行吗？再现这个画面，哪一组的航母还想起飞？把这段话读好，谁来？自己就找最有感触的一句话来读。现在给你们练的时间，待会我们比赛，好吗？

选你最有感触的一句话。其他人仔细听好不好？待会儿你们来评价，并且勇敢地向她挑战。

生（读）：只见罗丹一会儿上前，一会儿后退，嘴里叽哩咕噜的，好像跟谁在说悄悄话；忽然眼睛闪着异样的光，似乎在跟谁激烈地争吵。他把地板踩得吱吱响，手不停地挥动……

师：读了两句，自己奖励自己一句了。（生笑）读得真好，掌声送给她。你们都读了，有没有不服气的？

生（读）：一刻钟过去了，半小时过去了，罗丹越干越有劲，情绪更加激动了。……——大约过了一个小时，罗丹才停下来……重新把湿布披在塑像上。

师：你很注意你的表情，还有提升空间，其实你可以比她读得更好。我给你一个小小建议，把标点符号读出来，注意，这里有一个什么标点符号？

生：破折号。

师：这个破折号表示什么？

生：表示解释说明。

师：表示解释说明吗？前后两个的意思怎么样？再读读，没关系。我们给他机会好不好？给他鼓励好不好？来给勇士掌声鼓励。

生（读）：一刻钟过去了，半小时过去了，罗丹越干越有劲，情绪更加激动了。他像喝醉了酒一样，整个世界对他来讲好像已经消失了——大约过了一个小时，罗丹才停下来，对着女像痴痴地微笑，然后轻轻地吁了口气，重新把湿布披在塑像上。

师：有一个字值得我们学习，哪个字？

生：吁。

师：读得太好了，有没有再现罗丹全神贯注的样子。罗丹这时候忘记了什么？也忘记了什么？还忘记了什么？

生：还忘记了整个世界。

师：是啊，这才叫全神——

生：全神贯注。

师：你现在能不能也把所有的东西都忘了，就把这句话读好。

（生读，其他同学情不自禁鼓掌）

师：很了不起啊！这里有很多词我们同学都圈了，比如哪个词？"痴痴地微笑"，罗丹像喝醉了酒一样。我们黄山也有很出名的酒，好像叫黄山松。你们刚才估计没喝酒，现在能不能给自己一点喝酒的感觉，来读这句话，就这句话。

生：他像喝醉了酒一样，整个世界对他来讲好像已经消失了。

师：这个酒只是米酒，让我微微的醉，能不能给我一点高度的，让我那种感觉能找到，来。

生：他像喝醉了酒一样，整个世界对他来说好像已经消失了。

师：你不是喝酒，你喝了醒酒药，清醒着呢。（众笑）但是我知道，其实每个人的感触不一样，所以读出来的感觉就不一样。愿意不愿意再读，全班同学就读这句话好吗？

生：好。

生：他像喝醉了酒一样，整个世界对他来说好像已经消失了。

师：这就叫忘我的程度啊。如果叫你们演这个片段，你们会不会演？演要有几个条件？首先要把这些台词记熟，还要把他的动作给记熟，另外还不能少道具，知道吗？哪些道具必须准备？

生：抹刀。

师：可以，还有呢？

生：雕塑。

师：可以。

生：门。

师：门，倒不一定。

生：湿布。

师：湿布，必需的。知道为什么是必需的吗？你们自己看，有时候发现了细节，就发现了关键词，孩子们。湿布出现了几次？

生：两次。

师：两次，说明了什么？

生：湿布本来就是披在塑像上的。

师：是吗？还说明了什么？

生：还想给客人一个惊喜。

生：可能罗丹把所有的东西都忘了。

师：湿布一定不能少，我告诉大家，湿布是用来保护这个还没有完成的作品的，披着它还是湿的，可见他下次再观赏再发现问题，他可能还会——

生：修改。

师：可见罗丹对自己的作品是——

生：精益求精。

师：对自己的作品是——

生：非常喜欢。

生：有严格的要求。

师：对自己的作品——

生：追求完美。

师：（欣赏课件）这是他非常著名的代表作《思想者》。望着他，我们仿佛怎样啊？望着他，我们仿佛可以感受到他的呼吸，感受到他皮肤的温度……罗丹的作品非常多，陈老师查了资料，书上的女像并不是他杰出的代表作，只是他普普通通作品中的一个。对一个很普通的作品他都能做到如此的高度负责，如此的全神贯注，所以在一旁的茨威格有了深深地感触。因此，这个普通的故事，因为有了茨威格的这句话，更有魅力，读——

生（齐读）：人类的一切工作，如果值得去做，而且要做得好，就应该全神贯注。

师：是的，同学们，我相信你们今天学到的，以后你们也会受用一辈子。拿出你们的笔，在文章的最下面一行，也写写自己今天上这节课或者学了这篇文章的感受，请在后面署个名，未来的科学家、未来的宇航员或未来的外交官等。好不好，来，开始，把自己的感触写下来。（生写感触）

生：这种无论做什么事都追求完美的精神，我要学习。未来的老师朱文琦。

师：未来的朱老师是吗？我希望你能变成我的同行。再说一遍，你说得非常好。

生：这种无论做什么事都追求完美的精神，值得我学习。

生：全神贯注是我们做好每一件事的重要因素。未来的老师张德馨。

师：也想当老师呀，和你握个手，也和你握个手，张老师。

生：我想不管做什么事只求更好，不求最好。未来的医生戴佳丽。

师：救死扶伤的医生，很伟大呀。

生：天文学家不是想做就可以做的，要想做就应该全神贯注。未来的天文学家卓振洋。

师：这节课，大家忘我的学习，也忘记了时间，现在要下课了，还想再学吗？（生点头）还有问题吗？对，学无止境。希望你们是语言的巨人，思想的巨人，更要做行动的巨人，未来的人才就在这里。下课。

品课综述：精导妙放，言意兼得

叶圣陶先生曾经说过："就教学而言，精读是主体，略读只是补充；但是就效果而言，精读是准备，略读才是应用。"叶圣陶先生十分精辟地阐述了精读与略读的关系。根据略读课文的教学特点和本组课文的选编意图，陈曦老师在《全神贯注》教学设计上以阅读方法的训练、表达方法的习得为主，在阅读方法的训练中渗透人文精神，并以阅读方法的深化为延伸点，组织拓展性阅读。

"自读课文要怎么学？跟平时没有带星号的课文一样吗？"策略简约不简单，让学生借助连接语，知道阅读提示是引导自己开展阅读实践活动的主导。从提示入手，让学生带着任务进行略读课的学习，可以更有效地提高学习效率。"可以用学精读课文的方法来学习自读课文"，与文本进行自由的对话，建构出简约的教学框架。

略读课文是学生独立阅读的实践机会，个体自读和合作交流是略读课文学习的重要方式。明确的学习任务是对学生进行略读能力训练的关键。扎扎实实地学语文，让学生"习得"方法，进而抓住主要内容。陈曦老师授之以渔，渗透"鲸吞"与"牛嚼"的方法，在课堂上妙语连珠，如"懂得抓住这篇文章灵魂的词。这篇文章灵魂的词是哪个呢？"

精讲"痴""醉"这一环节，为学生阅读能力的迁移提供保证。而对于板块中的其他段落，陈曦老师则是采用组织学生抓住关键词圈点勾画，集体交流，引导学生从内容、结构、写法等方面多角度和多层次地比较阅读，完善学生的认知结构，引导学生并对难点进行适当点拨解疑。轻轻松松地学语文，学生的学习收获不小，有的从写法上来板书，有的板书虽只是只字片语却展示着自己的所得。加强语文实践，充分体现了易语文教学主张以及略读教学追求的"精略相辅，略中有精，教略而学不略"。朗读指导堪称典范，"这个酒只是米酒，让我微微的醉"，渲染点拨，学生的朗读有了质的飞跃，听课老师如沐春风。

用叶圣陶先生的话来说，教材永远只是一个例子。要想提升学生的语文素养，单靠课堂文本显然是不够的，必须以教材为拓展点，内引外联，进行恰当地拓展。从《思想者》的拓展延伸，"望着他，我们仿佛……"丰富学生的阅读实践，点睛之笔，足见教师匠心与智慧。音乐、图片与表达，得趣，得法。

人即课，课即人，陈曦老师不经意间流露出人格的魅力和深厚的文化底蕴，这种境界极难达到。学生是语文学习的主人，课堂教学是学生学习语言、发展语言、提升语文素养的主阵地。陈曦老师在落实学生主体地位上下足功夫，做足文章。

特级教师　陈玮

《将相和》第一课时课堂观察

课 堂 实 录

【教材】

人教版小学语文五年级下册第18课。

师：（亲切）同学们，准备好了吗？

生：准备好了。

师：真的准备好了吗？用你们的姿势告诉我。（生精神饱满地坐好）

师：（指板书的课题）今天，我们来学习一篇新课文——

生：将相和。（声音不整齐，老师不满意）

师：请读完整。

生：18　将相和。（有学生把"相"读成"xiāng"）

师：我听到了不同的声音，看来大家对这三个字的读音都不能确定。这三个字该怎么读？注意观察，发现了没有，它们有没有特殊的地方？

生：这三个字都是多音字。

师：第一个和第三个字没问题。"相"字有争议，该读什么？联系课文想想。

生（齐）：相（xiàng）。

师：什么意思？

生：宰相。

师：书上有出现宰相？

生：上卿。

师：上卿怎么能说是宰相呢？该怎么解释？

生：文官。

师：所有的文官都叫"相"吗？不确切，怎么办？

生：查字典。

生：字典里有种解释——某些国家的官名，相当于中央政府的部长。

师：这么一说，我们对"相"就更了解了。

41

师:"和"的读音就更多了,有五种读音,做上记号,回去后把预习的工作补上。汉字就是这么有意思,意思变化,读音也发生变化。有疑问,没有把握就要去找字典,这是很好的习惯。看,陈老师就带来了字典。(师出示字典)

师:生字预习关过了没有?同桌互相检查。(生互相检查生字预习)

师:谁上来当小老师?帮助大家闯过生字关。(一个姓李学生上台,以下称小老师1)

师:(手搭着小老师1的肩对着其他学生)现在你们的老师换成了李老师。(众笑)你学着老师以前的样子教一教大家,我给你当助手。(小老师1有些紧张)

师:(鼓励)看你有些紧张,没关系,放松。(幽默地)现在老师给你当助手,起码你就是教授,自信点。

小老师1:(不紧张了,并带着大家读了生字)下面大家跟我一起组词。

师:(对着小老师1提醒)这样就把读音教完了吗?以前老师怎么教的?

小老师1:(有所明白)下面有谁来给同学们提醒读音吗?

生:我发现李老师读错了一个字,"召"读作 zhào,不读 zhāo。

师:是的,你是大家的"一字之师","召"字的另外一个读音是读 zhào。

生(齐):召(zhào)。

师:(问小老师1)你当老师有什么感受?

小老师1:还好,我预习得还不够。

师:以后打算怎么做?

小老师1:要认真预习啊。(众笑)

师:字音关过了。请大家用不同颜色的笔在易错的地方做上记号。谁来当小老师,帮大家过字形关?(一个姓张的学生上台,以下称小老师2)

小老师2:"和氏璧"的"璧",下面是玉;"瑟"下面是必胜的"必";"荆条"的"荆"是左右结构,左边的草字头下面是"开",右边是立刀旁。

师:(对着下面的学生)没反应呀,有呼必有应嘛,比如说哦——

(生反应说"哦——")

师:张老师用的是传统的讲授法。

小老师2:请问大家有补充吗?

生:"诺"是左右结构,左边是言字旁,右边是若。

生:"和氏璧"的"璧"部首是玉。(其余学生自然地反应说"哦——",众笑)

师:祝贺大家顺利通关。在预习中,要善于观察,善于思考,不懂的要查字典,才能真正起作用。下面我们把生字还原到句子当中,大家找出喜欢的句子,

读一读。如"赵",姓赵的都站起来。(师请一个姓赵的学生把文中带生字"赵"的句子读一遍)

师:声音挺亮了,但没有节奏,像和尚敲鱼。(师范读一遍)能像我这样读吗?(生再读了一遍)

师:你不仅读了"赵"字,还读了"璧"字。读得有轻重,有快慢,就有节奏感了。喜欢"召"字的同学呢?

(一些喜欢"召"字的学生齐读带"召"字的句子,并把"召集"这词读了三遍)

师:有喜欢"怯"字的吗?(没人站起来)

师:(故作疑惑状)没人喜欢?为什么?

生:是贬义词。

师:你说出了词的感情色彩。看这个字,左边是竖心旁,右边是"去"字,意思是说心都去掉了,说明了什么?

生:害怕呀。

生:信心没有了。

师:没信心,就会胆怯。"怯"字自然没人喜欢。那我们不读。

> **评析**:文字不是冰冷的,它有温度。执教者有一双慧眼,捕捉到文字的特性,把文字还原到原句中读,引导孩子去触摸、去感觉、去领悟。在这个环节中,教师的教法朴实但透露着艺术。例如教学"怯"字,教师发现没有人愿意读带"怯"的句子,当孩子说出原因是"怯"属于贬义词,执教者积极做出了反应:"你说出了词的感情色彩","怯",心去掉了,没有信心了,没人喜欢,我们就不读它了。引领一个字的理解是表面,从这一个字的引导透射出的却是一种智慧。教师无痕地教会学生把学习的触角伸到更深的领域。

师:什么叫鼓瑟?(问一学生,生不明白,说不出来)

师:谁来帮他?

生:弹一种有弦的乐器。

师:对,所以"鼓"在这里应该是——

生(齐):弹的意思。

师:带"诸"的句子呢?(很多学生站起来读)

师:(盯着一学生也读了一遍)我现在的眼神对吗?

生:(众笑)不对,蔺相如说"诸位",应该看每一个人。

师:很好,你们真正理解"诸位"的意思了。

师:最后一个字,还没有读的站起来,想读的也站起来。

(站起来的学生越来越多,他们一起把最后一个生字所在的句子读了一遍。)

> **评析**：以上字词教学环节体现本节课的最大特征：朴实，扎实。没有教学课件的堆砌，没有"乱花渐欲迷人眼"的形式。一本书，一根粉笔，教师以丰厚的文化底蕴向我们展示了一节简简单单又实实在在的语文课堂。极为少见的高年级字词教学，音、形、义全面涉及，从一个到群体，受众面广泛，兼顾"多基"的训练——基本知识、基本技能、基本方法、良好学习习惯的训练，提高了学生分析问题和解决问题的能力，进而提高学生语文的综合素质。没有复杂的教法，教师的眼神、体态语都成为教学资源，都能出神入化地引领孩子探寻语文真境界。

师：下面请大家默读课文，想想主要人物是谁，课文主要由几个故事组成的。时间两分钟，注意读书的姿势。（生默读）

生：秦王、赵王……

师：（手指题目提醒）谁是主要人物？

生：（重新说）廉颇、蔺相如。

师：也就是课题中的将和相。请两个同学上来写，商量一下怎么写得美。

（两个女生上台商量后，在课题"将""相"的下方板书：廉颇、蔺相如，并在两个人名中间往下一点的地方板书：和）

师：诺贝尔奖获得者杨振宁说过："中国文化中的对称是人类文明的精髓，甚至可以解决宇宙的问题。"写得对称就很美。（两位学生上讲台板书，写得非常认真）

师：写完了，仔细端详一下，给不美的笔画"整整容"。（生自行修改，字更工整、漂亮了）

师：谁来评价，写得对称吗？美吗？（很多学生称赞。有学生指出"蔺"字的下方少了一横，经检查并没有少一横，是写得不明显）

师：我们所说的对称，不仅是笔画布局的对称，也要讲求留白的对称，还要注意整体排列的对称。这两位同学很用心观察书上的生字表，写得认真，坚持下去，可以练就一手漂亮的好字！

师：课文由三个部分组成，谁来用一个词概括第一个故事说的是什么？

生：完璧归赵。

（师请该生板书，生写得很认真，还不时地看书）

师：第二个故事呢？（生纷纷举手，争相发言）

生：渑池之会。（生被请上板书）

师：第三个故事呢？

（有的学生喊："老师，我！老师，我！"争相获取发言、板书的机会，气氛活跃）

生：负荆请罪。（也被请上板书）

（三个学生在课题与"廉颇、蔺相如"之间的空处工整、漂亮地板书：完璧归赵、渑池之会、负荆请罪，师在旁提醒注意布局的对称，写字的对称）

师：谁能用一个连接词把将相的名字以及板书上的其他词语连起来说一说，动动脑筋，可以商量一下。（生思考，同桌商量）

（生用上"因为……所以……"把板书上的内容巧妙地串连起来，概括出一个简要的将相和的完整故事）

师：用上这对关联词把两个人的恩恩怨怨讲清楚了，可见前两件事情是后一件事的原因，后一件事是结果。大家发现了吗？老师让你们这么做不仅让你们会说一句话，而且概括出了课文的——

生：主要内容。

师：谁又发现，今天又学会了概括主要内容的什么方法呢？

生：抓关键的字词。

生：抓段落大意。

师：这里的关键字词也就是每一部分的大意。

生：用关联词把人物以及表示段落大意的关键词联系起来就是主要内容。

师：会读书，会思考，会总结。

评析：请学生复述故事容易，要把长篇大论浓缩成精华却不是易事。教师善于找契机，结合板书上已经写出的人物"蔺相如、廉颇"，和三个小标题"完璧归赵、渑池之会、负荆请罪"，请学生用一个关联词将三个小标题连起来说说。而后，轻轻点出，老师让大家这么做，其实就是让大家概括文章的主要内容。一个难题就在"有意"创设却"无痕"中轻松解决，为下文的学习铺平道路。至此纵观整课实录，教师的教学似是"无痕"，但在每个环节都"有痕"地引领学生学会学习，养成学习的习惯，形成学习的能力，正如她的讲座中说的培养学生的品格力、学习力、想象力等，我想在这一堂课中就得以诠释。

师：这节课，我们学习了《将相和》的生字新词，了解了文章的主要内容。下节课，我们继续学习课文。老师希望同学们回去认真读课文，读的时候还要看单元前面的学习目标和课后资料袋，边读边思考，我们究竟要学什么；希望同学们能运用课外的知识帮助自己解决自己提出的问题；希望同学们比我棒。听清楚了吗？老师三句话都用了一个词——

生：希望。

师：我对你们有希望，你们对陈老师有什么希望吗？

生：希望陈老师多补充一些资料，多讲一些课外知识。

生：希望陈老师少布置一些作文。

师：作文布置得多吗？我去调研一下。把"希望"这个词放在后面说说。

生：陈老师少布置一些作文，这是我的希望。

师：这节课同学们学得很主动，你们是课堂的主人。下节课，我们一起读书，体验阅读名著的乐趣。同学们再见。

生：陈老师再见。

品课综述：紧扣学段目标，在扎实的训练中培养能力

本节课有以下几个突出优点：

1. 生字教学扎实。从课题的揭入，陈老师就抓住了"将""相""和"这三个字的读音，不仅诠释了课题，还教会了学生使用好字典的学习方法。在生字教学中，学生的主体性也得到了真正的体现。陈曦老师让学生在自学、互学中，在和谐、民主的环境中，掌握了生字的音和形。在字义方面，陈曦老师并非一味地说教，而是让学生把生字带到文中读一读，在句子中感悟生字的意思，这也体现了陈曦老师课堂教学的灵活性。

2. 学法渗透得当。陈曦老师的课很注重对学生学法的指导。她说："教，是为了不教。"在预习检查中，陈曦老师告诉学生"在预习中，要善于观察，乐于思考"，还不时地提醒学生找字典，注意书写对称美等等。这一节课，陈曦老师给学生的不仅仅是情感力和品格力，更多的是学习力，真正体现了教师课堂教学的智慧和灵动。如何让我们的教学更有效，这也不失是一个好办法。

3. 课堂设计巧妙。这节课最让人耳目一新的是最后一个环节。在归纳完文章的主要人物和主要事件后，陈曦老师让孩子们用一个关联词，把人物和事件连起来说一说，这无非就是概括文章的主要内容。这个环节的教学，不仅使学生的思维、语言表达得到了训练，还让学生学到了一种学习方法。这不能不说是教师的匠心独运之处！这不能不说是教师智慧的一种折射！

4. 师生思维活跃。教师角色"弱化""易位"，把课堂还给学生，让学生成为课堂的主人，让学生不断表现自己，在实践中获得提升。教师发挥主观能动性，根据教学目标和课堂具体情况，不断积极转化，待时而动，营造气场，让学生的创造性、积极性得到充分发挥，各方面得到动态的平衡。

陈曦老师倡导易语文，她的课简单、扎实、灵动。纵观全堂，的确是一节"简约"又不"简单"的课，环节少，条理清晰，但目标精准，训练到位；是一节"原生态"的课，没有矫揉造作，完全是学生在教师激励下自然而然学习、成长

的课堂；是一节真正的学生做主的课堂，整堂课教师话语并不多，却轻松驾驭了整个课堂，而学生不经意间成为课堂的主体。"教师的主导作用，学生的主体地位"在这里得到了诠释。在这堂课上，学生是自由的，快乐的，这缘于教师智慧的语言，如春风拂面的启迪，这些都为学生营造了一个轻松、快乐、好学的氛围。陈曦老师是智慧的，她用灵动的语言丰富学生的课堂，开启了通往课外知识的大门。

特级教师　陈宝铝

《桥》第二课时课堂观察

课堂实录

【教材】
人教版小学语文五年级下册第16课。

一、巧引数字——导入

师：这节课我们继续学习第16课《桥》。现在，我先给大家提供3个数字。（板书：25种　25万　1000万）

师：你们知道吗？这3个数字与本文有很大关系。据统计，约有25种杂志刊登过这篇文章，约25万个网站，很多个人的博客转载过这篇文章，约有1000万读者读过这篇文章。同学们，你们还想接着读吗？这篇文章中的桥的确与众不同。可是，第一课时我们只找到五句描写桥的句子，一起来读读这五句话。

> 评析：一开篇出示3个数字，看似平常，其实耐人寻味，这是因为学生的阅读期待在很大程度上决定着阅读是否深入。教师巧引数字，目的就在于引发学生的阅读期待，让他们更有阅读探究的兴趣。

二、品词析句———读"桥"

（生齐读第一句："只有北面有座窄窄的木桥。"）

师：你觉得这座桥怎么样？
生：非常窄。
生：很狭小。
师：还是窄，联系上下文再想想。
生：这是通向生存之门的唯一小道。
师：为什么？
生：因为只有一座窄窄的小桥。
师：你能抓住关键词，真会读书！"只有"说明这是乡亲们唯一的求生通道，因此，这桥就是乡亲们的——
生：生命之桥。
师：是啊，它也是乡亲们的希望之桥。请大家再读这句，读出它的重要性。
（生齐读第一句）
师：再读第二句。
（生齐读第二句："人们跌跌撞撞地向那木桥拥去。"）
师：同学们，从这句话你们又感受到了什么？
生：人们的慌乱。
师：你从哪些词语看出慌乱？
生：拥、跌跌撞撞。
师：一起读第二句。（生齐读）
师：接下来的第三句找到了吗？这两组来读。
（一、二组学生齐读第三句："一百多人很快排成队，依次从老汉身边奔上木桥。"）
师：这时候还慌乱吗？
生：不慌乱了。
师：从哪一个词可以看出来？
生：依次。
师：这个词说明老汉这时候在干嘛呢？
生：站在桥边指挥。
师：乡亲们有希望了，可是桥也越来越危险了。请这两组读第四句。
（三、四组学生齐读第四句："木桥开始发抖，开始痛苦地呻吟。"）
师：我发现同学们会抓重音，会抓住关键词读。如果你觉得哪个词最能表达它的意思，就在上面做记号。（生做记号）
师：这时候你感觉桥怎么样了？
生：危险。

师：越来越危险。请读出危机感，让人感觉危险就在眼前。（生齐读第四句）

师：第五句，也就是最后一句描写桥的句子。请读一读。

（生齐读第五句："突然，那木桥轰地一声塌了。"）

师：这是意料之中的结果。整篇课文描写桥的句子只不过就这五句，但从这五句话当中，我们深刻地体会到这座桥在这场危难当中显得多么的重要。读书就是这样，要联系起来读，而且要读出句子背后的意思。

> **评析**：从"桥"切入，单项突破，旨在引导学生体会"桥"的重要性，为理解课文主人公的行为、品质打下基础。另外，从学生"抓住关键词""做记号"等习惯，从教师强调"联系起来读""读出句子背后的意思"等方面，都足以看出教师对自主学习中方法指导的重视程度。

三、诵读体验——悟"人"

1. 由"桥"及人，初步感悟。

师：比这桥更重要的是桥边站着的一个人。他是谁？

生（齐）：老汉。

师：这个老汉的身份是——

生（齐）：党支部书记。

师：是中国共产党——

生（齐）：党员。

（板书：中国共产党党员——写成"山"状）

师：知道为什么陈老师这样写吗？因为文中有一句描写它的句子，只有五个字。你们找到了吗？它在哪儿？

生（大声地读）：他像一座山。

> **评析**：把"中国共产党党员"与"他像一座山"有机联系起来，并板书写成"山"之形状，为突破难点、理解文章的主旨埋下很好的伏笔。这个设计蕴藏深意，独具匠心。

师：这是直接描写支部书记的语句，描写支部书记的语句在文中还有不少，请大家拿出笔，用波浪线画出描写这位支部书记的语句。如果哪些地方特别打动了你，请你在重要的词语下做记号。（生找句子，做记号）

师：谁来汇报一下自己找了几句？

生：我找了七句。

师：还有吗？

生：我找了八句。

师：谁先来说说第一句？

生：木桥前，没腿深的水里，站着他们的党支部书记，那个全村人都拥戴的老汉。

师：这句话说明老汉有着特殊的——

生：地位。

师：是地位吗？

生：身份。

师：接下来，请读第二句。

生：老汉清瘦的脸上淌着雨水。他不说话，盯着乱哄哄的人们。他像一座山。

师：这一整段都是描写老汉的语句。老师觉得这里最关键的就是五个字，是什么？

生：他像一座山。

师：第三句。

生：老汉突然冲上前，从队伍里揪出一个小伙子，吼道："你还算是个党员吗？排到后面去！"老汉凶得像只豹子。

师：这是文章的第15自然段，好像在前面还有一句，你说。

生：老汉沙哑地喊话："桥窄！排成一队，不要挤！党员排在后边！"

师：还有吗？已经有四句了，还有三句。

生：老汉吼道："少废话，快走。"他用力把小伙子推上木桥。

师：是啊，老汉这一推，他是什么样的心情？待会儿我们来体会体会。还有吗？

生：老汉似乎要喊什么，猛然间，一个浪头也吞没了他。

师：看得出这是事情的结局，还有一句是——

生：老汉冷冷地说："可以退党，到我这儿报名。"

师：大家都找出来了。前面主要是介绍老汉的特殊身份，后面几句重点写了老汉说的话。老汉让我们感受到他究竟是一位怎样的人呢？

生：受人拥戴的人。

> **评析**：首先来了个梳理，明确哪些句子在写老汉，再让学生初步理解意思，感受老汉受人拥戴的形象，然后，再引导学生深入感悟体验。这样由浅入深，层层推进，课堂教学就显得很有层次感。

师：谁愿意来读第一句？

生：木桥前，没腿深的水里，站着他们的党支部书记，那个全村人都拥戴的老汉。

师：读了这句话，你们想提出什么问题呢？

生：为什么全村人会拥戴这个老汉？

师：这个问题提得好，还有吗？

生：他怎么不怕被水吞没？

师：对啊，他怎么不怕呢？还有吗？你有什么问题？

生：他为什么不像人们一样慌乱地逃走？

师：哟，问题还不少。看来，大家已经学会提问题了，这是一个好习惯。让我们带着问题来读课文。这个老汉为什么会受全村人的拥戴呢？我们继续读读，一定会找到答案的。（板书：群众拥戴）

师：他不说话，盯着乱哄哄的人们。他像一座——

生：山。

师：这座山是一座什么样的山，这座山给你什么样的感觉？

生：逶迤、高大。

师：你怎么理解这句话？

生：这句话说明了老汉在人们心目中的高大形象。

生：永远立在一个地方，很坚毅。

师：在危急的时候，树被洪水冲掉了，房子也被吞没了。他是保护全村人的——

生（齐）：靠山。

师：这是沉稳的山——

生（齐）：他像一座山。

师：这是镇定的山——

生（齐）：他像一座山。

> **评析**：阅读教学中，善于捕捉语言形象的聚焦点，再顺势引导，诵读体验，学生所感受的语言情感就一定丰富多彩、自然真切，学生所感悟的人物形象也一定具体实在、立体多维。你看，紧扣"他像一座山"这个聚焦点，稍加点拨，辅以引读，人物形象不就在学生面前鲜活起来了吗？

2. 抓语言形式品味，深入感悟。

师：他是一座受人拥戴的山。而这座山就是我们的共产党员。课文中描写老汉的每句话都有一个重要的提示语，告诉人们老汉是怎么说的。请在提示语下做上记号，想想为什么他会受乡亲们的拥戴。

师：找到了吗，谁来？

生：沙哑地喊。

师：还有吗？（板书：沙哑喊）

生：冷冷地说。

师：谁还有？（板书：冷冷说）

生：吼道。

师：这些提示语可以帮助我们理解老汉是个怎样的人。谁来喊一下？当然那沙哑的声音我们无法再现，但我们可以喊出他的气势。

生：桥窄！排成一队，不要挤！党员排在后边！

师：××，你很少发言，请你来。

生（声音低而沙哑地）：桥窄！排成一队，不要挤！党员排在后边！

师：连用三个感叹号，所表达的感情应该一次比一次强，全班一起喊。

生（齐喊）：桥窄！排成一队，不要挤！党员排在后边！

师：党员排在后边，让谁满意？

生（齐）：群众。

师：让谁放心？

生（齐）：群众。

师：这就是我们的共产党员，因为只有这样的党员在危急时想到别人，才能临危不惧，先人后己。老汉沙哑地喊话——

生（齐）：桥窄！排成一队，不要挤！党员排在后边！

师：他这时候一定要让谁听到他的命令？

生（齐）：党员。

师：再来一次，让所有的党员听清楚。

生（齐）：桥窄！排成一队，不要挤！党员排在后边！

评析：语言的形式与内容关系密切。抓住语言形式，有助于理解语言内容，并为写作累积知识。在这里，教师顺语言之藤，摸内容之瓜，抓住"提示语"与三个感叹号，引导学生诵读、演示，化抽象为具体，化语言为形象，老汉感人的形象也就立体化地呈现在学生的眼前。

师：在关键的时刻，一个平凡的党支部书记就是这样凭着山一样的毅力，山一样的胸怀，得到人们的拥戴。但是，他又为什么冷冷地说"可以退党，到我这儿报名"？

生：因为有人喊了一声"党员也是人"。

师：这句话你怎么理解？

生：就是说，党员也是人，党员也要活命。

师：听到这样的话，老汉冷冷地说——

生（齐）：可以退党，到我这儿报名。

师："冷冷地说"，我想有三种意思，一是讽刺的话，二是原谅的话，三是回应的话。你觉得这里的"冷冷"应该是什么话？

生：我觉得应该是"回应的话"。

师：为什么？

生：因为他听到有人讲"党员也是人"。

师：所以他才冷冷地说。你读读这句话。

生：老汉冷冷地说："可以退党，到我这儿报名。"

师：有没有不同的理解？

生：我认为是"讽刺的话"。

师：为什么？

生：既然是党员，就应该让着群众呗！

师：你说话很有条理，而且用上了关联词。所以老汉觉得那个人配作党员吗？

生（齐）：不配。

师：请你读一读。

生：老汉冷冷地说："可以退党，到我这儿报名。"

评析：一个"冷冷"蕴涵着多少情韵！它既是回应，又含有讽刺，也表示了原谅，这就是汉语的独特魅力，这就是多元理解的客观存在。教师让学生自己选择，自己体味，没有强求一致，没有统一答案，体现了课堂的教学民主，展现了教师的文化底蕴。

师：再看黑板上重复的这两个字——"吼"。讨论一下，这两个"吼"一样吗？第一个"吼"是怎样的吼？第二个"吼"是怎样的吼？讨论一下，不急着回答。可以在"吼"的前面加上一个你认为合适的词。［板书：（   ）地吼（   ）地吼］

生：第一个"吼"是生气地吼。

师：为什么？

生：因为自己的儿子跑到了群众前面。

师：他儿子是不是党员？

生（齐）：是。

师：所以，老汉把他——

生（齐）：揪出来。

师：揪出来。所以第一个"吼"是——

生（齐）：生气地吼。

师：你们想想，他这么一揪，让谁满意了？

53

生（齐）：群众。

师：你觉得吼的背后是什么样的感情？

生：内心充满矛盾。一边是群众，一边是自己的儿子。

师：是啊，一方面想救群众，一方面又想救儿子。但这一揪，揪得那样果断有力。揪的背后是什么？

生：揪心。

师：因为他把危险留给了——

生（齐）：儿子。

师：不让孩子受到伤害，这是普天下父母共有的心愿。可是这时候，老汉却吼出来"排到后面去"。那么，第二个"吼"你觉得又是怎样的吼？他真的是那么铁石心肠吗？他真的跟其他父母不一样吗？

生：不是的，他对儿子也是很爱，很关心的。

师：你怎么知道？

生（齐）：少废话，快走。

师：这是语言描写。还有吗？

生：用力把小伙子推上木桥。

师：这是动作刻画。原来是"揪"，现在是"推"，你觉得仅仅是关心吗？

生：还有焦急。

师：还有吗？

生：还有迫切。

师：为什么？

生：想让桥再多坚持一会儿，让儿子过桥活命，哪怕是牺牲了自己的生命。

师：带着这样的心情读。

生（齐）：老汉吼道："少废话，快走。"

师：快点，再迟就没命了。

生（齐）：老汉吼道："少废话，快走。"

师：再快一点，千钧一发，连说话的时间都没有了。

生（齐）：老汉吼道："少废话，快走。"

师（范读）：突然，那木桥轰地一声塌了。小伙子被洪水吞没了。老汉似乎要喊什么，猛然间，一个浪头也吞没了他。

师：就在这时候，他想喊些什么？

生：儿子，请记住我永远爱你。

师：喊出了这位父亲的心声。他还会喊什么？

生：没有一个父亲不爱自己的儿子，我是为了全村群众才这么做的。

师：千言万语都饱含着父亲对儿子的爱和歉意。他还可能会喊什么？
生：对不起，儿子。

> **评析**：两个"吼"字，充满别样深情。教师引导学生层层深入，抓住"似乎要喊什么"这个细节，展开想象，剖析、感悟人物内心的矛盾世界。此时，已无需更多的讲述，也无需更多的渲染，情之所至，催人泪下。老汉无私无畏、不徇私情的形象已如丰碑矗立在学生的眼前，矗立在学生的心中。

四、扩展联系——升华

师：这是一座山，充满了爱的山。现在能理解了，为什么会有那么多读者阅读这篇文章。因为在灾难面前，人是那么的脆弱，却又是那么坚强而伟大。当灾难来临时，有多少人宁愿牺牲自己，挽救别人，他们身上闪烁着人性的光辉，激励着所有活着的人。所以读到这儿，你觉得这篇文章还是在写桥吗？
生（齐）：不是。
师：在写谁？
生：那位老汉。
师：只是在写一个人吗？
生：所有舍己为人的中国共产党党员。
师：对，因为他们用自己的行为构筑了一个大写的"人"。（板书：人）
师：正是这个"人"形成了一座桥，正是因为有着这样的共产党员，共产党才会受人拥戴。再读课文，体会这座桥。（师生齐读全文）

> **评析**：首尾呼应，再一次体现开篇时所列3个数字的作用。教者设计之精巧，可见一斑。从桥到人，再到共产党员，既升华了情感，也突破了难点，突出了文章的主旨。

品课综述：聚焦文眼，诵读体验

陈曦老师的课堂简约流畅，精彩纷呈。全课有四个突出之处：第一，板块递进。把写桥与写人的内容分开品读，从桥到人，条理清晰，重点突出；人、桥一体，扩展升华，难点不攻自破。这样的安排独具特色，给人以耳目一新之感。第二，诵读为主。"讲解是死的，朗读是活的，朗读是赋予作品生命，是再创造。讲解只能使人知道，而朗读能使人感受。"（于永正语）在本节课中，"读"字贯穿始终，教师引导学生在读中悟知，在读中明理，让学生耳醉其音，心醉其情，努力达到文若己出的境界，从而让课文所描写的人物扎根于学生的心上。第三，突出感悟。教师善于捕捉文眼，引导学生上挂下联，想象揣摩，体验感悟，同时也善于以情激情，营造激情飞扬、思想燃烧、充盈情思的课堂氛围，让学生在读中品味，在悟中升华。第四，重视导法。在整个教学过程中，教师始终重视学习方法的点拨和指导，注重学习习惯的培养，从而使教学的内涵更为充实，也使教学的过程更为扎实。

特级教师　陈宝铝

《七颗钻石》第一课时教学案例

执教：福州教育学院附属第三小学　郭忠英

【教材】

人教版小学语文三年级下册第19课。

【教材分析】

《七颗钻石》是第五单元的一篇精读课文。本单元教材的主题是"可贵的亲情、友情"。俄国作家列夫·托尔斯泰的这篇童话叙述了很久以前地球上发生了大旱灾，许多人和动物都焦渴而死，一个小姑娘抱着水罐出门为生病的母亲找水，爱心使水罐一次又一次发生神奇的变化，最后水罐里涌出了一股巨大的清澈又新鲜的水流，还跳出了七颗钻石升到了天上，变成了七颗星星。这则童话故事给人的启迪是：无私广博的爱能带来意想不到的奇迹，爱心能为世界创造美好的未来；爱心是永恒的，它像星星一样晶莹闪烁，普照人间。

【设计理念】

童话是一种带有浓郁幻想色彩、为儿童创作的故事，是小学中、低年级语文课程的重要内容之一。教师针对本课童话文本，凸显文体特色，进行有效的教学。主要策略：在"听、议、读、写"的语言实践中，学生亲历读词语、读情节、读情感过程，感受童话神奇的魅力，体验读懂到懂读的阅读乐趣。

【案例描述】

环节一　听故事，感知童话。

1. 师：喜欢听故事吗？好，咱们先听一段。

播放录音："很久很久以前，地球上发生过一次大旱灾……罐子里竟装满了清澈新鲜的水。"

师：听到这，你觉得这是一个什么样的故事？（生交流）

2. 师：像这样神奇的、充满想象的适合咱们孩子们读的故事就叫作童话。今天我们就一同欣赏这个童话。（出示课件）齐读课题，跟老师一块板书课题："七"字横画像块跷跷板，一边低来，一边高；"颗"字左"果"右"页"，"捺"变点。

评析：静静倾听，最传统的也是最有效的方法：在听故事中开启了童话教学，轻轻讲述，勾住孩子们的耳朵，他们随之走进一个奇妙的童话王国；静静倾听，孩子圆融地把握故事，整体感知文本特点。

环节二 读故事，学习字词。

1. 学生自由轻声地反复读故事，读准字音，读通故事。
2. 学生交流学习情况。

教师出示字词卡片：咽、唾、沫、凑、竟、绊倒、一瞬间、匆匆忙忙。指名读。

（1）把握形声字特点学习"咽、唾、沫、瞬"。

师出示"唾沫"生词卡片。生读错。

师：没关系，读错了能提醒我们都来注意这个字，"沫"字单独读第四声，而在这个词里读轻声，再试试。

师：很好！唾沫的意思是什么？知道意思，你就能更牢地记住字形，记一记，"唾"是口字旁，"沫"是三点水。

师：（出示"咽唾沫"的词卡）三个字组成的词语，读一读。

生根据偏旁猜"瞬"字的意思是眨眼，一瞬间即一眨眼。

（2）查字典学习"凑"字。

学生认读"凑"字，教师点击课件，出示句子"这时，小姑娘再也忍不住，正想凑上水罐去喝口水的时候，突然从门外进来一个过路人讨水喝"。学生通过查字典联系句子，理解"凑"字的意思为靠近。

（3）读准"绊倒""匆匆忙忙""竟"三个鼻韵母生字词。

（4）在语境中理解"竟"字的意思。

师："竟"字在故事中出现两次，咱们得关注它，请看大屏幕（点击课件），默读句子，请你说说它的意思。（生说）

师：你是怎么想到的？（生说）

师：真棒，联系上下文，也是理解字词的好办法。

师：让我们再读一读这两句。（生读）

师：不错，老师听出了一点小意外味道。其实，对于充满想象的童话，你带着想象去读，会有更多的收获。试试看（点击课件），我们就是小姑娘，拿起水

57

罐，看到了什么？感到——（惊奇），你就会——（惊叫，叫出来）。好，带着想象试读，很好，想象能帮助我们身临其境地走进童话，变朗读故事为说故事，这样变得更有声有色。

（一生再读）

师：真棒，我们也来试试。我们就这样说一说下一句。这样学习，好玩吧。那我们继续展开想象练习说故事。谁来说说故事的开头，带我们走进故事？

> 评析：读，是最朴素、有效的语文学习方式。带着对神奇故事的阅读期待，在故事语境中读词语，扫清阅读障碍，初步感知故事大意；展开想象，边读边想，是最美的，也是最深层的方法。作为童话这样一种特别富有想象力和幻想色彩的文体，想象力对孩子能否品味童话味道至关重要。因而，教学中引导学生"对于充满想象的童话，你带着想象去读，会有更多的收获"。读两个"竟"字语句，展开想象体验情绪，变"朗读故事"为有声有色的"说故事"，开启感受趣读童话之旅。

环节三　说故事，读懂童话。

1. 说开头，感知背景。

一名学生"说"第一自然段。

师：谢谢你。故事就这样开始，同学们眼前出现了怎样的情景？

（生说，师出示课文第一自然段）

师：看看作者用哪些词语描绘这一幕。

（生说，课件显示：干涸、干枯、焦渴而死）

师：咱们读一读这三个词语。（生读）

师：再默读课文，想一想，干涸表示哪儿缺水？干枯呢？焦渴而死呢？

师：（点击课件，师引读）我们没有这样的经历，但我们可以借助作者的语言文字来感受，来体会，请再读课文。因为缺水，因为缺水，因为缺水。

师：此刻，我们能体会到水是多么重要。

2. 说神奇，读懂情节。

师：后来怎么样了？后来呀，发生了许多神奇的事，请大家默读童话，把你认为神奇的地方画出来。（生读）

师：让我们来交流交流，你都找到了哪些语句。（生汇报）

师：真不简单，故事里的六处神奇都被我们发现了。还发现了吗？这六句话都是在写哪件东西？好好读一读，从哪个字、哪个词感受到了水罐的神奇？水罐的所有的神奇聚集在一个字上，它就在这六句话里或隐或现。

师：所有的神奇聚集在一个字上，那就是——变，说说水罐是怎么变化的。

师：开始空的，（师板书：空）接着都变成了什么？（师板书：满，银，金，星星）

3. 说原因，感受情感。

师：同学们，水罐一次次变化，你有什么问题想问吗？

生：水罐怎么会发生这些神奇的变化呢？（多请几位学生谈）

师：听出来了，同学们都想知道水罐发生变化的原因。

师：那你猜猜，可能会是什么原因让水罐发生了神奇的变化呢？

生：我想可能是小姑娘做了什么，才让水罐发生变化的吧。

生：我想一定是小姑娘对妈妈的爱心让水罐发生变化的。

生：……

师：这些都是你们初读课文的感受，那就让我们先来看一看，水罐每一次变化之前都发生了什么吧。

师：谁来说一说水罐第一次变化之前，发生了什么？

（生把有关语句读出来）

预设：1. 生找到整句话，师：找到有关的语句，这是读懂故事关键的一步，如果你们能把这几句话读成一小句话，就厉害了。2. 学生用自己的话概括成"为她生病的母亲去找水"，师：佩服你火眼金睛，找到关键的一句话。浓缩就是精华，把这句话再浓缩。

生：为母亲找水。

师：太棒了，五个字，很精练的小标题。（板书：为母亲找水）

师：我们也用这种方法来读书，用小标题把接下来发生的事概括出来，比一比谁会读书。

生：喂小狗喝水，让水给女儿，给路人水。

师：非常棒，这么一概括，你已经读懂了课文内容，看，这就是课文的主要内容。

师：让我们回放这四幅画面：为母亲找水，空水罐变满；喂小狗喝水，木水罐变成银的；让水给女儿，水罐变成金的；给路人水，水罐里跳出七颗钻石，升到空中变成星星。通过六句话，我们知道了水罐的神奇，聚集在一个"变"字上。现在关注这四件事，思考：让水罐变化的神奇力量，凝结成一个字。那就是——爱。（师板书：爱）

师：真了不起，你们读懂了神奇的情节，读懂了动人的情感。

师：让我们再来说说这个故事。与同桌说故事。（播放音乐，生自由说）

师：谢谢你们，让我们感受到了故事的神奇，感受到美好的情感，知道这篇童话的作者是谁吗？（点击课件）他曾说过，齐读——

生：爱是崇高的，爱可以改变世界。

> 评析：说，最常用的也是最有效的方法。就童话文本而言，讲故事应该算是最经常的教学策略，这有助于化境，如郑振铎先生在《儿童文学教授法》中说的"教师、学生与故事化在一起"。其一，这个童话故事是用第三人称讲述与孩子们生活经历相去甚远的故事，要让故事进入学生心灵，理解世界，讲故事是一种有效的路径。其二，童话题材极有儿童情趣和游戏精神。学生置身在童话的幻想里，就能获得想象中的成就感、解放感、自由感。

环节四　写字句，舒展童心。

1. 学写生字，掌握规律。

师：爱是崇高的，让我们记住这美好的情感、神奇的水罐，学会写"罐"字。

师："罐"是本课生字中笔画最多的一个，怎么把它写得美观。

生：左窄右宽……

师：老师的小诀窍：笔画多写紧凑，（师板书：罐）左边窄右边宽，两"口"写在右上格，四横间距一样宽，看，漂亮吧。相反，那笔画少的字得把它写得舒展些，请出本课笔画最少的字"反"，笔画少写舒展，短撇平、长撇直，撇捺两边伸展开。

学生在生字书写本上各写一行，互相评一评。

2. 用上词语"一瞬间""竟""突然"，展开想象，抒写童心。

水罐涌出巨大的清澈又新鲜的水流，流向干涸的河流和水井，_____；流向干枯的草木丛林，_____；人和动物_____。

畅游童话，滋养童心：推荐阅读托尔斯泰的《七颗钻石》童话集。

> 评析：写：充分利用开头和结尾内容上的联系，构造新的想象空间，引导学生展开想象，用童心写童话；读：让学生走出课堂后能继续畅游童话，步入更为广阔的儿童文学世界和经典文学殿堂。

【教后反思】

语文教学千变万化，但万变不离其宗，陈曦老师的易语文，积极探索着"不易"之道。她的教学，从全国示范课，到校内常态课；从精读课，到略读课；从写人叙事，到说明文；从常态教学，到翻转课堂……不变的是，总能见学生亲历充分的"听、说、读、写"的语言实践。这，就是易语文所倡导的"不易"之道，注重语言文字运用，用语文的方式学习语文。本篇童话故事的教学，也正行此"不易"之道：从全篇—神奇语句—神奇字词——个字"变"，读懂神奇的情节；从全篇—重点语句—四幅画面——个字"爱"，读懂动人的情感。学生从内容到言语形式，一次次的感知、体验、实践，从读懂到懂读。

《梅花魂》教学实录片段赏析

执教：福州市群众路小学 林文锋

【教材】
人教版小学语文五年级上册第6课。

一、自读感受，走近梅花魂

师：请同学们默读这个自然段，听清楚要求：这里有很多句子，会让你读懂这"梅花之魂"！选择出其中你最有感觉的一句画下来，多读几遍，想一想你是怎样感受到梅花之魂的，开始吧。（学生默读体会）

生：我是从第三句"旁的花，大抵是春暖才开花，她却不一样，愈是寒冷，愈是风欺雪压，花开得愈精神，愈秀气"里体会到的。

师：从哪儿体会到梅花之魂的？一个词、一种写法，都可以说。

生：我发现这句话里，外公用了很多"愈"字，"愈是寒冷，愈是风欺雪压，花开得愈精神，愈秀气"。

师：外公一连用了几个"愈"？

生：用了四个"愈"，说明外公心里的梅花是非常坚强的。

师：这就是外公心中的梅花之魂，就这句话，谁还有补充？

生：外公还把梅花和旁的花做了对比，说"旁的花，大抵是春暖才开花，她却不一样"。

师：原来说旁的花，言外之意还是在夸谁？（梅花）谁还想补充？

生：外公在说梅花的时候用的"她"很特别，本来不是指人的时候应该用宝盖头的"它"，这也说明外公心里的梅花是与众不同的。

师：一个小小的"她"字，也有这么一番用心，看来外公的字里行间都在赞美梅花之魂啊！谁想读？

生：旁的花，大抵是春暖才开花，她却不一样，愈是寒冷，愈是风欺雪压，花开得愈精神，愈秀气。

师：大家听出梅花之魂了吗？（生摇头）怎么读才能让人感受到梅花之魂？大家自己练一练吧！（生练读）

师：我还想请你来读，不用紧张，只要读得比刚才好那么一点点，我们就把掌声送给你!

(生读得有明显进步,其他人自发鼓掌)

师:听到了吗?掌声说明你进步了!而且进步不小啊!谁还从其他句子中体会到梅花之魂?

生:我是从"她是最有品格、最有灵魂、最有骨气的"这句话里体会到的。这句话里有很多词都写到了梅花之魂,比如"品格""灵魂""骨气"。

师:这些词语原本应该是送给谁的?

生:本来应该是形容英雄人物的。

师:大家对梅花之魂的理解越来越深入了!把你的感觉读出来。(生读)

师:对于这句话谁还有补充吗?

生:这句话里外公一连用了三个"最"字,是一个排比句。

师:一个"最"就已经很了不起了,一连用了三个"最",你体会到什么?

生:体会到梅花在外公心里的地位是独一无二、至高无上的。

师:读出你的感受吧!(生读)

师:他们俩读的时候都强调了哪个字?("最"字)有不同的读法吗?(生读,强调了品格、灵魂、骨气)

师:听出来了吗?他强调的是哪些词?只要能读出外公心中的梅花之魂,你怎么读都可以。那就自由地读一读这句话,感受感受!(全班体验读)

> 评析:这一段教学,教师重视语文实践——围绕对中心词"梅花魂"的理解切入重点段,给学生充分的时间亲自接触语言文字,与文本对话,并且引导孩子们"圈点批注",用语文的方式学习语文,训练孩子提取重点语句,品读、领悟表达方法的能力。在充分自主品读的基础上,学生的汇报角度灵活,思维发散,从用词、句式和表达方法等多方面谈感受。而当学生朗读不到位的时候,教师敏感地抓住学习资源,生成出让全体学生实践的机会,给学生时间,让大家共同练读,读出自己独特的味道。

二、想象描绘,感受梅花魂

师:那我们就连起来读一读。请你一边读,一边展开想象,假如你是一位画家,你会根据这段话画出一幅怎样的梅花图呢?(生读课文,想象画面)

生:我会画在一个滴水成冰的冬夜,陡峭的悬崖绝壁之上,有一片雪白的梅花盛放着,风越大,它开得越灿烂,越迷人。

师:出口成章!好像有一阵梅香扑鼻而来啊!大家猜,他为什么把梅花画在高高的悬崖上?这是为了表现什么?

生:为了表现梅花那种坚强不屈的精神。

师：你画出了"梅花之魂"！还有谁想画？

生：我想画大雪纷飞的野外，有一株梅花在风雪里傲然挺立。厚厚的积雪覆盖在树枝上，但梅花没有被压垮，粉红色的花瓣在雪地里特别的鲜艳。

师：真是"一剪寒梅，傲立雪中"！画得真好！你们猜，这风雪中的墨梅图，是这一段中哪个词给他的灵感？（生齐说"风欺雪压"）抓住文中的字词展开联想，真好！谁还想出了不同的画面？

生：我想画一幅这样的画——空中鹅毛大雪片片飞落，百花都凋零了，在一块岩石的缝中伸出了一枝红艳的梅花，一朵朵都在寒风中笑得非常灿烂。

师：大家发现了吗？她从文中学到了一种手法，是什么？（生齐说"对比"）太有感觉了！我真想给你的画题上一首诗。谁也想题诗？

生：我想题王安石的"墙角数枝梅，凌寒独自开。遥知不是雪，为有暗香来"。

师：是的，"凌寒独自开"就是梅花的精神！原来在外公的眼里，梅花仅仅是花吗？

生：它更是中华英雄人物的精神！是中华民族的气节！

> **评析**：至此，梅花之魂在学生心中还是比较抽象的，教师在教学这一段时，引导孩子们借助课文中的语句，并联系阅历、生活实际，展开想象，尽情描绘各自心中独特的墨梅图。在课文语句的启发下，学生描述的画面诗意优美，不仅停留在梅本身的美感，而且都在有意识地突出并赞美梅花的精神，从而进一步理解了外公心中的梅花之魂是中国历代文人墨客所尊崇的一种风骨，第一次揭示出"梅"与民族的联系，为理解下文埋下伏笔。在培养学生的阅读想象时，也引导他们在静心品味中感受了语言文字的韵味，促成了语文素养的养成与心灵的成长。

三、多管齐下，感受写法

师：谁还从其他的地方读出了梅花之魂？

生：我从这句话读出了梅花之魂——"几千年来，我们中华民族出了许多有气节的人物，他们不管历经多少磨难，不管受到怎样的欺凌，从来都是顶天立地，不肯低头折节。"他们的气节就是"梅花之魂"。

师：那我考考你，什么叫"气节"？（生说不清）

师：我们理解一个词有一个很简便的方法，那就是把它放进文中，联系上下文。在这句话里，有一个语句，就是有气节的表现。你能找到吗？

生："不管历经多少磨难，不管受到怎样的欺凌，从来都是顶天立地，不肯低头折节"就是有气节。

师：联系上下文这个方法，记住了吗？除了这里的"顶天立地"，还有哪些四个字的词也可以赞美有气节的人物？

生：英勇无畏。

生：坚强不屈。

生：视死如归。

生：勇往直前

……

师：这就是一种气节！读出我们的理解！（生读，在情感和气势上有很大提高）

师："从来都是"从什么时候开始呢？

生：几千年来，因为上文说"几千年来，我们中华民族出了许多有气节的人物"。

师：联系上下文，你马上就会用了！翻开中华史，上下五千年，涌现出千千万万的英雄儿女！他们不管——（引读）

生（读）：几千年来，我们中华民族出了许多有气节的人物，他们不管历经多少磨难，不管受到怎样的欺凌，从来都是顶天立地，不肯低头折节。

师：读着读着，你想到了谁？

生：屈原、戚继光、岳飞……

师：读着读着，你又看到了谁？大声读出他的名字！

（课件演示文天祥、辛弃疾、林则徐等中华民族历史上有气节的英雄人物）

师：读到这里，你明白了吗？送墨梅图的时候，外公用了这么长的一段话向"我"介绍梅花，他的用意是什么呢？

生：他希望莺儿做一个有气节的人。

生：外公希望"我"拥有梅花之魂。

生：外公要"我"记住做一个中国人，就要有梅花的精神。

生：外公向"我"表明他自己的志向。

师：像这样，把自己的理想、志向、追求，寄托在一样事物之中，这种写法就叫——托物言志！（板书：托物言志）

师：学到这里，你对梅花魂有新的理解吗？

生：梅花魂不仅是梅花的精神，还是中华民族几千年来的顶天立地的气节。

生：梅花魂是每一个中国人坚强不屈的秉性。

师：是的，送墨梅图这件事，作者就是用外公深情的语言，把外公的心、梅花的魂展现在我们眼前！

> 评析：阅读课应该是以教材作为例子，教给孩子们一些阅读方法，引导孩子们学习怎样去阅读一篇文章。而阅读能力的习得，就必须是教师在课堂中不断地创设机会让学生实战演练。这里，教师抓住"气节"一词，引导学生通过联系上下文、换词、引入课外资料等方法，读懂外公心中的梅花魂。从梅花的精神，到中华民族的气节，到每一个中国人都要拥有的秉性，随着品读、交流的深入，学生对梅花魂的"魂"字有了较为深刻的理解——是坚强不屈的精神，是英雄儿女的气节，更是外公毕生的追求，由此水到渠成地感受"托物言志"的手法。

四、自主品读，品词析句

师：让我们继续走进"二送"，请大家静静地读一读，感受哪一个词语令你读了之后回味无穷，把它圈出来，还可以在边上简单地写一写你的感想。待会儿要请你说说你从中品出了什么。

师：我们来分享一下让你回味无穷的词语。

生：我圈出的是"衰老"。我从中感受到外公没法回国十分心痛，所以看上去很憔悴，像一下子老了很多。

师：推想得好，联系上文，你推想出了外公一下子衰老的原因。谁也圈了这个"衰老"？

生：我从"一下子衰老"中，仿佛看到外公的一个个不眠之夜，回不了国他一定是辗转难眠，让他仿佛一夜愁白了头。

师：外公，还有可能回国吗？

生：再也没有可能回国。因为课文开头就说外公"葬身异国"。

师：是啊，换句话说，就在此刻，他毕生的心愿将要变成——（终身的遗憾）。请大家圈出"衰老"。

师：就这句话，谁圈出了其他词？

生：我圈的是"撩乱"。因为外公的头发平时总是"梳理得整整齐齐"，可见他是非常在意自己的形象。而现在难过得连自己的形象都不顾了，看得出他太心痛了。

师：平日的整齐，和今日的"乱"，这又是一处——（对比），请大家圈出"撩乱"。

生：我还圈了"泪眼蒙眬"这个词。"泪眼蒙眬"是哭得眼睛都睁不开了。可以看出在送别时他是一直哭，几乎没有停过。

生：我想补充一下，我从泪眼蒙眬这个词想到——外公在祖国母亲面前，就是一个孩子，一个永远也回不到母亲怀抱的孤儿。（掌声）

师：体会得真好啊！所以这第三次哭，已经不是第一次的"一滴一滴冰凉的泪"；也不是第二次"呜呜呜地哭得像个孩子"，而是悲痛欲绝的——"泪眼蒙眬"！请大家把它圈出来！

生：我还从"血色"这个词语中体会到：外公觉得梅花是神圣不可侵犯的。

师：在你眼里，"血色"凝聚了外公对梅花的爱。

生：我圈的也是"血色"，因为我觉得梅花在外公心里就是祖国的象征，所以他用"血色"形容梅花。

师：在你的眼里，"血色"就是祖国的颜色。请大家圈出"血色"。

师：就在即将分别的这一刻，透过这刺眼的"血色"，莺儿仿佛看到了什么？

生：莺儿仿佛看到外公的心在流血！

师：外公心在流血，这一切被谁看在了眼里？因此她说——（引读）

生：一色雪白的细亚麻布上，绣着血色的梅花。

师：透过这刺眼的"血色"，莺儿还仿佛看到了什么？

生：莺儿仿佛看到外公火红的爱国之心。

师："血色的梅花"就是"血色的心"啊！因此她说——

生：一色雪白的细亚麻布上，绣着血色的梅花。

师：把我们各自的感受放进去一起读——

生：一色雪白的细亚麻布上，绣着血色的梅花。（读得很有感情）

师：好的文章就要这样慢慢地读，细细地品，品出文字的好味道来。大家看，从圈出来的这么多的词语中，我们品出了外公的那一颗流血的、滚烫的、火红的思乡情和爱国心啊！这就是外公心中的——梅花魂！

> 评析：在这一段的教学中，教师重视面向全体。这里的学生主体指的是每一位学生。教师珍视个体的独特体验——鼓励学生个性化的读法，个性化的理解，个性化的发现。应该说学生自己领悟出五分，也比老师灌输的十分强。因为给了学生更加充分的阅读、思考的时间与空间，所以，在汇报交流的环节里，学生的表现出乎意料的精彩，师生的对话得以从更高的起点展开。学生不仅读懂了句子的含义，也接受了课文情感的陶冶。

五、练笔回顾，感悟梅花魂

就在那一刻，莺儿终于明白了！她终于长大了！可是轮船，却在这一刻，开动了！"我"捧着血色的梅花，捧着外公毕生的心愿和他终身的遗憾——离开了。轮船，在太平洋上航行了7天7夜，这一路，莺儿在自己的心里一遍又一遍想起外公。"凝望着眼前这血色的梅花……"莺儿想起了什么？是外公的一句话？一个神情？还是一个动作？她又明白了些什么呢？在课文的空白处写一写。

生：凝望着眼前这血色的梅花，我想起了外公抱着我，坐在梨花木大交椅上，一遍又一遍地教我读唐诗宋词的情景，我明白了，那是外公要我不要忘记我是一个中国人！

生：凝望着眼前这血色的梅花，我仿佛又听到外公说："孩子要管教好！这清白的梅花是玷污得的吗？"我明白了，在外公心里，弄脏了梅花，就是玷污了祖国！

生：凝望着眼前这血色的梅花，我仿佛听到外公回不了祖国时像一个孩子似的"呜呜呜哭起来"，我明白了，因为回不了祖国，他悲痛欲绝。

生：凝望着眼前这血色的梅花，我仿佛又看到外公有一颗两颗冰凉的泪珠落在我的腮边、手背。我明白了，那不是泪，那是外公的一颗思乡的心。

生：凝望着眼前这血色的梅花，我仿佛又看到外公用保险刀片轻轻刮去污迹，又用细绸子慢慢抹净。我明白了，在外公心里，梅花就是祖国的象征。

师：原来，在这"三哭""二送""一怒"的字里行间，作者就是通过一处处生动的神态、动作和语言的描写，把外公的心、梅花之魂写进了我们的心里。

评析：在结束了课文内容的教学之后，教师要求学生以莺儿的口吻写出离别时的心里话，让学生也去经历一次这样的情感体验。这个训练的思考量很大，学生要先重温全文，并选择出自己感受最深的一处描写，结合自己的感悟，融入情感进行创作。学生在回忆外公的一句话、一个眼神、一个动作的过程中，也在回顾全文作者对外公传神的语言、动作、神态描写，进而深刻地领会到在作者心中，漂泊异国他乡、怀有始终不变的爱国心的外公也是具有梅花魂的人，从而升华了对课题"梅花魂"的理解。

《匆匆》教学设计

执教：福州教育研究院　何　捷

【教材】

人教版小学语文六年级下册第2课。

【教材分析】

本单元教材注重让孩子抓住重点语句，领悟文章内涵，体会作者的表达方法，尝试在表达中运用。本文作者朱自清是被誉为"现代散文典范"的大家。全篇文字清隽洗练，简约自然，展现着作者缜密的思路和清晰的脉络，确实为不可多得的散文典范之作。文章开篇寄兴于燕去燕来、草木枯荣这些再自然不过的现象，进而触景生情，引发出作者本人对时间流逝的思考、感叹、惋惜，对生命价值的追思、求索。文章中，作者精到地运用了比喻、排比等写作手法，烘托出对时光流逝的潜在、深层的思考，同时也让读者在阅读中受到感染和熏陶。

【设计理念】

本案为指向表达的阅读教学新设计。阅读本位与写作本位的认知取向是很不一样的。一般来说，阅读本位的教学目标往往是放在选文的读懂、理解、欣赏上，而写作本位阅读教学则主要考虑的是选文中哪一点对学生的写作最有助益，如何将文本的秘妙转化为他们对写作奥秘的领悟、对写作技能的掌握。在阅读本位下，读、写教学的主要目标往往是不对应的，要求写作迁就、依附于阅读；在写作本位下，读、写教学的主要目标是交织重合在一起的。寻求二者的耦合点，在写作本位教学中应力求做到阅读与写作在同一点上的双重聚焦。

【案例描述】

片段一：古往今来谈时光。

师：（板书：匆匆）预习过课文，你应该知道，这篇文章说的是什么匆匆？

生：说的是时光匆匆，也可以说是时间匆匆。

师：是的。说到时间匆匆，古往今来，许多人留下了自己的说法。我们来看看，他们是怎么表达的。（板书：表达）请大家读一读课件中出现的几句话。

课件出示：

背景音乐：罗大佑的《光阴的故事》

语录：逝者如斯夫，不舍昼夜。　　　　　　　　——孔子《论语》

诗词：明日复明日，明日何其多。我生待明日，万事成蹉跎。

——钱鹤滩《明日歌》

俗语：花有重开日，人无再少年。不须长富贵，安乐是神仙。

——关汉卿《窦娥冤》中"蔡婆婆"开场词

名言警句：抛弃时间的人，时间也会抛弃他。　　——莎士比亚

（生读句子）

评析：慨叹时光匆匆的文学作品自古有之，但同一题材用不同文体去表现，却各具特色。开课伊始，教师从内容入手，通过多种表达方式呈现同一主题，让学生感受"相同"中的"不同"，从"表达"的角度，为学习"散文"这种文学体裁的一些特殊表现手法做了铺垫。这样的教学直接指向文体特点，指向课文的表现手法——语言文字内部的思维意义，指向学生能力的发展，不但具有鲜明的年段教学特征，而且抓住了语文教学的本质。

片段二：听读，发现散文的表达特点。

师：看，不论哪一种表达方式，目的都是让读者清晰地了解，明白。（板书：清晰）今天我们要学习的《匆匆》是朱自清先生的散文。散文，也是一种表达方式。（板书：散文）让我们通过学习，感受这种比较特殊的表达方式吧。请同学们欣赏著名艺术家孙道临朗诵的《匆匆》，请大家拿起笔，一边听一边做记号，在凡是能让你感受到时间匆匆而逝的地方做上记号。看看谁最善于倾听。（课件播放朗诵音频，生听读，做标记）

师：我发现大家善于倾听，每个同学几乎都在课本上做满了记号，我们来交流。哪些地方让你有感觉？哪怕只是一个标点、一个词、一句话，或者一段话都可以。（生汇报交流。内容略）

师：非常了不起，善于倾听，甚至发现了散文的特点。能够让你有感受的地方零散地遍布全文，但又集中地表达一个意思，就是时间匆匆而过。瞧，这就是散文非常明显的特点——形散神聚。

评析：文学作品经过艺术家诉诸声音之后，听者往往能够从中得到更清晰的意义，获得更多更深的感受。教师用这样的方式在初读阶段帮助学生一扫语言障碍，使学生直接关注文体特点，这于小学高年级语文教学来说，是一种大胆的尝试。但从学生的汇报和教师的点拨、总结中，我们可以看出，这种以学习"表达"为重点的教学设计，使学生在短时间内从感性到理性，对散文"形散神聚"的特点了然于胸，显然收到了较好的教学效果。

片段三：细读，感受经典的表达特性。

1. 在"明了"与"疑惑"中感受。

师：（板书：明了）大家有感受的地方，就是领会了作者要通过文字传达的意思。意大利作家卡尔维诺关于经典有十四条定义，其中一条就是每一次读，都能让你有所发现，有所感受。看来，《匆匆》就是这样的经典。（板书：经典）再看看，全文中是否有让你产生疑惑的地方呢？

（生读问句，提出自己的疑问）

师：经典，就是永远不会穷尽文字向你说明一切，让你每次阅读都有无尽的疑惑的文章。这篇文章堪称经典，全文有十一处问句。不停追问，只问不答，但似乎每个人心中都会有答案。

课件出示：

但是，聪明的，你告诉我，我们的日子为什么一去不复返呢？——是有人偷了他们罢：那是谁？又藏在何处呢？是他们自己逃走了罢：现在又到了哪里呢？

去的尽管去了，来的尽管来着；去来的中间，又怎样地匆匆呢？

在逃去如飞的日子里，在千门万户的世界里的我能做些什么呢？只有徘徊罢了，只有匆匆罢了；在八千多日的匆匆里，除徘徊外，又剩些什么呢？过去的日子如轻烟，被微风吹散了，如薄雾，被初阳蒸融了；我留着些什么痕迹呢？我何曾留着像游丝样的痕迹呢？我赤裸裸来到这世界，转眼间也将赤裸裸地回去罢？但不能平的，为什么偏要白白走这一遭啊？

你聪明的，告诉我，我们的日子为什么一去不复返呢？

> **评析：**"明了"的自然不用教，"疑惑"的是为什么要"不停追问，只问不答"，这正是本文的表达之妙，学生有了疑惑，也就关注到了表达的特点，这也正是何老师教学设计的"圈套"。学生在质疑中发现，在发现中领悟，学习过程渐入佳境。

2. 在"熟悉"与"陌生"中感受。

师：问题最集中的是课文最后两个自然段。让我们先从课文前三段中试图去寻找答案吧。请大家默读课文前三段，看看作者写了哪些你熟悉的事物。（板书：熟悉）（生默读）

师：（课件出示）我们先看第一自然段，你们一定非常熟悉。请一个同学读给我们听。

生（读）：燕子去了，有再来的时候；杨柳枯了，有再青的时候；桃花谢了，有再开的时候。但是，聪明的，你告诉我，我们的日子为什么一去不复返呢？——是有人偷了他们罢：那是谁？又藏在何处呢？是他们自己逃走了罢：现在又到了哪里呢？

师：熟悉的事物有哪些？

生：燕子，杨柳，桃花。

师：这日常生活中常见之物都有一个共同的特点，都能失而复得。这个意思，从第一句"燕子去了，有再来的时候"可以体会到么？

生：可以。

师：为什么又写"杨柳枯了，有再青的时候"，再写"桃花谢了，有再开的时候"？

生：排比的方法，不断强调。

师：很好，可是为什么突然笔锋一转，写"聪明的，你告诉我，我们的日子为什么一去不复返呢"，时间的特点和其他事物的特点一样吗？

生：不一样，这是在对比。

师：对比后，你发现时间的特点了吗？

生：一去不复返。

师：很好，通过这样的对比，你对时光的流逝留下什么样的感觉？

生：更加惋惜，希望抓住时光，不要这样溜走。

师：带着感觉，带着理解去读，会读得更有滋味。（生读语段）

师：再接着看。对比之后，作者为什么连续三问："是有人偷了他们罢：那是谁？又藏在何处呢？是他们自己逃走了罢：现在又到了哪里呢？"其实，这些问题问的都是一个意思，时间去哪了？而且也不需要回答。为什么要这样写呢？

生：强调这个意思。

师：很好，大家不仅关注到表达的内容，也发现作者表达时采用特殊的形式。（板书：内容，形式）真会读书。现在，请每个同学自由地，按照自己的理解读一读第一段，关注作者的表达。（生读第一段）

> 评析：找一找、读一读"熟悉"的事物，领会一写再写、反复强调的作用，在这样的领会中，"话锋"急转之后的"陌生"忽然变得"不陌生"，学生赫然发现这"陌生的事物"与前者形成了鲜明的对比，进而也便领会了作者的表达之妙。何老师的设计，巧就巧在用散文的表现手法教散文，教法、文法相得益彰。

3. 在反复诵读中逐渐走进经典。

师：看，作者就是把熟悉的事物用陌生的方式表达，带给我们强烈的感受。（板书：陌生）再请大家看看第三段，这一段给我们更大的熟悉感。有人说朱自清的散文有一个特点，就是能在不经意处着浓墨重彩描写，这一段就是个例子。自己默读，找一找，文中列举的这些事情大家每天都做。

生（默读）：洗手，吃饭，睡觉，发呆……

师：这些事我们每天都经历，你的时间也这样过去了吗？请向朱自清学语言，学着说几处。

生：做作业发呆时，时间过去；玩游戏时，时间过去；像这节课一样，投入学习的时候时间也过去了；在我们看书的时候，时间也过去了。

师：让我们再看看，朱自清笔下的时间可不是这样的过去，相反，是逃去如飞的，找几个词来说说，时间是怎么飞逝的。

生：跨过，闪过，伶伶俐俐……

师：是啊，用词多么准确，多么形象啊！孩子们，请带着自己的感受，好好读读这段话吧，特别关注那些给你留下感受的词语。（生读第三段）

师：这就是经典的表达。在熟悉中发现陌生，在陌生中寻找疑问，在疑问探索中逐渐明白，明白的同时感觉熟悉。经典，就是每一次读都是一种重温，都有一种发现。而走进经典的唯一方法就是"读"，用各种方式，不厌其烦地读。（板书：读）接下来，请大家再读读第二自然段，其一，内容上，你读懂了什么？其

71

二，形式上，你发现作者是如何写的。(生自由读第二自然段)

生：(示范朗读)"我不知道他们给了我多少日子；但我的手确乎是渐渐空虚了。在默默里算着，八千多日子已经从我手中溜去；像针尖上一滴水滴在大海里，我的日子滴在时间的流里，没有声音，也没有影子。我不禁头涔涔而泪潸潸了。"作者把八千多日子比作一滴水，这个比喻很夸张也很形象，一滴水滴在大海里，没有声音没有影子，人不可能做所有事情，所以很惆怅。

师：好，你发现了作者运用比喻的方法来写时间匆匆。请你说说，一滴水有什么特点？

生：很渺小。

师：可在作者看来，这一滴水大得让他害怕，让他心痛，这是他的八千多个日子，二十多年的青春岁月啊。请你读出作者感叹时光流逝的惆怅、惋惜、悲痛。(生读第二段)

师：是啊，八千多个日子就是二十多年，人生有多少个二十多年？所以，不管是谁，感受到时间这样流逝，都会害怕，怕得冷汗直冒，热泪直流，请为我们读读作者的描写。

生：我不禁头涔涔而泪潸潸了。

师：读得好！一个形象的比喻，一种切实的感受，作者就用了这样的方法来表达他想要表达的意思，留给我们深深的感受。请连起来，为我们再读读，让我们也感受一下！(生再读第二段)

> 评析：在教师的点拨下，学生"向朱自清学语言"，练习表达；在教师的影响下，学生在关注"文章写了什么"的同时，还能发现"文章是怎么写的"。这便是能力的增长，是思维的进步，也是何老师的教学"功夫不负有心人"的佐证。

片段四：延伸，沉入经典的表达世界。

师：同学们，今天我们学习了朱自清的经典散文《匆匆》，发现了一些经典特有的表达方式。其实，经典就是人类文明的博物馆，是值得我们深入其间，沉醉其中，不断涵泳咀嚼，反复品读的。就像卡尔维诺说的——

课件展示：

经典，是能产生特殊影响的书。

经典，是给读过并喜爱它的人们宝贵经验的书。

经典，是我们越是以为自己懂了，读下去越发觉它的独特和新颖的书。

(生读课件中文字)

师：课后，希望大家在阅读中能多关注经典，多从经典中获取汲养，让自己的人生变得更加丰满充实。

评析：通过本课的学习，引导学生多读经典，向经典学习表达，是完全正确的。但语文学习从来就不能用纯理性的思维模式，如果在引导学生关注表达的同时，再次回归到经典所传递的思想，回到开课时关于《匆匆》一课慨叹时光流逝，不能在这世界上"白白走一遭"的主题，笔者以为，可更加彰显工具性与人文性的统一，可使这篇"指向表达"的设计，同样闪耀着人性的光辉。

【名师点评】

感动于何捷老师在以《匆匆》一课获得全国阅读教学大赛特等奖之后，仍能不断思考、改进、创新，不断超越自我的精神，怀着崇敬之心认真阅读了他"指向表达"的《匆匆》最新版教学设计，我以为，这篇教学设计很有现实意义，对长期以来小学语文高年级阅读教学过多关注课文内容，而忽视表达方法的现象具有较强的示范作用。主要体现在：

1. 关注文体特点，选择与之适应的教学方法。

不同文体的课文，其结构、语言、表现手法都有自己的独特之处。何捷老师善于抓住本篇课文的文体特点，准确把握课文呈现出的表现手法，并通过一系列与之适应的教学手段，引导学生阅读，培养学生准确的文体意识。这对提高学生的阅读能力、写作能力以及终身学习能力都具有积极作用。

2. 关注年段目标，教学有所为，有所不为。

小学高年级阅读教学，重在帮助学生掌握常见文体的阅读方法，领悟文本的表达方式。何捷老师的教学从学习表达的角度引导学生阅读、发现、实践，因此，与这一学习重点关系密切的内容，教师则不惜时，反之则略讲。这样的处理，使"学习表达"这一教学重点更加突出，确保了学习目标的达成。

3. 关注学习主体，先学后教，顺学而导。

学习过程应是学生主体与教师主导交互作用的过程。但在实际教学中，学生的主体性常常不能得以充分发挥。何捷老师的语文课上学生之所以思维活跃，几乎每一个结论都来自学生的发现，那是因为教师每时每刻都对学生给予充分的关注，每个教学环节都遵从"先学后教，顺学而导"的教学原则。

总之，何捷老师的这篇教学设计，以"学习表达"的视角展开，在实践中收到了较好的教学效果，无论对一线教师，还是对教学研究人员，都具有现实意义，值得我们深入学习和研究。

北京市东城区教育研修学院语文教研室　吴琳

《桃花心木》片段教学案例

(此课例获 2014 年福州市小学语文阅读教学微课例研讨活动特等奖)
执教:福州教育学院附属第三小学　汪惠明

【教材】

人教版小学语文六年级下册第 3 课。

【教材分析】

《桃花心木》一文是第一组中的课文,这篇文章语言朴实流畅、寓意深刻。作者借树苗的生长来比喻人的成长,写一个种树人"让树木自己学会在土地里找水源"的育苗方法,说明了在艰苦环境中经受生活考验、克服依赖性对人成长的重要意义。

文章从描写桃花心木的形状很特别开始,引出桃花心木树苗和种树人,再写作者观察种树人奇怪的种树方法,最后写作者与种树人的谈话。种树人的话,使作者受到感动,明白了"不只是树,人也是一样,在不确定中生活的人,能比较经得起生活的考验,会锻炼出一颗独立自主的心"的道理,点明了文章的主旨。作者在描写和叙述中转承自然流畅,由作者的疑问引出种树人的一番话,使作者受到启示,感悟到人生的道理。通过教学,让学生从种树人的话和作者从中感悟到的育人的道理,体会到作者介绍种树的经验、道理和方法仅是一个比喻,其目的是为了说明育人之道。

【设计理念】

本节微课例执教的内容是第十四自然段,本段既是本篇课文学习的重点,也是难点。

如何让学生更好地理解句子蕴含的道理,既得意又得言呢?六年级的学生已经具备了一定的学习能力,根据学段特点,以及本单元组目标要求,通过联系上下文、联系生活实际,领悟文章蕴含的道理,体会作者的表达方法。我设计了三大板块来解决问题:第一,引导学生回顾理解含义深刻的句子的方法,并运用已学的知识和方法,在亲历阅读实践的过程中,通过自主、合作、探究,理解句子的含义,获得人生感悟。第二,借助表格,引导学生发现树的成长与人的成长之间的相似之处,领会借物喻人的写作方法,并回顾学过的用此方法表达的文章,鼓励学以致用。第三，向学生推荐林清玄的其他借物喻人的作品，让学生在语言实践中，实现"意""言"的兼得。

【案例描述】

片段一：品味、理解作者的感悟。

1. 复习导入，抓关键词"不确定"。

师：同学们，老天什么时候下雨你知道吗？几天下一次雨你知道吗？一次下多少雨你又知道吗？桃花心木在这样不确定的环境中却能寻找水源，拼命扎根，长成百年大树。（课件出示表格）作者听了种树人的一番话后有什么感悟呢？找找看，在课文的第几段？（第十四自然段）我们一起来读一读。（课件出示句子）

师：不错，读得正确、流利。

师：这两句话是课文的重点句，也是较难理解的句子，平时我们理解含义深刻的句子有什么好方法呢？

生：抓关键词，联系上下文，查资料，熟读课文，联系生活实际等。

师：你们的方法都很好，我们先来抓这两句话的关键词，仔细看看作者反复强调了哪个词。

生：不确定。（课件出示表格，段落描红"不确定"）

师：你抓得很准，这个词在这里出现了两次，老师发现有的同学已经动笔圈出这个词了，会读书！请坐！

2. 联系生活实际，理解词"不确定"，抓关键词理解人在不确定中怎样成长。

师：同学们，我们在生活中会遇到很多的不确定，你经历过吗？看到过吗？听说过吗？我们一起来交流。（四五个学生回答，教师不做点评）

生：考试没有考好；上学搭乘公交车的时间不确定。

生：妈妈不在家，自己做饭吃。

生：我的爸爸换了几个工作……

生：残疾、天灾人祸等。

师：由此可见，这里的不确定就是指我们生活中不可预料的一些困难、挫折，甚至是磨难。同学们，读到这里我们就理解了不确定，带着你的理解来读读这两句话。你看，桃花心木在不确定的环境中是这样成长的（课件出示表格，教师引导学生读），那么人在不确定的环境中会怎样成长？请同学们拿出表格，静下心来再读读这段话，抓准关键词，完成表格，老师只给你们一分钟的时间，看谁完成得又快又好。

（约一分钟后）

师：时间到，现在请同桌相互交流学习成果，也许你会有新的收获。

（师巡视）

师：刚才大家都在读书，抓关键词理解感悟，好，老师请个别同学来分享一下学习成果，你跃跃欲试，请你！

生：在不确定中生活的人，能比较经得起生活的考验，会锻炼出一颗独立自主的心。

师：概括地说就是——

生：经受考验，努力生长，不养成依赖的心。

师：你抓住了关键词，回答得概括、准确，会读书！把掌声送给他！请坐！

师：跟他答案差不多的举个手！看来英雄所见略同嘛！也把掌声送给自己！

如果学生有补充，师评价：你看，这样一补充就把表格填得更完整了。掌声送给他们。

课件出示表格：

	桃花心木	人
生长环境	不确定	不确定
生长情况	寻找水源 拼命扎根 长成百年大树	经受考验 努力生长 锻炼出独立自主的心

3. 联系生活实际，谈如何面对不确定，带着体会读文。

师：同学们，读到这里大家一定有所感悟了，那我们遇到困难、挫折，又该如何面对呢？你一定有话想说。（请三四位学生回答）

课件出示填空句式：

当我_____，我_____。

师：（随机评价）你开始有独立自主的心了；你经受了生活的考验；你在这样的不确定中锻炼了自己；你也像桃花心木一样独立自主；你开始锻炼自己；你非常努力地成长；等等。

师：（小结）咱们六年（3）班的孩子可真会学习，你看，抓住了关键词，联系上下文，又联系了生活实际，就理解了这个含义深刻的句子，也悟出了人生中的一个很重要的道理，读句子。

课件出示句子：

在不确定中生活的人，能比较经得起生活的考验，会锻炼出一颗独立自主的心。在不确定中，就能学会把很少的养分转化为巨大的能量，努力生长。

（分层次填空引读）

师：当我们伤心、彷徨、退缩的时候，我们可以用林清玄的话来勉励自己，读——

在不确定中生活的人，能＿＿＿＿＿＿＿＿＿＿，会锻炼出一颗＿＿＿＿＿＿＿＿＿＿。

当我们面对困难、挫折，甚至磨难时，我们会告诉自己——在不确定中，就能学会＿＿＿＿＿＿＿＿＿＿，＿＿＿＿＿＿＿＿＿＿。

片段二：了解树的成长与人的成长之间的关系，理解借物喻人。

师：（出示表格）同学们，从表格中我们清楚地看到桃花心木在不确定的环境中会——

生：寻找水源、拼命扎根、长成百年大树。

师：人在不确定的环境中会——

生：经受考验、努力生长、锻炼出独立自主的心。

师：看着这张表格，你有什么发现？

预设情景一：

生：我发现了树木的成长与人的成长很相似。

生：作者用了借物喻人的方法。

师：好一个借物喻人，树的成长与人的成长有惊人的相似之处，（板书：树——人）作者就是借树的成长来比喻人的成长。

师：我们还学过哪些借物喻人的文章？

预设情景二：

生：《白杨》

师：你说！

生：《落花生》《手指》。

师：不错，温故知新，学以致用，我们今后在写作中也可以用上这样的方法。

片段三：推荐阅读，深化感悟。

师：孩子们，有时一句话可以改变人的一生，我们学习就要善于从书中汲取力量，学以致用。林清玄的作品中像这样借物喻人的文章、书籍还有很多。

课件出示林清玄的三篇文章、三本书籍名称。

名篇：《风铃》《心田上的百合花》《今天的落叶》。（课件出示篇目和蕴含的道理）

作品集：《莲花开落》《冷月钟笛》《温一壶月光下酒》……

师：希望同学们课后可以找来这些书细细品读。

最后，老师也把林清玄的这两句话送给大家，祝愿六年（3）班的孩子都能如桃花心木般茁壮成长，成就百年的基业！下课！

【名师点评】

汪老师执教的是《桃花心木》这篇课文的第十四自然段。《桃花心木》所在单元的训练重点是：1. 引导学生学习抓住重点句段，联系生活实际，领悟文章蕴含的道理，并不断积累语言，增强语感；2. 引导学生体会作者表达感悟的不同方法，并试着在习作中运用。汪老师的这个教学片段，紧扣重点训练项目展开教学，洋溢着浓厚的语文味。

首先，训练目标明确。整个教学过程，先是引导学生以"不确定"作为切入点，运用联系上下文和生活实际的方法理解内容、感悟哲理、发表个人见解，落实本组的重点训练项目。接着借助表格，引导学生发现育人和种树之间的相同点，从而感悟借物喻人的方法，并由此拓展开去，联系以往学过的运用此种写法的课文，从而强化认识，落实了本组的重点训练项目。

其次，训练过程扎实。课标指出：语文是实践性很强的课程，应着重培养学生的语文实践能力，而培养这种能力的主要途径也应是语文实践。在教学过程中，汪老师充分重视了学生的主体地位，尽可能地为学生提供充裕的时间读文、思考、讨论、交流，更多地让学生在学习过程中回顾学法，运用学法。

其三，训练媒介巧妙。在这个教学片段中，一张小小的表格发挥了多重作用，使得教学事半功倍。教师先是借助表格带领学生回顾树在不确定中是怎样成长的；接着引导学生借助表格抓住第十四段中的关键词，进而联系生活深入理解句子中的含义；最后教师又借助表格引导学生发现文章的写法特点。看着这张表格，学生很快就发现树木的成长与人的成长很相似，对借物喻人方法的感悟也就水到渠成。

语文课教什么，怎么教，这个微课例提供了一个很好的范例。

特级教师　黄澜

简易篇

大道至简——小语教学的课境

易语文是"陈曦名师工作室"坚持多年的教学主张。在新一轮课程改革推进过程中得到高度的关注与认可。特别是对"课境"的界定与阐释,更给一线教师带来新的思考与启发。易语文提出的"课境",是对课堂中教与学的整体观照;是对教学设计、教学策略、教学方法的综合运用;是对儿童学习、教师施教的情态的多角度全方位观察。

一、简易,课堂教学的生态

易语文"简易"说,不是空穴来风,而是针砭时弊,直指当前小学语文教学的病症,呼唤教学本意的回归。

1. 针对"少、慢、差、费",提出实效、高效。吕叔湘先生曾经指出:长期以来,我国小学语文教育存在着课堂教学"少、慢、差、费"的现象。时至今日,这样的窘况依然没有改变。小学语文教学虽然承载着太多的符号,但它始终姓"小",名"语",在诸多矛盾中还是要特别关注到教学的对象是小学生,要尊重他们的认知规律和认知差异,关注到语言的存在与表现。

2. 针对儿童心理,主张乐学、易教。讲台不是教师的舞台,不是教师作为"我"的主场。儿童理应成为教学场域的中心,教师参与其间,与儿童在学习过程中相伴相生,和谐互动,智慧共生,共同发展。要上一节好课,教师首先要研究儿童,研究语文,研究教学,要致力于提高学生语文学习兴趣,要关注学生经历的学习过程、掌握的学习方法、收获的知识、形成的技能等。方向对了,措施才能有效。易语文强调教学要三"化":文本处理要童化,教师地位要弱化,教学过程要简化。在教师深入解读文本的基础上,尽可能地简化教学环节,采用与儿童年龄特征相符合的方法教学,让课堂成为儿童智慧火花迸发的地方。

3. 针对学科特征,力求解放师生,构建和谐课堂。2011年版《课标》指出:"工具性和人文性的统一,是语文课程的基本特点。"可见,语文这个交际工具既是知识、技能,更是文化、思想。语文教育可以让两条线融合,即明晰透彻的工具线,暗自契合的人文线。两线统一于教学过程里,暗合于教师的理念中,体现在儿童的发展上。

二、简易，课堂真相的呈现

1. 教学目标的简易。在纷繁复杂的小学语文教学中，如果人为地设置多元、复杂的教学目标，构思辗转曲折的教学过程，运用多彩纷呈的教学手段，课堂必将华而不实。易语文对教学实践的指导，首先体现在教学目标简化，结合学生的元认知，关注到群体差异，让各个层次的学生都能在课堂上舒展自己，发展自己，同时关注一课一得，每节课集中力量重点提升学生学习语文的一项能力。

如我在教学人教版五年级上册《开国大典》一课时，根据教材内容和学生的实际情况制订了如下教学目标：

①学习生字"典""瞻"等；

②训练速读和有感情地朗读课文；

③自主探究，理解课文内容，感受毛泽东的伟人风采，体会中国人民热爱新中国，热爱毛主席，为新中国的诞生而激动、自豪的思想感情；

④读写迁移，学习场面描写的方法。

从以上教学目标的设定，我们可以清晰地看到，这些目标对学生的学习结果有预设，对学习过程有指导方法，不仅体现了教师要教什么，还体现了学生要学到什么程度，对课堂教学的展开有直接的指向作用。只有教学目标简明精确了，通过教学过程丰富充盈，教学活动才能产生最大的效益。

2. 教学内容的简洁。内容决定形式，要为课堂瘦身，就要在内容的取舍上做好选择。在易语文指导的教学实践中，我们不断梳理语文教学的各种关系，力求高效。首先，教学的内容取舍要因"文"制宜，力求简洁。其次，教学内容的取舍要根据儿童需要合理安排，确保简洁。教学扣紧语言文字的训练点感悟、体会、积累、运用……穷理尽性，细如秋毫，易语文教学讲求洁净精微，紧守语文实践，不泛滥，此是洁净。其三，教学内容本身也能起到调整课堂节奏的作用，原本就应该简洁。追求课堂的简洁明快、高雅志趣、和谐共生。例如，篇幅长、内容浅的课文，可以加快节奏，长文短教；篇幅短、立意深的课文，宜放慢步伐，短文长教等。在教学中，适当的教学内容能中和教学中各个方面的矛盾，达到新的和谐课境。

以人教版四年级下册《小英雄雨来》为例，该选文篇幅很长，在解读文本后我们会发现内容浅显，故事性强，可长文短教。细读文本后，我确定了"三不教"与"三教"的教学思路：建立在已有认知基础上的"不教"，建立在生生互动基础上的"不教"，建立在合理取舍基础上的"不教"；有准确目标指向的"教"，服务于言语习得、有清晰的引导过程的"教"，服务于学生个体的吸收与内化、有明确价值取向的"教"——促进认识的形成与升华。这样合理安排教学内容可谓是创造性地使用教材，它让课堂教学突出了重点、分解了难点，学生学得更加扎实，也让课堂更加简约、高效。

3. 教学环节的简约。语文教学有着丰富的内涵，我们提倡的简单教语文，是一种基于实现工具性和人文性的统一的有效教学，是一种语文教学创新性的回归，它反对冗繁、表面热闹的语文课堂，追求朴实无华、扎实有效的语文课堂。只有实现教学环节的简约，才能更充分关注儿童，让课堂成为儿童的学习场。过繁、过杂的教学环节，会让教学成为碎片化的拼接。简化教学环节是为了腾出更多的时间和空间让学生自己去发现、实践、发展、生成。简约并不简单。我们尝试在教学环节的安排上，力求组块化、递进化，这样既合乎学生的学习规律，又做到循序渐进。

如我在执教人教版五年级下册《桥》一课时，以"板块"递进为模式，设计三大板块：①体会水的猛；②理解"他像一座山"；③感悟人物的高贵品质。坚持以读为主，以读贯穿始终，引导学生在读中悟知，在读中明理，在读中品味，在悟中升华。教师抓住读，让学生把文本读熟、读透，直至走进人物的内心世界，"耳醉其音、心醉其情"，努力达到"文若己出"的境界。同时教师在整个教学过程中始终重视学习方法的点拨和指导，注重学习习惯的培养，从而使教学的内涵更加充实，教学过程更为扎实。

4. 教学方法的简明。方法适当，成功一半。易语文强调教学策略方法的使用要因"情"制宜。没有任何一种方法包打天下，只有更合适，没有最好。简明扼要的好方法都是符合学生心理特点和认知规律。能调动学生学习兴趣，"情动而辞发"。在学生感悟、体会、运用语言过程中，教师要时刻调控好学生的情绪，适当调节教学的策略，以适应学生思维的张弛，保持学生良好的学习状态。在教学实践中，教师应根据教学内容，采取简便、灵活的方法，力求"教法"与"学法"有机结合，相互作用，达成目标，引导学生在学、真学、会学、能学、乐学。

在小学语文教学同课异构沈石溪的《再被狐狸骗一次》的教学中，我为了让学生能体会动物小说的"人物"描写特点，先采用学生放松地自读感悟，抓关键语句初步感悟公狐狸的形象，接着，通过出示文章描写前后公狐狸的语句的"学习纸"，让学生去发现文中两次描写的异同。这样的设计，无需老师过多的讲解和引导，却能让学生眼前一亮，心头一动。通过直观的比较和细心的比对，学生很快就发现了作者的写作"密码"，并对公狐狸的形象有了更为深刻的个性感知。课堂上学生各抒己见，欲罢不能，学习兴趣浓郁，学习氛围浓厚。

三、简易，教学灵性的律动

易语文教学深谙变化之道。课堂教学不主张僵死不变的格式，不强求僵硬不动的条款，不追求僵化恒定的风格。一切都在变与不变、易与不易的辩证中寻求中和，永葆教学的活性与灵性。

1. 备课的"深入"与教学的"浅出"。孙仁歌先生在《简单：语文教学的最高境界》中说："把课讲得简单一些，并不等于简而不精，单而不丰，简单一些其实就是精练一些。它要求教师在备课环节上狠下功夫。"面对纷繁芜杂的教学内容，我们要胸怀"大语文观"，用一双慧眼解读教材，善于发现学生真正需要的、有用的东西，以充分发挥教材作为例子的价值，同时要有所为，有所不为，"任你弱水三千，我只取一瓢饮"，懂得"取舍"，研究知识的重难点，大胆取舍，进而"化"之。具体来说，在备课过程中教师要注重做到"四心相通"。一是编者心，二是作者心，三是学生心，四是教者心。走进文本，与作者"对话"，更加准确地抓住"文眼"，把握"课眼"，抓住教学的重点、难点，从立足于语言文字、立足于情感这两条线入手，交叉备课，理清思路，我们的备课才能做到得要领、出新知、解其惑，让难点疑点全部变成亮点，再结合学生认知特点及自身教学优点，使语文教学艺术化、精良化、高效化。

2. 目标的"精专"与内容的"健全"。2011年版《课标》中指出，"语文课程是实践性课程，应着重培养学生的语文实践能力，而培养这种能力的有效途径也应是语文实践""在大量的语文实践中体会、把握运用语文的规律"。可见，落实学生的语文实践是语文教育的本质特征，落实语文实践是语文教学重要的目标，具体到每一节课的教学，也应紧紧围绕实践，将教学目标的靶向体现在核心价值的基本点上。而在实施教学过程中，在内容的确定上，要寻求完整性，不偏不倚，力求让学生通过自主探究，发展思维，自主实践，发展能力。重视学以致用，使学生的学习有目标、有意识、有想法，在实践中提高自身的语文素养。这是对健全人格的培养，对语文素养的全面发展的实践与推动，是语文课堂教学的职责所决定的。

3. 预设的"完整"与生成的"灵动"。苏霍姆林斯基说："教育的技巧并不在于能预见到课的所有细节，而在于根据当时的具体情况，巧妙地在学生不知不觉中作出相应的变动。"易语文要求教师不仅要简化一味的讲解，也要简化教师的预设，把更多的时间空间留给学生思考、质疑、实践。教学中教师的教学节奏要讲究变化，这种变化要因"时"制宜。课堂更关注学生的学的过程，追求预设与生成尽量完美结合，不管预设是一种"价值追求"，还是生成是一种"意外收获"；不管预设是一种"常态要求"，还是生成是一种"教育智慧"，二者能够而且必须和谐统一起来。通过预设去促进生成，通过生成完成预设目标；在预设中体现教师的匠心，在生成中展现师生智慧碰撞的火花。

4. 方法的"简约"与效果的"丰满"。语文不是学得的，而是习得的。我们在教授知识的同时，还要关注学法的引导，删繁就简，化难为易地进行教学，同时在适度的点拨、引导中，拨动学生的情智之弦，顺势而教，逐步化解难点、疑点。人教版六年级下册《桃花心木》第14自然段既是本篇课文学习的重点，也是难点。我在执教这一段时，通过抓关键词、联系上下文、联系生活实际等简单的方法，引导学生领悟文章蕴含的道理，体会作者的表达方法。学生在亲历阅读实践的过程中，通过自主、合作、探究，理解句子的含义，获得人生感悟，发现树的成长与人的成长之间的相似之处，领会借物喻人的写作方法。学生在语言实践中，实现了"意""言"的兼得。这样的教学方法简单，过程扎实，关注学生，整个课堂是丰盈高效的。

"大道至简"说到底就是我们的语文教学要接地气，要坚持以人为本，返璞归真。只要我们坚定信念，整合要素，致力于提高学生的学习兴趣，丰富学生的语言积累，发展学生的思维，形成学习语文的能力和素养，易语文之路就会越走越宽！

简易备课"三板斧"

新课程背景下的课堂应该是充满活力，充满智慧，充满灵气的。作为传承祖国优秀文化，发扬中华民族母语的语文阅读教学课堂，应该是展示真、善、美的天地，师生智慧萌发、心灵互动成长的乐园，更应该是让师生体验幸福，享受快乐，升华情感，憧憬未来的精神家园。为此，作为语文教师的我孜孜以求，不断探索。在实践中，我领悟到备课是上好课的前提、基础、保障。苏霍姆林斯基说："一个教师一辈子都在备课。"的确，有效备课，优化备课环节对我们教师显得尤为重要。

一、"四心"相通，才会融会贯通

备课是我们和文本的对话，我们和生活的对话，我们和学生的对话，我们和未来的对话。

1. 备编者——备课要备根本，离开课程标准，课堂教学如天马行空，漫无目的，甚至偏离目标，南辕北辙。备课要充分考虑编者的意图，因为编者是以课程标准为依据，以文本为载体的。阅读教学中的阅读不是纯粹的阅读，是带着一定的目的进行的。所以我们要"依标靠本"，准确定位，明确教学方向，落实教学目标。

2. 备作者——教师了解写作背景、写作意图、文学特色及作者相关作品等，能更好地走进文本，与作者"对话"。于永正老师常常是把通篇课文背诵下来，他有一个突出的特点是对作者和文本有深入而独到的解读。这种独到的见解不是从教材看来的，而是与文本和作者的"对话"中感悟到的。抓准"文眼"就容易抓住"课眼"，抓住"课眼"就能抓住教学的重点、难点。读书百遍，其义自见，不正说明了这个道理吗？

3. 备学生——教学是为学生服务的，心中无学生，课堂无好课。教师关键要考虑学生如何学，要考虑学生知识停靠点，学习的兴奋点，兴趣的热点，认识的盲点、难点等，还要考虑知识以外的情感、态度、价值观、学习习惯等的养成。

4. 备自己——也就是考虑如何教。教师要考虑教学目标是否明确，如何发挥自己的优势，营造合适的教学氛围，考虑具体的步骤、策略，突破重难点，课堂调控的方案，教学资源的挖掘、使用等，在备课中不断提升自身的素质、修养。

　　这四者关系密切交错，缺一不可。教师要做到通编者心、作者心、学生心、教者心，"四心"相通了，对人、对文、对目标、对方法了然于胸，这是备课最基础的工作。这样既能较好地预设课堂，又能较为从容地应对突发的、临时生成的问题，做到宏观运筹，微观调节，满怀信心去实现从预设走向生成互动的课堂。

二、把课文读"薄"，再把课文变"厚"

　　备课要深入，设计要简出。备课简洁是教师应该追求的理想目标。第一，处理教材关键是要把课文读"薄"。把复杂的问题简单化，把力气花在刀刃上，力求教学思路明确，教学的重难点突出，教学板块清晰，教学手段灵巧朴实，避免面面俱到，华而不实的课堂资源浪费现象。第二，把课文变"厚"。教师胸怀"大语文观"，在课堂上注意人文性和工具性的统一，激发学生兴趣，拓展学生思维，培养其创新意识和实践能力，多考虑留给学生练习听说读写能力的时间，还给孩子感悟、体验、思考的快乐，搭建课堂与生活之间的桥梁。

　　例如永泰县实验小学的薛彩云老师执教现代著名作家朱自清先生的散文《匆匆》一课时，根据教材特点和学生实际，她设计了三个主要教学环节：①问题导入，感受"匆匆"。上课伊始，她用两个数学问题来导入课题，第一个问题是："我们刚才大概沉默了多长时间？"第二个问题是："你们走过了多少日子？"让学生初步感受时光匆匆逝去，难以挽留。尤其是第一个问题以"欲动先静"的情境，有效地激发学生好奇心和求知欲，为后面的教学做好铺垫。②深情感悟，体会"匆匆"。薛老师大刀阔斧，直奔课文中心段落第三、四自然段，通过找句子、谈感受、竞赛读、写句子等方式，让学生借助文本，理解文本中作者留恋、无奈、痛苦的情感，感受时光的飞逝，体会作者不甘虚度此生的强烈愿望。教第四自然段时，她借助朱自清的资料，帮助学生理解六个反躬自问句子的深刻含义，体会作者深沉、浓郁的思想感情。接着，通过师生问答式朗读，进一步领会作者的写作意图：作者表面在问，实际上蕴含着明确的答案——作者要争分夺秒，大有作为，不让青春年华付之东流。③拓展延伸，珍惜"匆匆"。教材的训练要点是从阅读的内容想开去，即阅读的时候，既读进去，又想开去。课上到此时，薛老师见水到渠成，又创设情境，让学生挑战名人，写名言，在思维活动的过程中实现对时间的感悟、珍惜和利用。这样，不仅可以深化学生对课文思想内容的理解，而且可以活跃思想，激发创造力。整个课堂，学生一直处于主动、积极的状态，没有拖沓冗长的说教，但教学目标明确，板块清晰，以点带面，四两拨千斤，重难点得以突破。难怪有人评课说："精彩开篇，此时无声胜有声。精彩一转，转出一片新天地。对答朗读，读出文章情和味。"

三、联想情景，把握节奏

很难想象失去情感的语文课堂是什么样子。因此语文老师必须多点激情，多点浪漫，多点想象，多点创造。在确定了教学目标、教学重难点、各个板块的内容后，我们可以凭借我们以往的经验和丰富的想象力联想授课时的情景，这样有利于梳理我们的思路，调整课堂的气氛，组织教学的语言，酝酿课堂的激情，这也是课前反思的重要方法。在充分想象的前提下，教师会避免在授课过程中出现不必要的繁琐环节、累赘的语言、无效的说教等，让课堂更民主，更开放，更有活力。有时还可以故意创设情境，机智应对学生动态生成情况，这样能很好起到优化课堂结构，提高效率的作用。

好课如歌，好课如诗，好课如画。课堂要是有戏剧的情节，中国画的意境，交响乐的气势，相声的幽默……大处起波澜，小处见优美，那该有多美！因此在设计教学手段时还要注意课堂的节奏美。根据教材、学生、教师自身特点，在教课时注意动静结合，高低起伏，疏密适当，课堂气氛必然抑扬顿挫，高潮迭起！我们可以用游戏、合作学习、齐读、比赛、辩论等方式让学生动起来，使课堂活起来，也可以通过思考、默读、作批注、欣赏画面、小练笔、闭眼想象等让学生静下来，使课堂稳下来。当然，这里的动静本质上是指思维的律动，而非单纯场面的冷热。

福州市群众路小学的黄敏老师在执教《鸬鹚》时，在教材处理上，充分体现了由静到动，再由动到静的过程。她聚焦课文"无数的浪花在夕阳的柔光中跳跃"一句中的关键词"浪花"进行了处理。

师：湖面上怎么会有无数的浪花？
生：鸬鹚跳下水，水面上溅起了浪花。
生：真是一鸟激起千层浪。
生：它的翅膀拍打着水面，飞溅起无数浪花。
生：鸬鹚的脚不停地蹬，蹬出了朵朵浪花。
生：鸬鹚的尾巴甩出了浪花。
生：小鱼被鸬鹚捉住了，不停地挣扎，挣出了浪花。

与此同时，黄敏老师不停地用粉笔在黑板上点出朵朵大小飞溅的浪花，学生的思维火花在此时不停地迸发。这几点神来之笔把鸬鹚捕鱼时的欢快、机敏，水面的热闹、欢腾景象表现得淋漓尽致，课堂活跃起来了，讲台下面出现了一片"小手林"，学生仿佛已是那快乐的渔人，正在尽情地欢笑。突然，黄敏老师在黑板上翻腾的浪花旁，轻轻勾了一笔——波纹。"你们看，水面上留下了一道长长的波纹。"这道波纹与细密的浪花形成强烈对比，一动一静，一浓一淡，"哎，渔人呢？小船呢？鸬鹚呢？"孩子们的心一紧，教室里顿时静下来。

"渔人已经带着鸬鹚划着小船回家了。"这种画面的强烈对比，虽由动入静，却使学生久久不能平静。

"你听，水面上传来了什么声音？"教室里静得像静谧的水面，却仿佛又让人听到"咯吱咯吱"的摇桨声……这声音似有若无，若隐若现，无声胜有声。意境美不胜收，让人陶醉其间。

支玉衡老师说："备课一次，往往汇集了自身多少年的知识储备和人生经历。"的确，备课，伴随我们一生，我们只有不断积淀，不断创新，才会常备常新，熟能生巧。

《小英雄雨来》第一课时课堂观察

> 课堂实录

【教材】

人教版小学语文四年级下册第14课。

师：同学们，今天我们来学习一篇课文——（生齐读课题）请大家快速默读课文。注意：默读时，要集中注意力认清每一个字，一边读一边想，理解词句的意思和内在联系。读了以后，能提出自己不懂的问题。边读边动笔。可以画出重点词句，或标出段中的层次，记下自己不懂的问题，提高默读的效果。时间为六分钟。

师：时间到。这个速度其实我测过，我自己在家读也算过这个时间。根据我们阅读研究协会研究，像我们这样十岁左右的孩子读这样的文章五分钟是够的。大家想想，像这样的文章概括主要内容容易吗？

生：不容易。

师：但是刚才这个同学教给我们一个很好的办法。你现在能不能说说用什么办法？

生：我用的是在默读课文时心里想着主要内容和中心思想的方法。想中心思想后再概括主要内容，并把这些写在笔记本里，然后再把这些归纳起来变成文章的主要内容和中心思想。

师：真了不起。他敢于挑战自己。这么长的文章他可以从头到尾一边看一边想，想了主要内容再想中心思想，想了中心思想再想主要内容，真是天才。我们一般还可以用什么方法？看到没有，这篇课文与我们原来学习的课文不一样。

生：我们可以边看边按章节来分主要内容，再把每个章节的主要内容合起来，就是这篇文章的主要内容和中心思想。

师：这个方法不错，我们用加法把它概括出来。你同意吗？

生：我就是这个意思。

师：可是你没有表达清楚，可见啊，说的话和思想要统一。

> **评析**：高年级阅读课，如何达成高效，速读这种阅读方式确实值得提倡。本案中的速读设计尤为称道的是有方法指导，如：认清字句，提出疑问，动笔记录等。限时的要求也是一个创新。我们注意到的是陈老师在设计备课时，预先测试，这样的躬身实践为实施有效教学提供了有效的保障。同时，速读后的大意归纳也不是任意而为，而是结合口语表达提炼方法。纵观此环节的设计，教师"退居二线"，学生的活动量占据主流：读文，归纳，成法，思维的活跃可见一斑。这正是陈老师高效语文课堂观中"扎实"这一关键词的体现，扎实地为训练让路，为学生的发展服务。

师：考考大家，正确的顺序应该是什么？

课件出示：按课文叙述的顺序编号。

掩护李大叔（　　）

智斗鬼子（　　）

游泳技术高（　　）

机智逃生（　　）

上夜校读书（　　）

乡亲牵挂（　　）

生：第一个是上夜校读书。

师：同意吗？

生（全体）：不同意。应该是游泳技术高。

师：是不是记错了？没关系，别紧张啊，继续说，我们不怕失败。英雄不怕失败。（生顺利完成编号）

师：掌声送给他。不要因为人家犯了一点点错误就揪着不放。给他点鼓励，你看他后面全对了。同学们发现了没有，这些小短语其实是老师帮助大家概括的什么？

生：小标题。

师：其实主要内容、小标题不一定就是这几句话，也可以是关键的一两个词。比如说：游泳本领高，我就能概括成两个字——游泳。再比如说：智斗鬼子，我们可以概括成——智斗。当然还可以用别的方式来，比如说用文中的——

生：句子。

师：那知道了这篇文章的顺序，我们就能大概地知道文章的主要内容了。这个学习方法真好。我们一起把顺序读出来。

课件出示：（1）游泳技术高；（2）上夜校读书；（3）掩护李大叔；（4）智斗

鬼子；(5) 乡亲牵挂；(6) 机智逃生

师：有了这几个章节的关键词，再让你把它们组成文章的主要内容。难吗？

生：不难。

师：一点都不难了。但是也要注意句子之间语句要通顺。把这个故事讲给同学听、父母听，这个我们就留到课后做了。我告诉你，这篇文章你们的爸爸妈妈都学过，你得准备好了再说。

师：刚才有一组的同学建议说要用合作学习的方法来学习。那我们就用合作学习的方法来学。但是合作学习是有要求的。我们每组5个同学都有编号了。每个人的任务是不一样的。

课件出示：

1号：材料收发员；2号：组长，组织讨论；3号：记录员；4号：纪律监督；5号：汇报员

师：明确了责任，各司其职，1号同学上来领"工作纸"。纸上的问题就是刚刚那位同学提的建议和昨天我们预习时提的问题，5分钟计时开始。

> 评析："工作纸"的设计在内地的阅读教学观摩中比较少见，之所以少见是大家不敢或是不愿意使用。一来，让孩子填写"工作纸"也就等于将学习的主动权交给学生，可控性就少了；二来，这一设计将占用课堂较多的时间，教师的风采无法得以体现。而陈老师不但用，还用得慎重、隆重。说慎重，每个孩子发一张，各自填，各自学习；说隆重，这一设计成了课堂学习的主要形式之一，不但各自学习，还小组合作，集体讨论。一张"工作纸"的设计体现的是一种教学理念：让学，还学，有效的教学。何为有效？把时间充分应用于有思维参与的学习活动中，同时在此过程中实现同伴的互助、自我的提升、任务的达成。

师：时间到了。我发现咱们金山小学的同学们学习习惯是非常好的。由于时间关系我们就请两组同学汇报。先请收发员把资料收上来。我请第一组的汇报员上来汇报一下你们最有价值的发现是什么？

生：我们中国孩子在敌人面前很勇敢。文中有很多象声词、动词。

师：什么叫象声词？其他同学发现了吗？你们属什么的？

生：属老鼠。

师：读书的时候你就得是老鼠（生笑）——咬文嚼字。这个发现了不起啊。找出文中的象声词。（生一个接着一个说）

师：这些象声词有些是写雨来的，有些是写鬼子的，有些是用来渲染当时的环境。用上这些象声词真好，既传声又传情啊。用上了这些象声词我们感受到

了对鬼子的——

生：厌恶。

师：感受到雨来的什么性格？

生：顽皮、机灵。

师：文中还用了特别多的动词，似乎在我们的面前展现了一个画面。所以同学们写文章可以用上这两种词。谁说读书都要老师教，你瞧，你们自己就能发现问题，解决问题。特别好。还有什么发现？你说我们中国孩子怎么样？为什么会有这种感受？明明就是写小英雄雨来嘛！

生：就是中国孩子。

生：中国孩子的勇气在雨来身上得到了释放和表达。

师："释放"这个词很时尚。对了。你想补充什么？

生：雨来也是中国人的一员，是我们中国人的骄傲，是我们中国孩子的骄傲。

师：他只是个典型的形象，却让世界的人都知道中国的孩子是不好欺负的，是机智、勇敢的。读书就是要这样，要动脑筋，要从课文想到课文以外的东西。

> **评析**：高效教学，最关键的是"教什么"。陈老师的这段教学给我们提供了有效示范和思考。第一，教学生发现，如文本中一些较为隐藏的语言文字品味点；第二，教学生欣赏，发现之后，一起品读，赏析，快乐共享；第三，教学生积累，通过口语表达、同伴互助、智慧分享等多种形式的课堂互动，巧妙地达到当堂积累的效果。其实，我们一直注重的语文教学人文性和工具性的和谐统一就在这段教学中得以体现，在学生积累语言文字的同时，他的内心必然有所触动，感怀，体验，而这一切都在师生互动的轻松、愉快、动态的教学中进行，知识、方法的习得变得自然。品味这段教学，我们似乎感到陈老师将一切做得看似平淡、简易，但是平中足见奇思，易中能体味到效果。这大概就是陈老师提倡的易语文的精髓体现吧。

师：请第二组汇报。

生：文中为什么三次出现"我们是中国人，我们爱自己的祖国"？

师：这个问题很有价值。谁来解答？

生：第一次是老师说；第二次是雨来跟着念，说明雨来接受了爱国教育；第三次说明雨来不屈服。

师：为什么还要出现第三次？难道说不出现这句，雨来就向鬼子低头了吗？

生：这句话体现了雨来的爱国精神。（有点勉强）

生：这更加突出了他的爱国。

师：第三组的同学一致认为雨来是个什么样的孩子？

生：机灵勇敢。

师：有不同的理解吗？

生：顽皮的。

生：游泳技术高。

生：意志坚强的。

师：意志坚强这个词怎么来的？这个词概括的有水平啊。从第几段看出来？

生：从第三、四章看出来。

师：你比我用词准确，我讲错了不应该用"段"，是"章"。很好，第三、四章最能体现作为英雄应具备的特点。（板书：爱国　机智　勇敢）

师：正是这些成就了——

生：小英雄雨来。

师：夸夸组上表现最棒的队员。

师：可能这是你们第一次的合作学习，我建议你们的老师课后把你们的"工作纸"展示出来。我还想用一种更新的方式来学习。能不能演一演呢？哪个章节？对，第四章节——智斗鬼子。（生积极参与）

师：有"女雨来""胖雨来"……（生笑）

课件出示台词：

雨来说："捡来的！"

雨来用手背抹了一下鼻子，嘟嘟囔囔地说："我在屋里，什么也没看见。"

雨来摇摇头，说："我在屋里，什么也没看见。"

鬼子打得累了，雨来还是咬着牙，说："没看见！"

师：现在时髦海选，台上的同学分别读雨来的话，下面的导演评委来评定谁演得最好、最像。

师：请注意第二句第三句，这两句话写的时候前面有什么？

生：动作。

师：这些动作就是说的提示语，请你找出原文。明白提示词是什么，你就知道该怎么读，怎么演。哪个导演执导一下？贵姓？

生：姓何。

师：好，何导，你觉得该怎么导就怎么说。

生：应该有动作。

师：听到了吗？接受吗？应该有什么动作？

生：应该有手上的动作。

师：因为有明确的提示语，所以我们能把动作做好。何导，除了动作还有什么呢？

生：表情和眼神。

师：哪里可以看出来？导演你来导一句吧。（生示范）

师：这位导演给你们示范了。你们觉得怎么样？示范得不错，可是动作没演出来。导演，导演，既要导又要演，再来。（生再试）

师：前面的提示语要读出来吗？前面的要表演出来。导演，我说的对吗？看来剧本没写好。不怪你。你找个编剧。谁来当？看，你的伙伴多好，下课给她编一编。既要写出前面要做什么动作，又要写出后面该说什么话，这样人家就清楚了。再来一次。（生再演，表演得很好，台上的同学表演，其他同学评价）

生：嘟嘟囔囔地说。

师：什么样叫嘟嘟囔囔？

生：比较慢，比较小声。

师：为什么？

生：因为他现在是面对凶恶的鬼子。

师：他要装——

生：装出没有看见。

师：导演导戏关键要把演员带到情景当中，要会说戏，要给他们酝酿情绪。你给他们酝酿酝酿，鬼子多坏？根据你知道的资料来说。

生：日本鬼子对我们同胞严刑拷打。

生：他们打雨来的脸，把他撞在炕上。

师：（问台上的"雨来"）敌人这么打你，你能不能出卖我们的同志和国家？

生：不能。（逐个指导生读句子，演雨来）

师：大家注意看，这时雨来是"咬着牙"，注意后面是什么符号？

生：感叹号。

师：这时雨来心里是怎么想的？为什么这么坚定？

生：因为我爱我的祖国。

生：因为我要打败鬼子保护家园。

师：你把感叹号读出来了，为什么？

生：因为鬼子太可恶了，只会欺负我们中国人。

师：凡是来入侵的，我们一定要打败他。我们全班都一起来读一读雨来说的话，一边做动作一边读。

面对敌人的诱惑他摇摇头，说：——（生齐读）

面对敌人的毒打，敌人都打累了，雨来还是咬着牙，说：——（生齐读）

现在我看到的不仅是一排的雨来，我看到的是一个班的雨来。你们把雨来演好了，演鬼子就不是问题了。

师：你们还可以通过学习小组，有人当导演，有人当编剧，有人来演雨来，有人来演鬼子。注意也像刚才那样入情入境地读。当遇到这些提示语时，一定要把它表现出来，没有提示语的话要自己加以想象，通过动作与表情表演出来。

> **评析：** 此段教学堪称妙笔，妙在形式的处理。将课本剧搬进教室，何其大胆、新奇，但关键是排演要实现教学的有效性——习得、体悟、积累语言文字。陈老师做到了，她只是借助课本剧这一形式让学生不断尝试运用，感受文本中的语言文字精妙所在，通过入情入境的排演，让学生身临其境地感受。妙在导和演的互动。教师身份的确立在这一环节中得到很有意味的演绎。课改之后，不少专家学者对教师身份的定位感到困惑，陈老师启发我们：教师可以是引导者、导演、演员，但不论如何，要注意"变"和"调"，身份不断变化，不要长期霸占一种角色，要时时注意出让主体地位给学生，要注意调和课堂，让教与学相辅相成，让文本和学习巧妙融合。

师：今天我们就学到这里，大家一定对英雄有了更新的认识。你觉得英雄是怎样的？

生：不屈服。

生：爱国。

生：锄强扶弱。

师：是啊，英雄不分年龄，不问出处。战争时期出现英雄，和平年代也有英雄。作者管桦爷爷也是这么理解的，雨来其实是个虚构的人物，但就是因为有无数的雨来，有无数的像雨来那样从小爱祖国，对祖国忠诚的中国人，坚强不屈、机智勇敢的中国人，所以，虽然我们民族屡遭劫难，却依然屹立不倒，巍然矗立在世界的东方。现在，让我们再次深情地呼唤今天这课的主人公——

生：小英雄雨来。

师：让我们和雨来一样深情地说出——

（课件出示）

生：我们——是——中国人。

我们——爱——自己的——祖国！

师：让我们坚定地对自己说——

生：我们——是——中国人。

我们——爱——自己的——祖国！

师：让我们自豪地对世界说——

生：我们——是——中国人。

我们——爱——自己的——祖国！

品课综述:"三不教"与"三教"
——以《小英雄雨来》为例谈长文短教

长文短教一直是热门话题。高年级长篇幅课文陡增,不少教师沿用中低年级时的精讲细琢,不放过任何一个知识点的教学模式,希望在一篇课文的学习中让学生尽可能多地掌握知识,提升能力。这样的教学思想就导致教师用三四个课时完成一篇文章的教学任务还觉意犹未尽,而学生已学得索然无味。福建师范大学余文森教授提倡"有效教学",要提高课堂教学效率,解决"低、慢、空、差"的弊端,让教学变得充实、灵动、有效、活络。长篇幅的课文如何落实这一精神,在有限的课堂时间里实现"有效"乃至"高效"?我觉得关键在于教学内容与教学行为的合理选择上。本文以《小英雄雨来》为例阐述自己的一些看法与做法。

《小英雄雨来》选自管桦的中篇小说,课文讲述了抗日战争时期,晋察冀边区的少年雨来为了掩护交通员李大叔,机智勇敢地同敌人作斗争,歌颂了雨来热爱祖国、不畏强敌、机智勇敢的品质。选文已做了删减,但是篇幅还很长,一些教师和学生往往被这"长""吓"住了。其实解读文本后我们会发现本文内容浅显,故事性强,可长文短教,培养学生的速读、自读、自悟等诸多能力。当然,短教不等于简单教、随便教,短教是建立在深刻把握文本的基础上。经过细细解读文本后,我确定了以下教学思路:首先,以语言文字训练为核心进行适当取舍,合理调控,在教学设计上引入了结合文本的剧本排演,力图让学生习得文本语言后立刻运用于实际表达;其次,在教学方式上多采用自主学习与团队合作相结合的方式进行,老师少讲,以腾出更多时间让学生与文本接触,读文入境,潜心体味,体会文字里蕴含的思想感情,洗涤升华自己的情感;再者,重在根据课堂随机生成的实际情况不断调整教学进程,充分利用课堂生成的资源对课堂教学调控,实现平实、简约、高效的教学。具体做法是"三不教"与"三教"。

一、"三不教"不教什么

第一,建立在已有认知基础上的"不教"。

课文虽长,但故事性强,情节生动,通俗易懂。学生在上课之前收到老师分发的一张"预习工作纸"。内容如下:

> 预习工作纸
> ※《小英雄雨来》我自己读了＿＿遍。
> ※我最大的收获是＿＿＿＿＿＿＿＿＿＿＿＿＿＿
> ※我最大的疑问是＿＿＿＿＿＿＿＿＿＿＿＿＿＿
> ※通过阅读，我觉得雨来是个＿＿＿＿＿＿＿＿＿＿的人，文中第＿＿章节最能体现他这方面的性格特点。

教学中，一定要坚守以学生为主。学生的学习不是零起点，他们有一定的阅读能力，且略读课文具有较明显的独立阅读的性质，就是要学生运用所学阅读知识，进行独立阅读、理解。"预习工作纸"的设计得益于我在香港为期一年的学习。"预习工作纸"中的学习要求设计简单，不会让学生产生畏惧感，但能调动学生主动学习，检验学生自学的效果。余文森教授一直倡导学生先学，然后才是教师的教，他说"当学生已经能够自己阅读教材和自己思考的时候，就要先让他们自己去阅读和思考"。这么长的文章，如果都靠当堂花大量时间去读，时间不允许，效率也不高，因此课前学生在老师辅助下的自学就显得尤为重要。在"预习工作纸"的引导下，学生通过阅读，大多数都能理解雨来的性格特点和优秀品质，并能在相关的章节中找到相对应的语句，这样，课堂上教师就不必逐段讲解。这样的设计开发简约却十分高效，且富有活力。

第二，建立在生生互动基础上的"不教"。

接下来，我让学生快速默读课文，通过合作学习，让学生充分交流，完成以下的课堂"工作纸"。

> 14 《小英雄雨来》工作纸
> 我们是第＿＿小组，组长：＿＿＿＿＿＿＿＿
> 一、通过讨论，我们最有价值的发现是：
> 1.＿＿＿＿＿＿＿＿＿＿＿＿＿＿＿＿＿＿＿
> 2.＿＿＿＿＿＿＿＿＿＿＿＿＿＿＿＿＿＿＿
> 二、通过讨论，我们互相解答问题。但这个问题我们不懂：＿＿＿＿＿＿＿＿＿＿＿＿＿＿？请给予指点，谢谢！（如果都解答了，此空可以不填）
> 三、通过讨论，小组成员一致认为，雨来是个＿＿＿＿＿＿＿＿的人，文中第＿＿章节最能体现。
> 我们组今天表现最棒的是＿＿＿＿＿＿！因为＿＿＿＿＿＿＿＿＿＿＿＿

生生互动是最为平等的合作模式，也是本节课实现短教高效的主要模式。让学生之间相互借鉴学习既是一种学习方式，也是本节课的教学目标；既是实现课程目标的手段，也是课程实施的资源。因为学生有预习，在合作交流时就有话可说，他们从不同的角度汇报自己自学的心得收获，并能比较筛选出"有价值的发现"。如在实际教学中就有孩子们发现：我们中国孩子在敌人面前很勇敢；文中有很多象声词、动词；文章中三次出现了"我是中国人！我爱自己的祖国！"雨来是个特别机智、勇敢的孩子，他是中国孩子的典型。可见学生是能理解课文内容和作者要表达的情感，甚至在一些表达风格上都有自己的独到见解，教师就不必赘述了，只要稍加点拨、激励、升华就好。

值得一提的是，此处虽然为"不教"，但花了十二分钟，我认为这时间花得值，这正是目标指向学生发展的表现，体现着课堂教学为学生学习服务，为学生的自主探究让路的特点。为了避免学生在互动中想当然，等待别人的思考结果，我们给每个孩子都发了"工作纸"，把"写"纳入学习活动中，把题目设计得灵活、宽泛、个性化，最大限度规避合作中的群体依赖。在实际教学中我们发现全体学生都充分调动思维参与到学习活动中，实现同伴的互助，自我的提升，切实提高了课堂的效率。

第三，建立在合理取舍基础上的"不教"。

我们不得不承认，一节课能教得很多，但不是都要"填鸭"给学生。有些不适于本学段的教学任务，不符合学生的认知接受水平，教了也不会的，"不教"！管桦先生笔下的小英雄雨来是那样生动鲜明，且用了"以景衬情"的写法，对于四年级的孩子，我们还不必讲解得面面俱到。就"以景衬情"的写法而言，教了学生也未必就会，因此在学生没有提出此类问题的前提下，我们就可不教，不必在学生面前卖弄学问，故作高深。如果学生自学过程中有涉及，我们就可以让学生通过朗读、对比、想象景色和画面，体会景物描写给我们的感觉，体会这种写法要表达的思想感情。总之，没有停靠点的学习只能是机械的学习，一切要从学生实际出发，贴近学生的心理，才能真正走进学生的心灵。

二、"三教"教什么

第一，有准确目标指向的"教"：服务于言语习得。

言语习得是语文教学的首要任务，并应贯穿课堂教学的始终。因此在整节课的教学过程中，我们要不断给学生营造语言的学习场，让学生感知语言、学习语言、积累语言、运用语言。本案中的语言文字训练主要体现在以下几个方面：

1. 结合课文篇幅长，学生较难一下子把握文章主要内容的情况，我设计了一道"填写序号"的题目。此部分教学，将文章内容概括成小标题，打散顺序呈现，之后让学生选择正确的序号。此举意在帮助学生梳理文章的线索，并随机教给概括小标题的方法，学生在个性化表达的同时，不知不觉又学会了几种概括文章内容的妙招。

2. 聚焦于文章的重点段落"智斗鬼子"一段，通过戏剧表演的方式，让学生围绕描写雨来的句子来读、编、导、演、议、评，在体会人物语言、动作表达思想感情的同时，又学会了注意文中的"提示语"，学会语言表达的方法。

课本剧表演的目的不在于表演本身，而在于搭建一个平台，让学生通过入情入境的排演，身临其境地感受文本中的语言文字精妙所在，不断地进行语言实践，不断习得语言，学得真，学得实。

第二，有清晰的引导过程的"教"：服务于学生个体的吸收与内化。

教学过程实际上是让学生经历发现知识，获取知识，获得良好体验的过程。"长文短教"更应关注学生的情感体验和学习体验，让学生在贴近生活的情境中感受、体会、理解语文，积极探索，大胆发现，并学会用所学的知识解决实际问题。例如，在指导学生浏览课文时，就要提醒学生集中注意力，一边读一边想，理解词句的意思和内在联系，读了以后，能提出自己不懂的问题，边读边动笔，可以画出重点词句，或标出段中的层次，记下自己不懂的问题，提高读书的效果；在学生回答问题时及时纠正学生的口误，让学生注意用语的规范；在学生交流汇报的时候，肯定学生会运用以往学过的方法学习，激发其他学生对学习方法的关注；在合作教学之前，提醒学生"我们每组5个同学都有编号了。每个人的任务是不一样的"；出示课件提出要求"1号：材料收发员；2号：组长，组织讨论；3号：记录员；4号：纪律监督；5号：汇报员"，让学生明确责任，各司其职；让学生反馈小组中认为最难的问题，引导学生自己去探究，去解题；创设学生喜欢的戏剧情境，让学生自导自演，重点辅导雨来说的那几句话，提醒他们注意要联系上下文，关注文中的"提示语"等，加强生生之间、师生之间的互动交流，让课堂更显张力。将学习方法有机地渗透和融入知识的教学中，促进学生养成"方法"的意识，可以更好地服务于学生个体的吸收与内化。

第三，有明确价值取向的"教"：促进认识的形成与升华。

"英雄"是全文的题眼，学生通过自学与合作学习，应该有自己的理解。但学生的理解毕竟还是片面的、肤浅的，教师有责任让学生进一步加深了解，并强化、固化应有的情感。最后的三遍朗读，让师生都激情澎湃，与教学开始的静形成鲜明的对比，把学生的情感推向高潮，更重要的是升华了学生的认识，使"英雄"的内涵定格在学生的脑海之中。

总之，"长文短教"不仅仅是一种方法，它更应该上升为一种理念，一种态度，让课堂高效，让学习扎实，让教学简约，让师生与课堂变得更真实，更快乐。

《开国大典》第一课时教学设计

【教材】

人教版小学语文五年级上册第 26 课。

【教学目标】

1. 学习生字"典""瞻"等。

2. 训练速读和有感情地朗读课文,背诵第四自然段。

3. 自主探究,理解课文内容,感受毛泽东的伟人风采,体会中国人民热爱新中国,热爱毛主席,为新中国的诞生而激动、自豪的思想感情。

4. 读写迁移,学习场面描写的方法。

【教学难点】

1. 让学生通过关键的语句体会开国大典的盛大隆重。

2. 学习场面描写的一般特点(点面结合、突出气氛、层次清晰)。

【教学过程】

一、读题,解题

(一)读课题。

今天我们一起学习第 26 课《开国大典》。

(二)理解"开国大典"。

"典"是本课的生字,记得我们在第五单元的《遨游汉字王国》里曾经介绍过这个"典"字,它和什么字有关系?(册)"典"像把一册册书放在桌上。(教师范写)我们写的时候要注意它的布局要匀称、合理。这个"典"字本意是指重要的文献或典籍,在这里的意思是典礼,"开国大典"是指为新中国成立而举行的盛大隆重的典礼。

二、速读课文,理清条理

(一)训练速读。

1. 指导速读。我们现在是高年级了,要学习用较快的速度浏览文章,获取文本的主要信息。所以现在我们来做个小练习——速读。其实速读还是需要一些技巧的。现在，请把你的眼球放轻松，转动眼球。你发现了什么？你会发现你看的面变大了。你要想速读，重要的就是眼球转动的速度要快，最关键的是注意力要集中，边看还要边很快地思考。

2. 下面咱们来训练。（出示"阅读菜单"：给大家一分钟，看看大家能获取多少信息。学生自由速读一分钟，教师边巡视边计时。）

（二）检查速读，理清文章表达顺序。

1. 第一遍看完了，读懂了什么？（出示"阅读菜单"：开国大典的时间、地点、参加人数。）

2. 根据"阅读菜单"，理清文章条理，提炼场面描写要注意条理清晰。

（1）出示选择题，让学生再读课文，选择文章正确的写作顺序。

（2）根据学生的回答，绘出文章顺序的思维导图，并让学生读出，用"人眼摄像机"拍下。

（3）总结：读描写场面要注意理清条理，写类似的文章要注意写作的顺序。（板书：理清条理）

三、自读自悟，重点学习"典礼中"部分

（一）学生自读课文，批注感悟。

1. 现在我们把目光聚焦到课文最重要的部分，也就是课文的第五～十自然段。速读是为了理解大意，但重要的段落我们还要"回视"，慢慢品味。

2. 请大家自由地读这几个自然段。读书应该要留下读书的痕迹。（出示"阅读菜单"：回读第五～十自然段，边读边圈点勾画，做批注，看看你自己读懂了什么）自己读，开始，不赶时间慢慢地读。

（二）让学生上台板书自己批注的关键词。

让学生上台板书有代表性的批注或画的词语，把叙述体会内容的词语和对写法感悟的词语做简单的区域划分。让学生交流自己的自学收获，顺学而导，以学定教。相机随文学习生字新词，通过让学生寻找文中重复出现的词语，帮助学生理解文章中难理解的句子，体会文章中的思想感情，学习场面描写的方法。

1. 通过朗读五个带"一齐"的句子，体会人民热爱新中国、热爱毛主席的感情，以及激动的心情，学习庄严热烈的场面描写。

A. 你有一双慧眼，发现了一个重复出现的词"一齐"，说说自己的体会。

B. 请找出这五句带"一齐"的句子，说说自己的批注。

C. 联系学过的课文和课外阅读的文章说说自己了解的毛主席，通过想象三十万人不约而同的反应，谈自己的感受，归纳。

（板书：点面结合）

2. 通过让学生用鼓掌再现三句出现"掌声"的句子，理解作者用词的准确，感受现场热烈、激动的场面气氛。

A. 教师读句子，请全体学生来表现不同的掌声，理解文章句子的含义。

B. 让学生说自己的批注，理解比喻的写法，感受场面的热烈。

C. 朗读再现，积累语言。

D. 适时归纳写法。（板书：突出气氛）

3. 学习第七自然段："这庄严的宣告，这雄伟的声音，使全场三十万人一齐欢呼起来。这庄严的宣告，这雄伟的声音，经过无线电的广播，传到长城内外，传到大江南北，使全中国人民的心一齐欢跃起来。"

A. 同学们，毛主席宣布："中央人民政府成立了！"——成立了，成立了！为什么老师在这里连说了三个"成立了"？仿佛这声音在——回荡。更重要的是它震撼着每一个中国人的——心。这宣告传遍了北京，整座北京城都知道新中国成立了，传到了上海，传到了新疆……传到全国各地，全国人民都知道新中国成立了。

（板书：新中国成立了！）

B. 朗读，想象体会情感。全班学生有感情地齐读："这庄严的宣告，这雄伟的声音，使全场三十万人一齐欢呼起来。……"

请同学们用几个词来形容一下旧中国人们的生活。（水深火热、民不聊生、妻离子散、流离失所、无家可归、背井离乡……）

C. 句式训练。师生互动练说："当_____的人，听到这庄严的宣告，他一定_____！"

D. 反复朗读感悟并熟读成诵。

4. 通过学习"升国旗"部分，学习新词"瞻仰"，联系学生生活实际中"升国旗"的各个场面，促进学生进一步理解国家和个人的关系，激发学生的爱国热情。

A. 第一面五星红旗升起来了，多么神圣，多么伟大！让我们带着崇敬的心情一起来读这句话。

（学生齐读："三十万人一齐脱帽肃立，一齐抬起头，瞻仰这鲜红的国旗。五星红旗升起来了，表明中国人民从此站起来了。"）

B. 谁来说说自己在这句话旁的批注？

C. "瞻仰"就是你说的抬头看吗？注意字形，是"目"字旁。

D. 同学们，在什么地方会升起五星红旗？在什么时候会升起五星红旗？

（点击课件后指着句式训练题）

"当五星红旗在联合国大厅里升起的时候，表明——我们中国人在世界有地位了。"

"当在奥运赛场上五星红旗升起来时，表明——中国人强大了，不再是东亚病夫了。"

"当我国的宇航员翟志刚在太空挥动五星红旗时，表明——我国的科学技术水平提高了，我国已跻身世界前列。"

这一切的一切都说明我们中国人从此——站起来了！（板书：中国人民站起来了！）

E. 再读句子，读出自豪感。

5. 鼓励学生自学，批注。

这个（指着一位学生写的"反复"）是我们这位同学的专利。他不仅理解了文章的内容和作者的思想感情，更重要的是他对文章的写法有了理解。其实，批注是我们的再创造。我们的毛泽东主席很爱读书，他读书的时候就经常在字旁做批注。现在有一些出版社还把他的批注编成了书，因为这是他自己独特的智慧和才华的体现。所以大家也要像刚才好多同学那样，爱读书，爱批注，留下我们学习的痕迹。

四、读写迁移，当堂练说

（一）通过板书，总结全文。

同学们，今天我们通过自读自悟，学习了《开国大典》的重要段落，感受到了新中国成立时人们激动、喜悦、自豪的心情，以及对毛主席的热爱之情，了解到了描写场面的文章要注意点面结合、突出气氛、层次清晰。

（二）练说《清晨的礼赞》，学习有意地观察与表达。

1. 我们学校每周一也有升旗仪式，我们能否也去仔细地观察体验呢？

2. 下周一的升旗仪式后我建议同学们写一个片段——《清晨的礼赞》。（点击课件后指着屏幕）也学着这样描写一个场面：

"星期一的清晨，……"

"我来到学校看到校园……"

"广播响起来了，全校的同学一齐……"

"校长宣布……全场一齐……"

"五星红旗升起来了，老师同学一齐……"

"望着鲜艳的五星红旗，我仿佛……我仿佛……"

（学生小组一人一句地练说，教师指导说通顺，说完整。）

品课综述： 迈向有效教学的新境界

2011年版《课标》指出，"语文课程是实践性课程，应着重培养学生的语文实践能力，而培养这种能力的主要途径也应是语文实践……在大量的语文实践中体会、把握运用语文的规律"。落实学生的语文实践是语文教育的本质特征，陈曦老师倡导的"不教之教"教学观正是基于落实学生自觉自我的语文实践提出来的。如何有效落实学生自觉自我的语文实践呢？陈曦老师的《开国大典》教学设计给我们以很好的示范。

一、目标靶向，体现语文核心价值的基本点

本课教学设计，陈曦老师关注三个基本点，即教材的特点、学生的基点和课标学段要求的重点。从教材特点看，本课课文篇幅长，是学习场面描写的很好范例；从学生基础看，理清长篇课文的脉络是难点，有序、有意地观察与表达是弱点；从课标学段要求看，快速默读、浏览获取信息，把握文章表达顺序，体会有关词句的意思及其表达效果等是本学段的学习重点。陈曦老师有机整合基本点的主要元素，有针对性地设计了一系列语文实践活动，把学习的主动权交给学生，让学生在多层次和多形式的语文实践中获得直接的、丰富多彩的体验和感受。

例如：为了让学生把握文章立意和情感基调，教师设计了"读题"的语文实践；为了让学生迅速把握长篇幅课文的主要信息，教师设计了快速默读、浏览的语文实践；为了让学生在短时间内理清长篇幅文章的脉络及表达的顺序，教师设计了"阅读菜单"的辅助性阅读实践；为了让学生获得自主阅读体验、推想有关词句的意思和表达效果，教师设计了学生批注式慢读、细读的语文实践。陈曦老师设计的语文实践活动，目的是培养学生的主体意识和实践意识，让学生在自觉自我的语文实践中提高自身的语文素养，以达到"不教之教"的理想境界。

二、教学实施，关注动态生成的思维跃动

如果说陈曦老师的教学设计是在为落实学生自觉自我的语文实践做精心谋划的话，那么陈曦老师的课堂则是学生自觉自我的语文实践施展的舞台了。

片段一：陈曦老师先是利用学生已获取的信息组织学生填写第一个"阅读菜单"；接着要求学生再用一分钟浏览课文，完成第二个"阅读菜单"；然后要求学生回读第五～十自然段，完成第三个"阅读菜单"；最后将三个"阅读菜单"的信息整合为课文脉络图，由学生逐行念脉络图。

分析：陈曦老师用"阅读菜单"辅助阅读的方式，帮助学生在短时间内理清长篇幅文章的脉络，教学方法简约、平实、方便、有效。"阅读菜单"能提示学生

有意识地阅读，其生成点具有多元性，既有利于提高学生整体把握文本的能力，又有利于培养学生的概括能力，还有利于把长文读短、把短文读长等等。

教学启示：资料导读能节省课堂问答时间，有效促进学生自觉自我的语文实践。

片段二：陈曦老师先让学生确定课文最重要的部分——"典礼中"，接着让学生慢读、细读这部分句段，要求边读边想边批注。陈曦老师还在巡视中不时示意学生在黑板上写自己批注的关键词。学生认真阅读、批注，多位学生在黑板上写下自己的批注。之后，陈曦老师组织交流，让学生解释自己的批注及对有关词句的理解，获得交流分享的信息后还让学生再次阅读相关词句，感受相关词句表情达意的效果。

分析：本片段教学中陈曦老师安排了两个层面的阅读实践。其一，让学生慢读、细读"典礼中"的段落，让学生在已有知识经验的自然状态下独立阅读，在阅读中获得体验与发现并做批注，这是学生自读自悟的生成点；其二，让学生交流与分享阅读批注和对有关词句的理解，并要求学生带着分享的信息再次阅读相关词句或语段，学生在这种感受性阅读的实践中又会形成新的生成点。

教学启示：自然状态下的自读自悟能让学生获得成功的体验；互动交流可让学生获得新信息；获取信息状态下的阅读实践能进一步提升自身语文水平。陈曦老师不仅关注学生自读自悟的生成点，而且能利用这些生成点让学生获取新的生成点，这又是"不教之教"的奇特功效。

三、价值延伸，确定自主探究的着力点

学生自觉自我的语文实践具有三个层次：第一是基于个体已有知识经验进行自然状态下学习的语文实践，主要追求体验与发现；第二是个体在获得相关信息的基础上进行感受性学习的语文实践，主要追求相关语言的感受与积累；第三是个体在目标导向下进行探究性学习的语文实践，主要追求语文知识向语感、能力的转化。以上第一层面的语文实践是基础，第二、三层面的语文实践对于提升学生的语文素养起到了关键作用。本课教学，陈曦老师不仅注重培养学生阅读理解、感悟、积累等方面的能力，而且引导学生在课后观察升旗仪式的场面，让学生尝试抓重点、抓特点进行有序表达，使学生的学习有目标、有凭借、有意识、有想法，有效促进了学生语言文字运用能力的提高，达到了其倡导的"不教而教"的教学境界。

福建省普通教育教学研究室　陈建志

《电脑住宅》第一课时课堂观察

> 课堂实录

【教材】

人教版小学语文四年级上册第 30 课。

一、以读把握整体，以方法引导略读

师：今天，我们要学的是第 30 课——

生（齐）：电脑住宅。

师：细心的孩子会发现，这是一篇带星号的课文。这说明它是略读课文。你是怎么理解的？

生：自己学习的课文。

师：自己学，要怎么学才算学会？

生：把生字念熟，熟读课文。

师：非常好，这是认识课文的第一步。

生：还要把课文理解完整。

师：好的，也就是说，要了解课文写什么。（板书：写什么？）

师：除了知道课文写了什么，还要知道什么呢？

生：怎么写。

（板书：怎么写？）

> 评析：开宗明义，了解略读，聚焦"写什么"和"怎么写"，渗透教之重点；引导学生发现"怎么写"的秘密、品味"这样写"的好处，尝试"学着写"。

师：这两个问题在课文中都能找到答案，就让我们自己来解决。翻开课本，看看我们的任务。其实学习是很轻松，很容易的。

（师出示课件：初级易学任务卡 1.自由读课文，努力读正确，读流利。）

师：这个任务难不难？不难吧。如果你能够做到，可以在课文的题目旁边给自己画一个笑脸。（学生自读课文）

师：我们钱塘小学的孩子真会读书！刚才陈老师走了一圈，看到很多同学在书上都留下了自学的痕迹。这是一个学习的好习惯。那么这篇文章，你们能够做到读得正确、流利吗？能做到的举手！（学生全体举手）

师：好，小手如林！班长来当小老师好不好？检验一下同学们是不是能把课文读得正确，读得流利。请上来！（班长上台）

师：我是当了二十多年的老师，你是小老师。想不想听一听我这个老师给你的一点小建议？待会儿你可以做得更好。（小老师指名读句子）

生：电脑储存了中餐、西餐和日本菜等的烹调方法资料。

小老师（评价）："餐"字是平舌音，不是翘舌音。

生：它们各有各的职能，分工负责，同时又互相连接，以便对环境作出综合判断，为主人提供舒适的生活条件。

小老师（评价）：全部读对了，读音也读得更标准，但是应该读得更有感情。

师：你为什么让同学读这句话？

小老师：因为这句话中有课文的生字"综"和"判"，比较难读。

师：好，感谢班长，也感谢这几位同学。你看，这705个字其实一点都难不倒大家。我们的班长可有智慧了，她找的句子，是最难的句子，里面隐藏着生字。把最难的句子都读好了，其他的句子就不是难题了。能够把这个任务完成的同学，请你在课题旁边给自己画一张笑脸。

> **评析**：朗读，是敏锐语感、储蓄语料的重要方式，略读课文的教学也不例外。只是略读课文的朗读也有"略"的特点：一是发挥"小老师"的作用；二是针对难点而不面面俱到，一举多得，把"学生主体"和"学习主线"落到实处。

（师出示课件：初级易学任务卡 2. 请大家快速默读课文，仔细检索课文，说说哪两段话总的介绍了电脑住宅的特点。）

（生默读课文）

生：课文的第一自然段和最后一个自然段。

师：同意的同学请举手。（学生全体举手）

师：我们一起来读一读。（生齐读）

师：这是课文的第一自然段，也就是文章的开头，总起全文。我们再来读一读课文的最后一个自然段。（生齐读）

师：这是文章的结尾，而且还补充说明了电脑住宅的功能和作用。在文章的开头和结尾，对文章的主要内容进行了一个概括，这种写法是什么？

生（齐）：首尾呼应。

> **评析**：默读，是最重要的阅读能力，随着年级的升高，阅读和阅读教学越来越依仗"默读"——在默读中思考、在默读中想象、在默读中圈画批注、在默读中提高默读速度。完全可以这样说，没有充分的默读和良好的指导，就没有阅读教学，也培养不了阅读能力。陈老师在这里渗透性地教给学生一种"略读"方法——关注文章的首尾，这是一种非常重要的"略读力"培养。

（师出示课件：中级易学任务卡 1. 对比课文中间部分，说说你的发现。）

生：老师把中间的段落合并成了一个自然段。

师：你觉得这样好不好？

生：我觉得不好。因为《电脑住宅》不是只讲一个地方。

师：是的。其实《电脑住宅》这篇文章介绍了好多个地方不同的功能。像这样一个个段落，我们一看，就能马上检索出其中重要的信息。不信，你们看，第二自然段写的是什么地方？

生（齐）：大门。

（师依次罗列课文第三至第七自然段）

生（依次齐答）：会客室、厨房、卧室、浴室。

师：分段之后，你们就会发现，文章看起来怎么样？

生：清楚。

生：让人思路清晰。

师：是的，这就是说明性文章的一个很重要的特点——条理清晰。

（板书：条理清晰）

师：能不能把自己的收获记录在课文的旁边？学会做课堂笔记。

师：以后，我们写不同的地方，可以学着按照一定的顺序，可能是按参观顺序，也可能是按自己移动的顺序来写文章。我们又学会了一个方法。同学们，看来这些问题难不倒你们，奖给自己两张笑脸。

> **评析**：没有对比，就难有发现。陈老师运用"对比"这一方法，引导学生发现一个自然段就写一个内容，一个内容用一个自然段来写的好处——条理清晰。条理清晰说明思路清晰。写文章要思路清晰，读文章则循着作者的思路去读，"作者思有路，遵路识斯真"（叶圣陶语）。陈老师要求学生做"课堂笔记"——这是一种良好的学习方法，四年级开始培养，正当其时。

二、略读也要精读，"精"出"略"的特点

师：你们奖励了自己，陈老师也奖励给你们一句话，谁愿意来分享一下这句话？

生（读）：在新的科学宫里，胜利属于新型的勇敢的人，他们有大胆的科学幻想，心里燃烧着探求新事物的热情。——阿·费而斯曼

师：他是苏联一位著名的生物学家和化学家。这是他的一句名言。让我们也带着"燃烧着探求新事物的热情"，进入到第三个环节。

（师出示课件：中级易学任务卡　2. 读了课文，电脑住宅给你留下了怎样的印象？这是一栋_____的住宅。）

生：这是一栋舒适的住宅。

生：这是一栋方便的住宅。

生：这是一栋安全的住宅。

生：这是一栋高科技的电脑住宅。

师：很好！说明你们读懂这篇文章的内容了。同学们，想不想知道陈老师的答案是什么？我的答案也是两个字。这是一栋干净的住宅。想一想，为什么陈老师用"干净"这个词呢？

生：因为一切都由电脑控制，电脑帮助这栋电脑住宅变得井井有条，所以很干净。

生：可以看第四自然段，里面有一句话，"沿着门厅走进会客室，发现里面只有几件家具"。所以看起来很干净。

> **评析**：把文章读成一个词，不容易，更不容易的是说明理由——这是引导阅读从具体到抽象，又从抽象到具体，如此几个来回，学生阅读能力潜滋暗长了。同时，陈老师在尊重学生的阅读基础上，也不忘教师的引导作用，把学生自主学习与教师引导学习有机融合。

师：同学们读书很细致认真，但是不能仅仅停留在内容上。你们看这段话。（师出示课件：第三自然段）你们边读边大胆地想象，你们能不能进入这个电脑住宅的大门？（生默读课文）

师：如果不看这段话，你现在能不能用你自己的话来说一说，你是怎么进入这个电脑住宅的？

生：要经过主人同意之后，才能进入电脑住宅。因为陌生人即便知道密码，也无法进入大门。

生：只有主人认识的人，才能够进入住宅。有的时候，就算是认识的人，主人不同意，他也无法进入住宅。

师：能不能用自己的话来表达？

生：想要进入住宅，必须要知道密码，还要经过主人的同意。

师：这段话，能不能删掉一些字？能不能改？（生纷纷摇头）

> **评析**：用自己的话来说作者的文，实质是将被动语言转化为主动语言，由"读"作者的文到"说"自己的话，是学习语言文字运用之道。

师：实践一下。不要迷信作者，不要迷信课文。试一试，改一改，删一删。
（生凝神思考，动笔写写画画）
生："想要"改成"要"。"必须"改成"一定"。
师：读一读这个句子，读完整。
生（读）：要进入住宅，一定要知道密码，还要经过主人的同意。
师：你觉得"必须"好，还是"一定"好？
生："必须"好。
师：为什么？我们经常问，这件事情要做吗？必须的。
生：对。
师：这个"必须"重要吗？
生：重要。
师：所以，同学们，这一段的文字删不掉，改不了，干干净净，一目了然。这就是你们的又一个发现，文章的语言表达极其严谨准确。（板书：语言严谨）

> **评析**：说明性文章的语言特点——严谨，如何引导学生感受到？——对比。通过比较，"严谨"的特点一目了然。为模仿运用作铺垫，只有让学生真切地感受到好，才会自觉地学着用。

师：不仅是这段，下面的几段也是这样。不信你们下课后去试一试。所以郭沫若有这么一句话，我想把它作为第二轮的奖品送给大家。
生（齐读）：既异想天开，又实事求是，这是科学工作者特有的风格，让我们在无穷的宇宙长河中去探索无穷的真理吧。
师：好的。"让我们在无穷的宇宙长河中去探索无穷的真理吧"，同学们，你们再看看第三自然段，自己读一读，看看在写法上还会有什么发现。
（生浏览课文）

> **评析**：教材是例子。教也是例子。关键在以一例得法而后学多例——举一反三。此"一"是一粒种子，要会生长。会生长，必汇聚能量——有思考、有方法。如果学生有思考、有方法地学"一"，必能以一反三，一通百通。

师：现在同学们把书都放下。如果我们都来到电脑住宅门口，由你来写电脑住宅，你还会写什么？我们班的写作高手是谁？
生：我可能会先写电脑住宅的外形。
师：就写大门。你还会写什么？

生：我会写它的外形特征。

师：讲得非常好，你很善于观察，继续大胆想象。

生：还会写大门上面的一些纹路，大门的颜色。

生：大门的装饰、材质。

生：大门的高度、宽度。

师：对，这是我们正常人的写法。但是翻开书看第三段，你们找得到吗？对比一下，思考一下，问题就出来了。谁能提一个问题？

生：为什么这个自然段里没有写大门的外形特征和详细内容呢？

师：你真了不起。现在问题提出来了。为什么呢？

生：因为《电脑住宅》这篇文章是说明文。

师：说明文就是要说明这个事物与众不同的地方。你们现在快速检索后面的几个自然段，是不是也发现同样的问题？那么谁能总结一下，说明性文章的另一个特点是什么？也用四个字。除了条理清晰、语言严谨，写的时候还要突出——

生：与众不同。

师：你真厉害。与众不同就是特点。写这种说明性的文章，一定还要重点突出。这个重点，就是它与众不同的地方。你们太了不起了，奖励自己三张笑脸。（板书：特点突出）

> **评析**：这就是"略"读中的"精"读。首先，陈老师运用"连接"的阅读策略，不断地将文本与学生的经验连接起来，在学生经验与作者经验的"碰撞"中生出"火花"，悟得表达的智慧。其次，再次举一反三，强化"特点突出"的说明文的表达特点。

师：我看到很多同学已经有好几张笑脸了，这都是你们努力的结果。加油！

师：快看，同学们，这个字认识吗？（师出示课件："宅"字的字源演变）

生：宅。

师：对了，这个是最早的"宅"字，是甲骨文。从这个字形上看，你能猜想出什么？

生：就是像一个住宅的样子。

生：像一个房子里住了一个人。

生：一个人在舒适的房子里住着。

师：对了，这是古代人们对美好生活的向往。可以告诉大家，其实最早的住宅呀，是山洞。但是后来人们发现，到了平地后，没有山了，没有山洞了，怎么办？（师出示课件：住宅的变化）

师：自己造了草房子。可草房子不结实，风吹雨打就不行了。怎么办？进一步改进，有了瓦房。瓦房不牢固，有了砖房。砖房不够住了，还可以变成楼房，更坚固了。为了更舒适，更美观，有了别墅，还有了高科技的电脑住宅。

> **评析**：析"宅"而得语文味，而得文化味，使得说明性文章的学习不至于过分理性，而失儿童学习的趣味。

三、引导学生反思文本，统整阅读与表达能力

师：是的，同学们。人类就是这样，不断地发现问题，不断地解决问题。我们生活在一个非常幸运的时代，一个科技发达的时代。这个电脑住宅，我在百度上搜索一下，让我大吃一惊。这个电脑住宅，其实是十几年前就建成的，到现在早已经过时了。不信你们看，其中的好些东西，现在很多人家里都有了。特别是像热水器，有密码控制，还有热水预约，是不是都已经普及了？可见啊，人们在不断地努力，科技在不断地进步。科技改变了人们的生活。多神奇啊！但是再好的科学技术，都有不足的地方。谁要是能够发现不足的地方，谁就可能成为科学家，成为高级工程师。

（师出示课件：高级易学任务卡 从自己最喜欢的段落中，找一找电脑住宅的不足之处，或可以改进的地方）

（生读书思考）

生：在倒数第二段。它没讲这个住宅的热水可以控制温度，万一太烫了怎么办？

师：你觉得这里还不够科学是不是？好的，现在你觉得能不能控制温度？

生：现在也许可以。

师：有没有现在还没有解决的，你再想想看看，能不能够找出它的不足？

生：倒数第三自然段。"房子四周的防盗系统都进入工作状态"，如果它开始报警，主人在熟睡中没醒来怎么办？

师：你发现了它的漏洞了。

生：这边只讲到了可以自动关上窗户，还没有讲到可以自动关上窗帘，万一还有外面的光透进来，也有可能会影响睡眠。

师：你真是非常细心体贴。

生：如果说是空调系统减弱风力的话，那春天我们不用空调，它也会减弱风力？

师：是呀，这不是浪费资源了吗？

生：要是主人突然迟回家，那热水不是凉了？

> **评析：**学生是活生生的人。活生生的人才能把文章读活——就是建构。陈老师不断地引导学生把自己"摆进"文本中，获得活生生的体验，以丰富学生的感受和理解力，同时也培养学生的评价和欣赏力。

师：所以呀，所有的这些设施都是可以改进的。另外，你们有没有发现，电脑住宅里还缺少了一些房间？你们家现在都有儿童房了，电脑住宅有没有？没有。真的是过气了。宠物间有没有？你们想不想有宠物间？想的举手。（生纷纷举手）

师：哇，这么多小朋友喜欢养宠物。谁很想很想养，但爸爸妈妈不让养的，举手。说说为什么。

生：我外公怕毛沾他身上会感染狂犬病，也怕脏。

生：我爸天生怕动物。

生：怕宠物随处尿尿或者便便。

师：是啊，非常麻烦。但是人是最能够创新，最能够去想象，最能够去用科技改变现实的。下面，我们再来个比赛好不好？来，我们开始动手。

师分发纸张并出示课件：请你当个设计师——

改进版：选择其中的一个区域进行改进。

原创版：你也可以设计一下儿童房、宠物间或书房等，让我们感受到电脑给我们生活带来的舒适与便捷。建议用上自己收集到的词语

师：要么你选择其中的一个区域进行改进，要么你选择设计一个新的房间。请注意，一定要加上你的想象，大胆地想象，发现它的问题，另外尽量做到语言简洁干净，让人一目了然。（生动笔书写）

师：今天老师非常高兴，因为我们一起徜徉在电脑住宅，一起去享受科技带给我们的魅力。其实，我们的快乐来自于学习，来自于想象，来自于科学的进步。我相信，只要你们不断地想象，不断地学习，不断地努力，我们会慢慢地改变自己，也改变我们的生活。那今天这节课就先上到这里。

> **评析：**心理学家以实验证明，学了就用，学习效果好。陈老师深谙此道，一方面，引导学生感受到作者表达得好，学生学到一招半式，那么，就小试牛刀用起来。另一方面，要提高学生的书面语运用能力，非要在阅读书面语中向作者学习书面语表达不可，统筹读与写、统整读与写，是学习语言文字运用，提升语文素养的不二法门。

品 课 综 述： 把准说明性文章略读特点， 聚焦学习说明性
语言文字运用

  陈曦老师非常精准地把握说明性文章和略读课文的教学目标要求，把握学习阅读和学习表达统一的阅读教学特点，引导学生运用良好的阅读策略和适当的学习方法学习语言文字运用。教学过程中，她不在内容上纠结，不在所谓关键词句上彷徨，而是注重说明性文章的写作方法和学生想象力的培养。整个教学过程，她既尊重学生自主学习，又不放弃教师组织引导；既重视条分缕析的理性，又不失"语文味"的感性；既重视培养感受、理解、评价和欣赏等阅读能力，又通过品味典型的遣词造句、构段谋篇，甚至"现学现用"来培养表达能力，不失为一个略读说明性文章的教学好例子。

福建省普通教育教学研究室　黄国才

《再被狐狸骗一次》教学设计

【教学目标】

 1. 学习阅读叙事性作品，培养学生快速阅读的能力。

 2. 了解故事梗概，练习抓住主要情节概括主要内容。

 3. 能够简单地描述自己印象最深的场景、人物、细节，说出自己的感受，体会作品的情感并从中领悟文章的表达方法。

【教学重难点】

品读"第二次被骗"中的细节描写，感悟狐狸的形象。

【课前活动】

 1. 谈话。

师：孩子们，知道老师来自哪里吗？（师相机介绍自己）

师：你去过内地哪些地方？（广州）广州又叫什么城呢？（羊城）

 2. 看图片，说印象。

（师出示羊的生肖图片）

师：羊，给你的印象是什么？（温顺吉祥）

师：不同的动物给人的印象是不同的。（依次出示牛、猪、猴的生肖图片）

师：牛勤劳、朴实、肯干；猪好吃懒做；猴聪明、机灵……

3. 过渡。

（师出示红狐狸图片）

师：那么狐狸呢？（狡诈、善骗……）

师（过渡）：今天，我们要来学习一个关于狐狸的故事。（课件出示课题）这是来自著名作家沈石溪笔下的狐狸。

【教学过程】

一、简介作者，揭题

师：你们知道他吗？（出示沈石溪图片及其简介）

课件出示"沈石溪"：

简介沈石溪。

沈石溪，原名沈一鸣，上海人。1969年赴西双版纳落户插队，在云南边疆生活了18年。1972年到当地山区小学当教员。1980年开始从事业余文学创作。其动物小说别具一格，在海内外赢得广泛声誉。他本人也被誉为"中国动物小说大王"，已出版作品500多万字，曾获得"中国作家协会全国优秀儿童文学奖""中国图书奖""冰心儿童文学新作家大奖""台湾杨唤儿童文学奖"等多种奖项。

师（过渡）：今天我们一起来阅读《再被狐狸骗一次》。（出示课题并齐读）

二、初读，了解故事梗概

1. 看课题，猜内容。

师：看着这个课题，你觉得这个故事可能会写些什么？

师（过渡）：带着你们的猜想快速浏览这个故事。温馨提示：快速转动眼球，迅速找出故事中时间、地点、人物、事件。

2. 抓情节，概括主要内容。

师：这个故事讲了一件什么事？

师：如果语言再简练些就更好了，谁再来试试概括一下？

师：这是一篇较长的课文，又是小说，我们概括有一定的难度，以下是主要情节，请大家讨论一下，帮忙标出序号。

师引导归纳出主要情节：

买回阉鸡，路遇"伤"狐

放下阉鸡，欲捉狐狸

狐狸突活，阉鸡被叼

上当受骗，心生恼怒

再遇狐狸，故伎重演

施苦肉计，掩护妻儿

明其骗术，甘心被骗

妻儿安全，公狐死去

师（小结学法）：同学们，这篇课文是一篇长课，我们今后在概括小说主要内容的时候，可以抓住主要情节或事件，用最简练的语言来概括。这种方法可以用到以后的阅读中哦！

3. 画思维导图。

师：如果让你画情节图的话，你会怎么画？（师引导学生画思维导图，学生情绪波澜）

重点：用波浪线来画出一波三折的情节。（开端、发展、高潮、结局）并在思维导图上标识。

画图强调：第二次"骗"为高潮，一波三折，一计不成又生一计，小说情节就是这样引人入胜。

三、细读第二次被骗部分

1. 聚焦"第二次被骗"，品读眼神、心理部分。

师：请大家看这个思维导图，"再被狐狸骗一次"，为什么又被骗一次？请同学们聚焦第二次被骗部分，细细品读，找出最打动你的情节，画出最感动你的句子，并想一想为什么。开始吧。

2. 学生交流汇报，教师相机引导点拨。

师（小结）：文中的人物主要是作者和狐狸，对这二者的描写是交错进行的。人物主要是描写心理活动，狐狸主要是眼神、动作的描写。

四、朗读升华

1. 教师提供音乐，学生读感受最深的部分（心理活动描写部分、眼神描写部分）引导学生从狐狸的动作、叫声、神情等方面"牛嚼"体会狐狸的情感。

2. 教师提醒学生，本文是动物小说，引导学生品读，讨论升华。

师：现在，在你眼中，这是只怎样的狐狸？

3. 教师小结。

五、拓展延伸

师（过渡）：你们觉得动物小说好看吗？精彩吗？（指生自由说）

1. 推荐沈石溪作品。

2. 推荐国内外的动物小说。

品课综述：立足"三化"，化难为易

阅读课堂教学，旨在提升学生语文素养，凸显儿童本位。以《再被狐狸骗一次》为例，本案正是基于"简易""不易""变易"的教学理念，化繁为简，通过教学中三个重要转变，实现课堂教学的"自然美""生长美"和"中和美"。

一、文本处理的"童化"

解读文本，教师应当有多维视角。在解读处理文本时，教师首先要设身处地站在儿童的立场上，用儿童的心灵去亲近文本，用儿童的眼睛去发现文本中儿童易于接受的部分，并用儿童乐于接受的方式指导他们学习。教学的任务不是考虑如何把文本教给儿童，而是充分尊重儿童的个性体验，给予儿童更多时间，引领他们去感受，去体悟，去接受，去借鉴。这样的转化，才能使教学的效果得到保证。具体说，我从以下几个方面入手。

1. 定向：拟定教学目标。

教学目标的设定要因"人"制宜，全面了解学生，观照学生，考虑学生的实际状况及发展的可能性。我在香港执教《再被狐狸骗一次》，这篇文章近4000字，如此长的文章，对于香港的小学生来说，在没有预习的基础上，要在一个课时内学完，的确有难度。备课时，我充分注意到香港学生阅读速度较快，合作学习策略掌握较好的学情，关注其与内地儿童的群体差异，考虑到香港和内地教学风格的迥异，做出合理化设计，遂拟定如下三个教学目标，在阅读这条轨道上，为儿童做好"定向"：①培养学生快速阅读、了解文章梗概的能力；②通过品读自己印象最深的"人物"细节描写，体会文中的情感，初步感悟动物小说的表达方法；③激发学生阅读兴趣，引导学生阅读动物小说。此三个目标指向明确，它以提高儿童阅读能力为核心，意在向儿童打开动物小说阅读之窗，让儿童以文本为例子，在一个课时的阅读实践中，了解主要内容和情节，感受主要"人物"，在此基础上进行语文实践，品味语言，体会小说情感，从中领悟文章的表达方法，又体验人文情愫。这是学生经过努力可以在不同程度上最终抵达的目标。教师依托文本，面向学生未来的阅读，传递给学生学以致用的信息，提升学生语文素养。

2. 导航：精选教学策略。

方向确定后，如何到达就成为关键。教学有法，教无定法，要为儿童阅读提供导航系统，给予切实可行的教学策略。教学策略的选择强调要因"情"制宜，调动学生的情绪，激发学生主动学习的热情。因此，在本课的教学中，我充分尊重学生，着重采用两个教学策略：各种方式的阅读综合采用，珍视他们的阅读初体验，让学生在"鲸吞""牛嚼"的阅读实践中学习阅读方法，提高阅读能力；改变传统单一的阅读方式，让他们在自主阅读、合作分享中，充分体验作为发现者、研究者、探索者的快乐，获得成功的体验，课堂学习始终保持较高的兴趣水平。

3. 清障：施与辅助性教学设计。

考虑到《再被狐狸骗一次》中有不少学生可能不会读不理解的词语，我给小说中的生僻字加上了注音，给不易理解的词加上注释。这样，扫除生字词障碍，方便学生快速进入文本，理解、感悟、迁移等其他阅读活动也都基于此展开。此外，小组合作，同伴互助，资源共享等，都给予香港儿童较大的阅读辅助，让他们能够在一节课的教学时长内有效完成阅读任务。

二、教学过程的"简化"

大道至简。只有简约，才能赢得更多生成和生长的时间与空间，在服务学生学习的前提下，把复杂的问题简化，让教学过程简约，使课堂环节简单而易于操作。《再被狐狸骗一次》虽然是一篇长文，但我设计的教学环节只有三个。

1. "鲸吞"——学习速读，学会抓主要人物"公狐"和关键词"骗"，科学用眼动脑，快速进入文本。

从最能吸引儿童的情节入手，通过让学生找与小说的主要内容最匹配的句子，了解学生掌握小说的主要内容情况。此环节提升了学生"速读"能力。学生通过比较答案校正自己概括能力的"偏差"，练习在阅读中获取关键信息，迅速进入"阅读场"。

2. "牛嚼"——品味小说的语言，体会公狐情感，感受其形象。

在课堂上提醒学生关注文体是动物小说。通过一位名作家说过的一句话"他写了千万个故事，但读者记住的都是其中的人物"，引导学生仔细地品读文章最精彩的第二部分，聊一聊这小说的主人公狐狸留给自己的印象，要求边读边做批注。

分享狐狸之第二印象。

策略：引导学生从狐狸的动作、叫声、神情等方面"牛嚼"体会狐狸的情感。在仔细聆听学生的发言讨论之后，教师充分尊重学生的感受，相机进行解答。

动作——从这一连串动作，感悟公狐狸用自残的方式保护妻儿的平安……

叫声——人有人言，兽有兽语，从"呦——呦——"的凄厉的长啸中，狐狸想说什么，看来狐狸的本性善骗，但他也有"兽面人心"的一面……

神情——无助、悲哀、焦急、失望……从"目光沉重，庄严地望望……"等描写狐狸的眼神的关键词语，体会动物真挚感人的内心世界。

3. 拓展学习——推荐阅读，开启动物小说阅读之旅。

通过出示沈石溪的一段话，引出其创作了一系列的动物小说，推荐大家课后继续阅读，同时还介绍其他国家其他作者写的动物小说，开启学生动物小说的阅读之旅。

三个教学环节，简洁清晰，化繁为简，使课堂教学更突出教学重点，学生有了更多时间去读、去感悟、去思考、去体验。课堂上师生互动共生，充满生机与活力。

三、教师角色的"转化"

"教师观"的转变，是课堂教学变革的有力支柱。任何有效的教学，都必然是取得学生支持的教学，是尊重学生主体地位的教学。教师不能代替儿童阅读实践，就要改变角色定位，从高高在上的审视，转化为真诚珍视学生独特的情感体验，让学生自由表达。只有教师转化角色，才有可能最大限度地让学生参与课堂，清醒自觉地进入积极的学习状态。在本案教学中，教师让位于学生，使他们真正成为课堂主人。教师的角色转化，很大一部分体现在教师放弃言语的霸权，让课堂成为师生对话的和谐场域。

1. 教师角色的"柔化"，让引导性语言变得柔和。

小学生语文能力有限，且由于年龄较小，对生活的认识体验不够深入，教师如果一味追求语言的深邃华美，往往事与愿违。只有结合学生的认知水平，用柔和的语言巧妙引导，才能真正实现学生的深入阅读。

2. 教师角色的"平实化"，让评价语言真诚且到位。

课堂应当让学生经历和体验学习过程，改善学法。小学生的认识能力、情感态度的发展还处于不成熟阶段，在思考问题时难免出现"偏差"，因而教师要客观、准确地指出学生的长处和不足，既肯定学生的长处，又要有针对性地提醒并纠正学生的不足。增强学生的自信心，使之真正成为学习的主人。课堂上，我置身于文本的情境，积极寻求评价内容与知识点的融合，用感性灵动的语言介绍作者的创作感言，激励学生；还抓住学生的个性特点，有针对性地进行评价，不拘一格，因人而异，因时而异，评价语言真诚而恰如其分，平等而充满关爱，赞赏而充满期待，让学生产生一种亲切感、亲近感。

3. 简洁有效的对话，凸显学生的主体地位，使师生思维明晰，教学重难点得以突破。

此次在香港举行的同课异构教学中，各地同仁从不同的角度探索小学语文教学，相互碰撞出火花，收获颇丰。此次教学研讨活动，我立足"三化"，化难为易，教学扎实高效，得到与会老师们的高度好评。与以往内地的课不同的是，我们改变的不仅仅是教学策略，更重要的是教学理念。教学，就要为儿童量身定制。

《纸船和风筝》第一课时教学案例

（此课曾获 2013 年福州市小学语文阅读教学观摩会特等奖）

执教：福州教育学院附属第三小学　唐珩

【教材】
人教版小学语文二年级上册第 20 课。

【教材分析】
《纸船和风筝》是一篇通俗易懂、情趣盎然的童话故事。小松鼠和小熊因为纸船和风筝成为了好朋友，后来又因为一点点小事而吵架，最后两人互相体谅，互相宽容，又和好如初。故事告诉我们敢于率先伸出友谊之手的人，是令人敬佩的。通过文章的学习，学生在学习中反思、感悟，从而克服自私、以自我为中心等不良品格。

全文生动有趣的场景和通俗浅显的语言易于让学生走入文本，理解文本。本文的语言也很有特色，如："祝你快乐！""祝你幸福！""如果你愿意和好，就放一只风筝吧！"通过这类语言的学习，学生学会在人际交往中更好地沟通。

【设计理念】
课文以"幸福"为切入点，让语文课堂打动学生的心。在识字教学中，教师充分利用儿童的生活经验，鼓励学生小组合作交流，注重教给学生识字方法，力求识用结合。二年级的学生能结合简单的生活经历和情感体验，在朗读中表达自己的感受。教学中，教师通过优化、再现故事情境，化繁为简，为学生搭建了语文实践的平台，加强学生听说读写的能力。

【案例描述】
片段一：直切主题，感知"幸福"，化繁为简。

1. 课前活动：折纸船，送纸船，说祝福，感受朋友之间送祝福的快乐与幸福。

师：纸船漂呀漂，给我们带来了一个故事，题目叫《纸船和风筝》。一起读课题，第20课。（生读课题）"风筝"这个词很难读，该怎么读好呢？（指名读"风筝"）再把课题读一遍吧。

师：刚才课前，老师和同学们一起做什么？[课件出示：（　　）纸船] 制作纸

船用折,还可以折什么?那制作风筝呢?[课件出示:( )风筝]

2. 学习"扎"字。

师:刚才老师听到有小朋友读成"zhā",它确实是个多音字。读翘舌音"zhā"时,表示被又尖又硬的东西刺了(动作表示)。而风筝(课件出示)是用许多竹篾条捆扎在一起,读平舌音"zā",表示捆绑的意思,把词语读两遍。比如,女孩绑辫子,我们可以说——扎辫子,受伤了伤口要——包扎。

片段二:小组合作,归类识字,化难为易。

1. 学生自读课文,圈生字,标自然段序号。

师:下面,老师要和大家玩个游戏,名字叫——耳聪目明。老师读几个句子,句子里藏着生字宝宝,看谁耳朵最灵,能一下子找出它们。

2. 小组合作识记生字。

师:接下来我们分四人小组合作学习,小耳朵竖起来,听清合作要求:小组长用信封里的生字卡片组织大家学习,每个字读两遍,请大家说说有什么好办法记住它们。

3. 汇报学习。

师:老师出道题来考考大家。这幅图上的100个字其实写的是同一个字。你们猜,是哪个字?就是"福"字。一人一口田,丰衣足食,是幸福的象征,千百年来这个"福"字寄托了人们无数美好的心愿。你在生活中哪儿见过"福"字?(生:福州就是有福之州)我们在生活中要多留心观察,做个有心人,一定能学会更多的生字。"福"可以跟谁交朋友,组成词语。"福"字感到很幸福,原来它有这么多的朋友。

师:"幸"字该怎么认呢?说说你有什么好方法。剩下的字我们可以分类学,有好办法吗?抓、扎表示动作,莓、坏、吵可以用加一加的方法认,受和爱进行对比学。

4. 小结。

师:学习汉字的方法是多种多样的,可以在生活中学,可以编顺口溜,可以用加一加、比一比等方法来记,(师边说边把汉字连成一只船的样子)老师就把这只幸福之舟送给大家,愿大家在知识的海洋里能乘风破浪。

片段三:再现情境,感悟"幸福",化俗为雅。

1. 学习课文第一自然段。

师:小熊收到小松鼠送的纸船,乐坏了,于是他扎了一只风筝送给松鼠,松鼠也乐坏了,纸船和风筝让他们俩成了好朋友。可是有一天,它们为了一点小事吵了一架,它们都很难过,可谁也不愿意先开口。后来,松鼠主动和好,它们又成了好朋友。你们喜欢这个故事吗?那我们一起走进故事的第一幅图吧。(指名读第一自然段）其他小朋友边听边想象美丽的画面。

师：松鼠和小熊住在哪里？一座山上（画山），这是一座高高的山，山上长满了郁郁葱葱的树，密密层层的草，松鼠住在哪儿？小熊呢？（请学生贴动物图片）理解"山顶、山脚"，山脚就是山的最低处，这一片都叫山脚。这个脚是脚丫的脚。山上有一条小溪，小溪怎么画呢？边读边想象，我们就能把文字变成图画，多有趣呀！咱们也看着图，美美地读一读第一自然段吧！

2. 学习课文第二、三自然段。

（1）出示小松鼠的礼物，请学生简单介绍。

（2）课件出示句子，对比找不同。

①纸船里放着一个小松果，松果上挂着一张纸条，上面写着："祝你快乐！"

②纸船里有一个小松果，松果上有一张纸条，上面有几个字："祝你快乐！"

师："放着、挂着、写着"是——动作词，有了这几个动作词，句子就更生动了。你能带着动作词读一读吗？除了松果、纸条，纸船里还藏着什么？是呀，小松鼠是多么用心地准备这份礼物呀！再读这句话。

（3）抓住词语"乐坏了"，看图理解小熊收到礼物时的快乐。

师：小熊收到礼物后的心情如何？什么是乐坏了？这里的"坏"是一种新的表达方式，不是指东西弄坏了，而是——非常的意思。比如很累很累，我们就可以说——累坏了；生气极了，我们可以说气坏了；还可以怎么说呢？从图上哪里看出小熊乐坏了？谁愿意演一演这只快乐的小熊呀？松鼠的礼物给小熊带来了无限的快乐，我们把第二、三自然段连起来快乐地读一读吧。

片段四：书写对照，表达幸福，化杂为纯。

师：多么美好的祝福呀，请看这两个字，读一读。我们一起来学写"祝福"这两个字。这两个字有什么共同点？

1. 解说"礻"字旁的演变。

师："礻"字旁是由"示"演变而来的，上面的两横表示上天，下面的三笔表示日、月、星三神，示字旁的字和祭祀、神仙有关。

师：写好每个笔画，注意间架结构，才能把汉字写规范、工整。（课件对比书写）

2. 师范写。

师：老师在写这三个字的时候，觉得心中有股暖流，请小朋友们也带着这种暖暖的感觉来写吧！

3. 学生在写字纸上练习"祝、幸、福"这三个字。

师：把你写好的这张爱心祝福送给自己的朋友，或者是听课的老师，并真心地向他们说一句："祝你幸福！"

【教后反思】

易语文强调扎扎实实学语文。根据二年级学生的年龄特点，我以"幸福"为主线，"情趣"为佐料进行教学设计。教学中，我重视识字写字教学，扎扎实地落实课程标准，将儿童熟识的语言因素作为主要材料，同时充分利用儿童的生活经验，注重教给识字方法，力求识用结合，通过小组合作，让学生快快乐乐识字。在识记过程中，学生既了解了汉字的演变历史，又学会了识记方法，更重要的是培养了热爱祖国语言文字的情感。我最后将生字连成一只船的样子，整个教学活动生动活泼，扎实有效。

在课堂即将结束的时候，我让孩子们把爱心书写纸作为礼物跟朋友或老师们一起分享，每个孩子都品尝到了成功的喜悦，获得了成功的满足。他们乐于展示自己，他们更懂得关爱伙伴，他们的个性健康地发展。

当然，我的课堂教学中还存在着很多需要斟酌、修改、商榷细枝末节的地方，在陈曦校长易语文理念的指引下，我相信，我的课堂会走向"简约、高效"！

《窗前的气球》第一课时教学设计

（此课曾获2013年福建省小学语文教研课题研究成果视频课例一等奖）

执教：福州市鼓山新区小学　谢芳

【教材】

人教版小学语文二年级上册第22课。

【教材分析】

本课是第六组的精读课文，本组教材的主题是帮助需要帮助的人。课文主要通过写科利亚患传染病，心情很不好，看到同学窗前"问候"的气球而开心的事，反映同学间真诚帮助的质朴情感。文章从住院躺在病床上的科利亚的视角描写事情的经过，而始终没有正面描写帮助科利亚的同学，只是通过描写气球动态和科利亚的"猜"间接表现同学的真诚相助。教学要把握科利亚心情变化的"线"引导学生有意识地阅读，着力引导学生感受表现情感特点的相关词句。

【设计理念】

本教学案例主要策略是"引导自主实践"，即教师通过范读，帮助学生自读实践；教师通过提示引导，促进学生感受性阅读实践；通过提供相关学习资源，培养学生读帖和写字临摹能力。

【案例描述】

片段一：自读自学。

1. 师：孩子们，你们看，窗前的气球是怎么来的呢？它有什么作用呢？

2. 师：孩子们，下面听老师读课文，你们边听边画出自己不会读的字词。

（1）学生自由、反复地读课文。要求读准字音，把课文读通顺，不填字漏字，不会读的生字可以拼读，或是请教同学、老师。

（2）把自己不会读的回生字画下来，并写在本页的生字表旁，主动请教同学或老师。

（3）同桌轮读，相互正音，相互纠正读错的词句。轮读的方式可以逐段轮，也可以隔段轮。

3. 师：孩子们，刚才大家读得很认真，接下来老师得考考你们。

（1）出示有关句子，让学生试读后指名读，关注生字的读音。

△科利亚静静地躺在病床上，呆呆地望着窗户。

△气球停了一会儿，开始一上一下地动起来，这是怎么回事？

△这下他猜出来了，准是米沙想的招儿。

△他好像看见米沙拉动拴着气球的绳子，几个同学站在四周，叽叽喳喳地指手画脚。

△科利亚望着窗外那张逗人的"小脸"，高兴地笑了。

（2）出示词语，让学生读读记记。

静静地躺　　呆呆地望　　摇摇摆摆地飘　　一上一下地动

叽叽喳喳　　拴着　　开始　　猜出来　　逗人

（3）认读生字。

科　亚　呆　始　拴　逗　猜

片段二：引读练读。

1. 师：下面老师要和大家一起配合读课文。

（1）引读第一段。

师引生读。师引：这一段有两句话，作者先总的说——生读第一句（略）。师引：接着具体写——生读第二句（略）。这样引读几遍后可换成生引生读，即个别学生引，其他学生读，再过渡到同桌间的引读练习，最后进行自引自读的练习。

（2）引读第二段。

师引：这一段作者要写科利亚的心情很不好，先直接写科利亚的动作和神情——生读第一句（略）。师引：再接着写周围的环境——生读第二、三两句（略）。

师引：最后写科利亚的感觉——生读最后一句（略）。

（3）引读第三段。

师引：就在科利亚心情很不好的时候，病房的窗前出现了什么现象呢？生读第一句（略）。师引：让科利亚感到奇怪的是——生读第二句（略）。

（4）引读第四段。

师引：这种奇怪的现象可把科利亚给吸引住了——生读第一、二、三句（略）。师引：科利亚不禁想象着楼下同学放气球的情景——生读最后一句（略）。

（5）引读第五段。

师引：这窗前的气球有什么作用呢？生读第一句（略）。师引：这气球上的"小脸"又有什么作用呢？生读最后一句（略）。

2. 师：大家都读得很好，下面我们一起将全文读一遍。

师引：科利亚得了传染病被隔离住院治疗——生自由读第一段（略）。师引：科利亚躺在病床上心情很不好——生自由读第二段（略）。师引：就在科利亚感到孤单寂寞的时候，窗前出现了一个奇怪的现象——生自由读第三段（略）。师引：科利亚猜到是同学的"招儿"，心情好了许多——生自由读第四段（略）。师引：科利亚高兴地笑了，因为——生读最后一段（略）。

3. 师：请大家自己读课文，读不通顺的段落可以多读几遍。

引读是引导学生有意识的阅读，引读最终要实现学生自主独立阅读。本教学环节可安排学生独立地、有意识地、反复多次地朗读实践，努力达到正确、流利朗读课文的要求。

片段三：读帖练字。

1. 师：请大家读帖，关注字的关键笔画及其特征，关注字的间架结构。

教师提供学生若干个带有败笔的字例，让学生自主比较；同样可以出示若干间架结构不匀称的字例供学生分析比较，从而培养学生自主读帖的能力。

2. 练字。

（1）描红，关注笔画特征及其相互关联、照应。

（2）临摹，关注间架结构及其关键笔画的把握。

（3）评价，可以自评或互评，把写得好的字或笔画圈上，比照字帖找出书写的问题并进行修正。

【专家点评】

本课教学案例着重落实学生语文实践，着力培养学生自主识字、写字、阅读、写话等方面的能力。教学面向全体，尊重个体差异，寓教师的教于学生自主合作的学习实践之中。以读代讲、以练代问（训）是本节课的教学亮点。教学效果主要表现：学生能正确、流利、有意识地朗读课文，这对于学生积累语言、培养语感、发展思维等起到积极的促进作用；能认识本课生字和回生字，正确书写课后要求"会写"的8个字。本教学案例在"逐段引读"方面放低了要求，若学生有一定的阅读能力，还可采取其他教学手段引学生朗读。如，提问默读法、尝试朗读法等等，这样课堂就不会显得单调。当然，"逐段引读"不是一味地齐读，可以默读、自由读、带动作的读等等。

福建省普通教育教学研究室　陈建志

《搭石》识字教学微课案例

（此课曾获"2012年福建省中小学教师优质课程资源征集评选"活动课程视频类二等奖。）

执教：福建省永泰县实验小学　金永

【教材】

人教版小学语文四年级上册第21课。

【教材分析】

《搭石》是一篇精读课文。文章通过描绘乡亲们摆搭石、走搭石这些看似平凡的情景，让我们感受到山里的人们朴实、善良的人性之美，表现了乡亲们之间互相关心，心系他人的美好而真挚的情感。课文语言质朴，意境幽远，字里行间洋溢着浓郁的生活气息。这样文质兼美的文章自然离不开让学生通过朗读、想象，体悟蕴藏于其中的人情美。教师要指导学生在读懂课文内容之后，体会作者"怎样通过平凡的事物来表现美"的表达方法。

第二学段的语文教学自然绕不开识字写字。本课的识字写字的要求是：认识7个生字，会写11个生字。四年级学生已经具备了一定的识字能力，但仍不能忽略教师的指导。就本课来说，识字写字的重难点如下：①字音方面："涨"和"行"是两个多音字，要提醒学生读准确，并尝试辨析；②字形方面："暴"字是难点，下半部分不是"水"；③字义方面："俗"字一字多义；④写字方面："惰"字"月"的变笔，"撇"变"竖"；"衡""序"这两个特殊结构的字的书写指导。

【设计理念】

2011年版《课标》提到，识字、写字"是贯穿整个义务教育阶段的重要教学内容"，"第一、第二、第三学段，要在每天的语文课中安排10分钟，在教师指导下随堂练习，做到天天练"。但纵观我们的语文课堂，识字写字教学常被边缘化。正是在这样的背景下，我尝试进行识字写字教学的微课探索。在教学中，我将识字写字与初读课文有机整合，努力创设丰富多彩的教学情境，运用归类识字、字理识字、语境识字等多种识字教学方法，提高识字教学效率。在写字教学中，我既重视让学生自主发现规律，又注重必要的示范指导，还给予学生充分的练习时间，努力将10分钟写字落到实处。

【案例描述】

片段一：导入新课，揭示课题。

师：文章的作者刘章爷爷尽管离家多年，但故乡仍是他心头永远的牵挂。他在诗歌《故乡》中曾这样写道：故乡是大真大美，故乡的每一块石头，也像明珠闪光。这里的石头指的正是搭石。记忆中的故乡山美，水美，但最美的还是家乡的搭石。这节课，就让我们一起去感受这平凡而美丽的搭石。

（生齐读课题）

片段二：检查预习，读文识字。

师：课前大家已经预习了课文，老师想考考大家，敢挑战吗？

师：老师把这一课含有生词的句子都藏在"搭石"的背面。

师：1号题，谁愿意试试？

1号题：假如遇上老人来走搭石，年轻人总要伏下身子背老人过去，人们把这看成理所当然的事。

师：这句话中只有一个生词，你一定能读好！

师：读得真不错！请坐。同学们，第一位挑战者初战告捷，谁接着来挑战？

2号题：如果别处都有搭石，唯独这一处没有，人们会谴责这里的人懒惰。上了点年岁的人，无论怎样急着赶路，只要发现哪块搭石不平稳，一定会放下带的东西，找来合适的石头搭上，再在上边踏上几个来回，直到满意了才肯离去。

师：也许大家对他的朗读不满意，但老师还是要给他打100分，因为他读得特别认真，只是有一个前鼻音"懒"读得不到位，不着急，跟着老师读——懒惰。

生：懒惰。

师：一学就会，读到位了，大家一起读。

3号题：家乡有一句"紧走搭石慢过桥"的俗语。搭石，原本就是天然石块，踩上去难免会活动，走得快才容易保持平衡。

师："俗"是生字，课前大家查字典了吗？在字典里"俗"有几种意思？（课件出示：①风俗；②大众的，普遍流行的；③庸俗）

师：那么，"俗语"的"俗"该选哪一个解释？

生：选第②种。

师：知道了"俗"的意思，你能说说整个词语的意思吗？

生：大众化的、普遍流行的话语。

师：先借助字典理解关键字，再理解整个词语就容易多了，这也是一个重要的解词方法。

师：文中提到的家乡的一句俗语是——紧走搭石慢过桥。在生活中，你还听到过哪些俗语？

生：赠人玫瑰，手留余香。

生：不怕不识货，只怕货比货。

生：不经一事，不长一智。

生：近朱者赤，近墨者黑。

……

4号题：每当上工、下工，一行人走搭石的时候，动作是那么协调有序！前面的抬起脚来，后面的紧跟上去，踏踏的声音，像轻快的音乐；清波漾漾，人影绰绰，给人画一般的美感。

师："行"是一个多音字，在这里读什么？

生：行（háng）。

师：体育课上，老师常叫我们排成很整齐的一队，叫作排成——行（háng）；这些在搭石上行走的人叫——行（xíng）人。

师：现在你明白了吗？你再读。

生：一行（xíng）人。

师：一行人走搭石，真是一道美丽的风景。我们一齐读。（生齐读句子）

师：同学们，这挑战好玩吗？想不想再来一题。

5号题：每年汛期，山洪暴发，溪水猛涨。山洪过后，人们出工、收工、赶集、访友，来来去去，必须脱鞋挽裤。

师：这两句话不长，但包含的生字最多，你能把它们都读准吗？先别急着举手，自己先读读红色的词语。（学生自由读词）

师：谁来当当小老师，带大家读这些词？

师："涨"是一个多音字，当它读"zhǎng"的时候，表示水位上升，物价提高。它还有一个读音"zhàng"。下面几个词，到底是读"zhǎng"，还是读"zhàng"。谁来试试？

129

（课件出示：涨价　头晕脑涨　涨红　水涨船高）

（生读词）

师：我们一起来看正确答案，恭喜你都读对了，我们一起读一读。

师：四年（6）班的同学们，你们表现得真出色。老师奖励你们猜一个字。猜一猜，图上是个什么字。

（课件出示："暴"的篆书）

生：暴。

师：真了不起，一猜就中。

师：同学们，大家看！这是"暴"的篆书。顶上是"日"，"日"下是"出"，"出"下是左右两手，双手之下是"米"，合起来表示用双手捧米出来让太阳晒干。古人真是了不起，这字造得多形象。所以，"暴"的下半部分不是"水"，而是"米"字的变形。

师：伸出你们的右手，跟老师一起书空这个变形的"米"吧。（生书空）

师：联系上下文想想，"山洪暴发"的"暴发"是什么意思？

生：山洪突然发生。

师："山洪暴发"的"暴发"还有一个同音词——爆发。

（课件出示：暴发　爆发）

师：这两个词都是动词，都含有"突然发作"的意思。但也有细微的区别，"暴发"多用于山洪、疾病等具体事物；"爆发"一词使用有两种情况，一种专指火山爆发，一种也用于重大事变的突然发生，如爆发战争、爆发运动、爆发革命等。

师：这两个词，特别容易混淆，你会正确使用吗？

课件出示：

一、选词填空。

　　　　A. 暴发　　　　B. 爆发

1. 河上本来有一座小桥，山洪_____时，被冲毁了。

2. 这一带的火山正处在活跃期，随时都有_____的危险。

3. 大水退后，又_____了一场传染病。

4. 1927年秋，_____了一场农民革命。

师：拿出课堂练习卡，完成选词填空。（生完成练习，师巡视）

师：咱们一起来看正确答案，你都选对了吗？全对的请举手。

师：你来说说，你错了哪一题。

生：第4题，我选成了A。

师：现在，你明白了为什么要选B吗？

生：因为"B"的"爆发"也用于重大事件的突然发生，如爆发革命。我刚才没看清楚。

师：这两个词的辨析有一定的困难，出现错误是正常的。

片段三：复现生字，指导书写。

师：看样子，大家预习得很充分，读文难不倒大家。下面这些生字，你能快速记住吗？

课件出示：

洪　猛　裤　俗　惰　稳　伏

涨　衡

序

1. 识记生字。

师：这是本课要求会写的生字，老师给它们分了类，仔细看一看这些生字，你有什么发现？

生：我发现第一行的7个字都是左右结构。

生：我发现"洪、猛、裤、俗"这4个字是形声字，而且都是左形右声。

……

师：如果请你来当小老师提醒大家，你准备提醒大家哪个字？

生：我想提醒大家"裤"的"衤"不能写成"礻"。

生："猛"的"皿"底下一横要透过去。

生："惰"字的右半部分的"月"的第一笔是"竖"不是"撇"。

师：你能关注到字的变笔，不简单。像这样的变笔还有哪个字？

生："衡"字的"大"部的"捺"变成"点"。

2. 指导书写。

（1）自主发现。

师：这些字，你能写好它吗？第一行的7个生字，在左右比例上，你有什么发现？

生：都是左窄右宽。

师：第二行两个左中右结构的字，怎样写才能写好它？

生：左中右的三个部件要写得紧凑些。

生：中间的部件要写得略小一点。

师：观察得真仔细。

师：这个"序"字，看起来不难，写好它并不容易。你发现写好它的秘诀了吗？

生："横钩"要比"广"的"横"更长。

131

生："竖钩"要比"撇"长。

师：看来大家都有火眼金睛，善于发现。老师送大家一句口诀：左上包右下，右下要突出。

（2）教师范写。

师：在这些字中，你觉得哪个字特别难写，需要老师的帮助。

生：惰、衡。

生："序"字也不好写。

（师范写惰、衡、序三个生字）

（3）学生练写。

师：同学们，写字的时候一定要保持正确的姿势，这样才能轻松自如地写字。对照课件上的写字姿势歌，自己调整姿势。

课件出示：

学写字，要记牢。

头正臂开肩平放。

身要坐直头要正，

一尺一拳一寸高。

师：拿出课堂练习卡，认真读帖，静心书写，每个生字各先写一个。

（生练写生字，师相机个别指导）

师：每个生字各写好一个的同学，可以继续写，做到一看二比三对照，一个更比一个好。

师：交换练习卡，同桌互评，在你认为他写得好的字的右上角打上小红圈。

师：这节课，大家通过自己的努力读通了课文，掌握了生字新词，初步感受了搭石之美，但搭石为什么能成为家乡一道亮丽的风景呢？我们下节课继续学习。

【名师点评】

在小学语文课堂"乱花渐欲迷人眼"的纷繁中，金老师的生字教学像茉莉一样清新淡雅，给人耳目一新的感觉。

一、重视识字写字，夯实语文根基

当许多老师误以为四年级学生已具备自主识字能力，教师不必花费宝贵的课堂时间给予指导和教学的时候，金老师慧眼独到，坚持从学生实际出发，在课堂上舍得花时间，对识字写字进行必要和适当的指导，让学生扎扎实实识字写字，为学习语文夯实根基。

二、方法丰富多样，提高识字效益

当语文教学进入第二学段，学生具备了初步的识字写字能力，如何对四年级的学生进行识字写字教学，金老师有自己的思考。她在准确把握学生学情的前提下，对教材进行深度解读，选择丰富多样的教学方法，提升学生的学习能力，符合四年级学生生字学习的需要。

1. 语境中识字，字不离词，词不离句。金老师在学生预习课文的基础上，在文句中引出生字，把识字和理解句意结合在一起，既深化对字义的理解，又有助于对语句的理解，提高了识字的效益。

2. 运用字理识字，解决识字难点。"暴"是易错字，如何让学生对字形有准确的理解并留下深刻的印象是个难点。金老师运用字理识字，让学生看字形演变的课件，通过讲解点拨，让学生对字形字义一目了然，把复杂问题简单化。

3. 归类识字，提高识字速度和效率。四年级的课文，篇幅相对较长，识字量依然很大，教学内容较多。如何整合内容，提高教学速度，是提升课堂效益的关键。金老师根据本课生字的特点，通过归类，帮助学生在最短的时间里完成识字，大大节约了课堂时间，提高了教学效益。

三、重视语言实践，提升语文能力

许多教师把识字教学看成纯粹的读记写，认为学生只要会认会写就完成了识字教学。金老师在教学中特别重视引导学生在运用中识字，而不是简单和重复的抄写与记忆。在"选词填空"的练习中，学生通过动脑、动手，对字形和字义有了更加具象的理解，在运用中识字，大大提升了准确用词的能力。

写字指导被挤出课堂是当前语文教学的通病，课标强调学生每天课堂练字时间不少于10分钟。要提高10分钟练字的效益，就要重视教师的指导和示范，金老师在写字指导上要点把握得精准，当讲则讲，教给学生汉字结构的基本原理，有助于提升学生的读帖和临摹能力，从而提高书写的水平。

"简简单单教语文"是对小学语文教学过度繁杂与臃肿的警醒和热切的呼唤，小学语文是奠基工程，简约、简易是这个学段的学情特色，也是陈曦老师易语文的核心理念。易语文，从扎扎实实的识字写字教学开始。

特级教师　张依芳

《自己的花是让别人看的》教学设计

执教：福建省福州市永泰县实验小学　薛彩云

【教材】

人教版小学语文五年级下册第 25 课。

【教材分析】

《自己的花是让别人看的》是季羡林先生离开德国三十五年之后，重返哥廷根时写的一篇散文。作者首先表述了德国人爱花，又描写了德国人养花是给别人看的，接着描述了这种奇怪的养花方式把德国的街道变成了花的海洋，最后通过自己多年之后重返德国的所见所闻，从而表现了"人人为我，我为人人"的主题。

德国人独特的养花方式彰显的不仅仅是他们对花儿的热爱，对生活的热爱，更能体现他们对自己生活的这个城市的热爱。这种奇丽的景色定格在岁月的长河里，这种浓烈的情怀沉淀为德国奇特的民族传统。"景—情—理"相互交融的写作特色是本课的语文核心价值之一。

【设计理念】

教学本课，除了通过抓住重点句子，品味词句含义，体味这些词句在表情达意方面的作用，感受德国奇丽的景色，体会作者对德国人这种"人人为我，我为人人"境界的赞赏之情，还应该从更为开放的角度，探讨"自己的花是让别人看的"背后更深层次的东西，初步感知本文"景—情—理"相互交融的写作特色。

【案例描述】

片段一：直奔中心，感受"美丽"的深远。

1. 季羡林先生于 1935 年至 1945 年留德十年，德国给他留下了难忘而美好的印象。1980 年他率中国社会科学代表团重返德国。当季先生一行刚到德国，主人就问："你离开德国这样久，有什么变化没有？"季先生怎么回答？

2. 这里的"美丽"指什么？

3. 美丽的花有没有改变呢？从哪些句子看出来？（学生回答，课件出示）

句 1：家家户户都在养花。

句 2：走过任何一条街，抬头向上看，家家户户的窗子前都是花团锦簇、姹紫嫣红。

句3：我走在街上，抬头一看，又是家家户户的窗口上都开满了鲜花。

4. 品味这三个句子。

（1）你们有没有发现，这三个句子中都用上了相同的两个词，是什么？

（2）指导朗读：齐读三个句子，把这两个词强调一下。

（3）"家家户户""都"连续使用了三次，你读懂了什么？

（4）师引生读。

师：四五十年前，我在德国看到——

生：家家户户都在养花。走过任何一条街，抬头向上看，家家户户的窗子前都是花团锦簇、姹紫嫣红。

师：四五十年后的今天，我重返德国哥廷根，我走在街上，抬头一看，又是——

生：家家户户窗口上都开满了鲜花。

师：我猜测，四五十年以后的德国，在街上仍然能看到——

（师指名数位学生回答）

（5）师总结。

师：德国人养花一养就是四五十年，还有可能再养一个四五十年，两个四五十年……由此可见，德国人养花的时间——

生：长。

片段二：品读第三自然段，欣赏"美丽"的景色。

1. 哪个自然段，哪些句子写了德国景色的美丽？用笔画出来。

2. 圈出写花美的词。这三个词分别写出了花的哪一方面美？

3. 出示课件句子：走过任何一条街，抬头向上看，家家户户的窗子前都是花团锦簇、姹紫嫣红。许多窗子连接在一起，汇成了一个花的海洋，让我们看的人如入山阴道，应接不暇。

师：谈谈你的感受，带着情感朗读这两句话。

师：这里把什么比作山阴道？这个比喻好在哪里？

师：齐读这两句话。

片段三：品读重点句子，感受"美丽"的传统。

1. 德国街头景色奇丽，是因为德国人爱花，有花一样美的境界。从课文中找出描写女房东的一句话，并找出德国人爱花、境界美的语句。

（1）爱花的民族也很多，德国在其中占重要的地位。

（2）四五十年以前我在德国留学的时候，曾多次对德国人爱花之真切感到吃惊。家家户户都在养花。他们的花不像在中国那样，养在屋子里，他们是把花都栽种在临街窗户的外面。

（3）我曾问过我的女房东："你这样养花是给别人看的吧！"她莞尔一笑，说："正是这样！"

（4）人人为我，我为人人。我觉得这一种境界是颇耐人寻味的。

（5）我走在街上，抬头一看，又是家家户户的窗口上都开满了鲜花。

2. 品读句子，感受"美丽"的传统。

（1）自由读这几个句子，想想它们讲了什么意思。

（2）德国人爱花有哪些与众不同之处？

A. 家家户户都在养花；（追问：文中"家家户户"用了几次？把词点红）

B. 把花都栽种在临街窗户的外面；

C. 有"人人为我，我为人人"的境界；

D. 养花的时间很长。（追问：多长？猜测：还有可能会养多长时间？）

（3）你对他们的哪一方面特别赞赏，在旁边写上批注。

（4）交流特别赞赏的部分，重点品读"人人为我，我为人人。我觉得这一种境界是颇耐人寻味的"。

A. "耐人寻味"是什么意思？这种境界指什么境界？为什么说这种境界是颇耐人寻味的？

B. 你在生活中感受到这样的境界吗？

（5）总结：德国街头这样美丽的景色，德国这样美丽的传统，使德国成为令作者魂牵梦萦的第二故乡。难怪作者再次踏上这个美丽的国家时，发出这样的感慨——

（课件出示）生读：多么奇丽的景色！多么奇特的民族！

片段四：梳理全文，感知写作特色。

1. 默读课文，思考："人人为我，我为人人"的感受是怎样表现出来的？

2. 德国这种奇特的传统是怎样逐渐形成的？

【教后反思】

作为五年级的学生，读懂这篇文章不难。但梳理文章脉络，透过文字表面去揣摩德国奇特的民族传统，初步感知"景—情—理"相互交融的写作特色，需要教师的有效引导。要使比较枯燥的写作特色化为易于让学生接纳的东西，更需要教师对教材巧妙的解构与设计。本教学片段以"美丽"为课堂线索，带领学生探究"美丽"的深远、"美丽"的景色与"美丽"的传统，把散落在文本中的"美丽"句子巧妙地串联起来，在品词析句中，体味情感，初步感知写作特色，环环推进，不落痕迹。教师真正践行易语文的教学理念。学生学得轻松，学得主动，学得快乐。

变易篇

语文教学的固守与创新

——谈小学阅读教学中接受性学习与探究性学习的结合

新课程背景下的课堂应该是充满活力，充满智慧，充满灵气的。作为传承祖国优秀文化，发扬中华民族母语的语文阅读教学课堂，是展示真、善、美的天地；是师生智慧萌发、心灵互动的乐园；是给师生体验幸福，享受快乐，升华情感，憧憬未来的精神家园。阅读教学过程中，接受性学习与探究性学习作为最基本、最重要的两种学习方式，各有所长，相辅相成。在实施2011年版《课标》的今天，我们应让这两种学习方式进行结合，既发挥接受性学习高效率、有利于发展学生集中思维、强化语言文字训练的优势，又发挥探究性学习思路活、有利于发展学生发现性思维、拓展语言学习能力的特长，让它们成为课堂教学的双翼，更好地培养学生语文的素养，提高阅读教学的实效，让童心快乐地翱翔在语文天空。

一、接受性学习与探究性学习结合的"四个需要"

1. 符合小学生实际年龄需要。

接受性学习和探究性学习是学生认识活动的两种基本方式。这两种学习方式，各有自身的基本特点。接受性学习基本特点是：（1）以教师讲授为主要方式；（2）以掌握系统知识为基本任务；（3）信息传输呈直接性；（4）学生认识活动具有可指导性、可控性。而探究式学习的基本特点是：（1）以引导学生发现探究和解决问题为主要方式；（2）以增进学习者的创造才能为主要任务；（3）注重学生的自主选择，教学呈非指导性；（4）对探究性认识过程的关注。

任何一种学习方式都必须符合学生的年龄认知特点，才能发挥其最大的效应。小学生有向师性的特点，教师讲授的他们乐意倾听，而他们认识事物往往是直接的、片面的、零碎的、模糊的，也需要教师给予系统梳理，所以引导他们进行接受性学习符合他们的认知特点。但小学生对任何事物又都充满新鲜感、好奇心，有强烈的求知欲望，往往不满足于接受教师传授的内容，而且小学生思维能力的发展主要还是通过探究实践来实现。阅读教学中如果只注重接受性学习，忽视探究性学习，长此以往学生处于被动接受状态，思维定向单一，容易产生惰性，最后僵化凝固，不利于他们想象力、创造性思维的发展。我国传统教学多采用"填鸭式""满堂灌"的教学方式,导致学生年龄越大,想象力、创造力反而越弱化了,这就足以证明学习方式单一化的弊端。现代教学,不仅要培养学生在扎实地掌握知识基础上发展思维的概括性、严谨性、流畅性,而且还要培养学生思维的独特性、批判性。现代教学更要关注学生的主动参与,让学生在观察、操作、讨论、质疑、探究中,在情感的体验中学习知识,完善人格。而探究性学习之所以符合现代教学要求,就因为它能弥补传统接受性学习的不足。但探究性学习要以一定的知识经验构建作为基础,要有利于学生知识经验的拓展、延伸、运用,不能为探究而探究,不给予相应的引导,探究结果往往是无意义的空中楼阁,学生也会逐渐失去探究的热情。可见二者相结合是符合学生年龄特点的必然选择。

2. 是阅读教学工具性与人文性的统一的需要。

2011年版《课标》明确指出:"工具性与人文性的统一,是语文课程的基本特点。"要求教材内容安排要"加强整合,注重情感态度、知识能力之间的联系,致力于学生语文素养的整体提高"。新课标在教学建议中还强调"语文教学要注重语言的积累、感悟和运用,注重基本技能训练,让学生打好扎实的语文基础"。同时要注重"开发创造潜能",重视"情感、态度、价值观的正确导向"。中国教育学会小语会秘书长陈先云老师曾说过:"首先,既要重视探究,也要重视打基础。小学阶段学生字写不好,书读不好,没有一定的语言积累,会影响他们今后的学习、生活和工作。语文课堂教学时间有限,如果一味强调探究,势必事倍功半,影响语文教学的质量。其次,接受性学习和探究性学习应该彼此取长补短,二者不可偏废。第三,探究性学习不能只重形式,更要重实效。在课堂教学中要根据教学目标,引导学生选择学习方式。要从实际出发,适合运用哪种学习方式就用哪种,还要注意综合运用多种学习方式。"所以接受性学习与探究性学习相结合是必然的,也符合新课标的精神。

3. 是提高学习能力和语文素养的需要。

接受性学习和探究性学习应是相辅相成的,对于一个人的学习和发展都能起到相应的作用。接受性学习可以帮助学生在短期内较快地掌握一些知识,这些知识通常会给学生的成绩带来显著的提高。但是,由于这种学习方式缺乏对学习方法的指导,不能教给学生自主长效地展开学习的本领。探究式学习则给了学生更广阔的学习空间,为学生提供了崭新的学习方式,在这种形式的学习之中,学生会在探索之中享受到自主学习的乐趣,学会如何发现问题、探究问题、解决问题……对于语文学科而言,学生的语文能力与素养就是在不断的训练与实践中生成发展的。所以只有将接受性学习与探究性学习加以结合,才会提高学生的语文素养,促使学生养成终生学习的好习惯,使学生终身受益。

4. 是提高课堂教学有效性的需要。

课堂教学的效果直接关系到教学的质量和人才培养的实际价值，是课堂价值的体现。课堂教学的有效性包括：学生素质发展、知识积累、能力培养、方法掌握、信息的收集处理与利用、合作能力提高等。教育的有效性从价值上看还分短效和长效。接受性学习与探究性学习虽然各有不足，但优势可以互补。把这两种学习方式进行结合就可以避免课堂时间和资源的浪费，调节课堂的气氛，丰富教学手段，让课内外的知识自然有机地相结合，使教学发挥最佳效果，确保课堂教学的质量。

二、接受性学习与探究性学习结合的"三种形式"

1. 课前自读，促学生多形式探究。

（1）背景资料探究。

课前探究主要体现在学生的自主预习，更确切地应称为"预学"，顾名思义，就是预先的自主探究活动。它决定了学生学习的主动性、尝试性、创造性，是培养学生学习能力，自主地获取知识的有效途径，也是课堂教学结构改革的重要环节。教材中，不少课文都有特殊的写作背景，像《匆匆》《我的伯父鲁迅先生》《小音乐家扬科》《草船借箭》等，学生在课前通过自学，收集整理信息资料，对文本的作者、写作时代背景、写作风格、人物性格等进行探究，可以起到投石问路、激情引趣的作用。在此环节中教师要求学生做到三点：任务具体，目标明确，形式多样。

（2）生字词、内容大意探究。

生字词是阅读的障碍，高明的教师会在课堂上教会学生学习生字词的方法，促其扫清障碍，如联想记忆法、换偏旁法、猜谜法等。而课前学生预习就是这些学习方法的主动运用，以掌握生字的音、形、义，并对课文"扫读"，自行扫除阅读理解的障碍，以达到课标中要求的"正确、流利、有感情地朗读课文"的要求。预习中对课文的内容大意有了初步的了解，就会产生进一步具体、深入学习课文的强烈愿望，迫切地等待教师的指导，即学习情绪达到了"愤""悱"状态，这无形中为课堂教学做了最佳的心理准备。教师在课堂上就有可能把精力放在"刀刃"上，解决学生学习中的重难点，避免无谓的重复，摒弃无意义的细枝末节，大大提高课堂的效率。

（3）质疑问难探究。

探究精神首先表现为探究意识和创新能力。心理学家认为创新意识是一种求是求佳的意识。这种意识表现为好奇心、想象力、求知欲、敢于冒险、敢于向困难和权威挑战等心理倾向。而学生只有在"心理安全"和"心理自由"的精神环境下,创造力才能得到发展和表现。课前的预习是学生最为宽松的学习环境,俗话说得好:"海阔凭鱼跃,天高任鸟飞。"只有在宽松、活泼、和谐的学习环境里,学生的思维、情感、观察力、想象力、创造力才能活跃,创新能力才能得以凸现,逐渐形成"无疑不成课"的学习气氛。但每节课都让学生质疑问难是不现实的。把探究的时间挪到课前,课堂上让学生质疑问难,调动起了学生的积极性,激发了他们进一步学习的兴趣,可以节约宝贵的课堂教学时间,师生、生生就有更多时间交流互动,把探究深化,并让学生在互动中梳理、调整、修复自己的思维,训练与发展学生的听说能力。课堂教学与课前探究相呼应,能提高教学的效率,教学效果也更明显。

2. 课堂导学,接受与探究相结合。

(1) 导中引领学生接受。

①抓准"讲点"。

导的目的在于讲授必要的知识,激发学习兴趣,启迪学生思维,引导探究知识。究竟哪些内容要讲呢?我国当代语言学家吕叔湘先生曾总结过:"难字难词要解释,不明显的组织层次或是中心思想要讲,作者是个怎样的人要讲,课文的写作背景如果没有说明,也需要说明几句,超过这个限度就是多余的。"当然,学生自己能解决的问题就不必再说了。但学生如果不能理解的,教师完全没有必要故弄玄虚、拐弯抹角让学生去探究。现在教学提倡简约,把复杂的问题简单化,善于取舍,把课文变"薄",腾出时间加强听说读写的训练,而后把课文变"厚",胸怀"大语文观",加强语文素养的培养。教师对课文的处理就要善于抓"文眼",适时、适量、适当地作讲解,讲重点、讲难点、点到为止,避免超过学生的理解与掌握的范围。

②巧设"导点"。

同样的引导,有的教师讲解时会像磁铁一样吸引学生,有的教师上起来却索然无味。可见"讲"需要技巧,"导"需要艺术。我们要抓住学生的年龄特点、兴趣热点、问题焦点等,通过富有魅力的"师化"语言,用活泼有效的形式传递给学生,让学生在听的同时,既获得知识,得到享受,又有所思考,有所领悟,学得扎实有效。为此要让学生在课堂中做到四有:有浓厚的兴趣,有独到的见解,有读书的主动性,有成功的体验。这样课堂才会成为学习的乐园。课堂中的导学是师生信息交流互动的过程,教师单一的说教、讲解显然不符合学生的年龄特点与认知规律。这就需要教师从学生的角度、文本的特点、训练的需要、自身的情况入手,采用多形式的互动交流手段,如创设情景、多媒体展示、学生合作交流等,加强信息的流通性、可感性,发挥出最佳的教学效果。

例如,永泰实验小学的薛彩云老师执教《匆匆》一课时是这样开头的:"同学们，这节是语文课，可是老师却想问大家两个数学问题。第一个问题是——（沉默一分钟后）刚才，我们大概沉默了多长时间？"生："大约有一分钟吧！"师："此时，一分钟时间从我们身边溜走了，想留也留不住。第二个问题是你们算算，你们走过多少日子？"生1："四千多个日子。"生2："我走过五千多个日子。"师："面对悄然流逝的时光，你们有何感受？……面对匆匆逝去的时光，现代著名作家朱自清先生感慨万千，写下了脍炙人口的散文《匆匆》。（板书：匆匆）请大家一齐读课题。"

薛老师导得多巧啊！紧紧围绕"匆匆"二字，把抽象空灵的时间变成学生可感的具体、形象的事物来讲解，启动学生的头脑风暴，引领学生去探究，去学习，学生怎么会不被这样的导入吸引呢？

③扎实"练点"。

语文教学的根本任务是组织和指导学生学习语言，培养学生正确理解和运用祖国语言文字的能力。阅读教学离开听、说、读、写能力的训练就如无本之木，无源之水。小学生不善于抽象思维，对他们进行语言教学，主要靠学生感受语言，领悟语言，积累语言，运用语言，特别是对重点词语的理解，不能简单化地以词解词，也不要照搬字典中的解释。我们可以引导学生，联系他自己的生活经历、已有的知识经验来理解，这就需要进行扎实的训练。

（2）学中启迪学生探究。

①探究问题要精当。

课堂四十分钟的时间何其宝贵，如果泛化探究内容，必定导致课堂时间资源的浪费，影响教学进度，甚至熄灭学生主动探究的热情，打消学生真正探究的兴趣。语文阅读中的探究必须有别于其他学科，要坚持姓"语"，要与文本紧密联系。探究的点要抓准，探究的目的才会明确，探究的训练才会取得实效。曾经有一位教师教学《陶罐与铁罐》时，竟让学生分组探究"为什么铁罐会生锈，而陶罐不会生锈"，课堂"热闹"了近五分钟，但显然小学生不可能探究出什么结果，因为这涉及物理和化学问题，靠小学生现有的知识无法解决，这样的探究无疑是远离文本本意，毫无价值的。即使个别学生有提出这个问题，教师从保护学生的积极性出发，可以让学生课后去探究，而非在课堂上。教育家吕型伟先生就这一问题曾说过这样一段话："不能什么都让学生自己去研究，因为学习间接经验是很重要的，在学习期间，这是重要的途径。学生主要是学习和掌握别人的经验。好事也别走过了头。"而另一位教师在教学《纪昌学射》一课时，从学生质疑的众多问题中筛选"为什么全文很少写到纪昌怎么学习开弓射箭，却大量写到练习眼力？这与其后来成为射箭能手有何关系？"让学生探究，牵一发动全身，大大激发学生阅读文本的兴趣，教师在其中顺势而导，取得良好的教学效果。因此，在开展语文探究性学习的过程中，我们要正确认识探究性学习与传统语文教学之间的关系。教师要提炼和浓缩教学语言，精简板书，提高提问技巧，充分发挥教师的主导作用，努力激发学生探究的兴趣，强化学生探究的精神，培养学生探究的习惯，确保学生有充足的时间对值得探究的问题进行真正的探究。

②探究思路要多向。

据心理学家研究，学生阅读是由多种心理因素组成的复杂的智力活动，就阅读的心理机制而言，存在着两种不同的思维加工方向："逆分析方向"和"顺分析方向"，这两种方向常常同时存在，也就是学生阅读时经历了由文字、思想，形式、内容，外表、内里，部分、整体的互换心理过程。"一千个读者就有一千个哈姆雷特"，我们要尊重学生的个性差异，鼓励多角度、多形式地进行探究。比如，实验探究、讨论探究、比较探究、互助探究等，学生会在探究中体验自己独特的经历、感受，收获别人没有的快乐。

③解疑策略要多样。

"读书百遍，其义自见"，这体现出读在语文教学中的作用。读是教学过程中最经常、最重要的学习行为，它既是感知课文的手段，又是一种能力训练的方法。阅读教学强调的是学生自读、自悟，在课文中找答案，找例子，以文为据，以读为本。坚持以读为本的策略，包括初知内容的"速读"，捕捉课文要点的"浏览"，有分清层次的"理读"，还有"不动笔墨不读书"的"批读"……让学生在不断的读书过程中寻找到解疑的方法。此外，还有评价反馈策略、生生互动策略等，都是从扶到放的过程，也就是把接受性学习和探究性学习相结合的过程，帮助学生及时解决疑难问题，让学生归纳出学法，举一反三，尽量在主动"读、议"中迁移和运用。这样又把课堂时间充分地留给学生，目的是给学生留下主动尝试的空间，增强学生自学的信心和成功的体验。

④探究结果求多元。

既然是探究性学习，我们就要充分信任学生，让学生敢于尝试，不怕失败。我们不能用成人的眼光来看待学生探究的结果，要允许学生"异想天开"，给他们自由思考和做"白日梦"的机会，许多的奇思妙想就是这样迸发出来的。课堂上教师要充当引导者、组织者、参与者和拉拉队长。有些探究的问题不求认识统一，但求升华认识，只要不违背科学、伦理、道德，完全可以把异彩纷呈的结果用于交流。

(3) 导学有机结合。

精读的课文，尤其是每一单元前一两篇课文就可以以导为主，以探为辅；每单元后一两篇课文，尤其是略读、自读的课文，因为学生有一定的经验基础了，就可以以探为主，以导为辅。对不同教材、不同学生，用的方法就要加以整合，合适才是最佳的。接受性学习与探究性学习只有有机地结合起来，双剑合璧，在课堂中才能发挥其最大威力，达成教学的有效性。比如在理解课文的基础上让学生发挥想象，展开联想，补充文章中略写的部分，要学生探究；学习文中的某一句话的意思，可以让学生用几种不同的方式表达进行探究，并评出最美的、最合适的一两句；对同一篇文章允许有不同的分段方法，只要有道理就行，但可以把答案加以比较，筛选出最佳的给予肯定；允许学生对问题有不同的答案，可以保留意见，去调查，找资料，用事实（实验）来证明等等。像在《捞铁牛》《曹冲称象》《科利亚的木匣》《詹天佑》《赤壁之战》《田忌赛马》等课文的教学过程中，教师可以让学生探究"我们要向他学习什么""有没有比他更好的办法"，让学生学习他们打破习惯思维，从不同的角度、方位、侧面来思考问题。教师授课结束，并不就意味着教学任务已经完成了，学生个体之间有差异，学生的注意力、理解能力和记忆能力还处在发展阶段，所教的知识点学生难免会有遗漏、疏忽的地方，可让学生总结当天学习到的知识，让学生相互检验，或提出质疑，接受反馈，答疑解惑，巩固新知，让教学更具实效。

3. 课后延伸，促学生在探究中巩固和运用接受的知识。

（1）课外阅读中延伸。

大量研究表明，课外阅读对学生语文素养的形成有着极其重要的作用。课外阅读，让学生无形中将课内所学的知识和形成的能力很好地迁移运用到课外，以获取新的知识，提高新的认识，在积累语言文字的同时开阔视野，增长知识，陶冶品格，塑造人格，并在探究中巩固和运用接受的知识，"在游泳中学会游泳"。

（2）实践活动中延伸。

儿童的自觉性、果断性、自制力、坚韧度都较差，我们要敏锐地捕捉各种教育资源，训练学生思维的流畅性、变通性、精密性和独创性。我们可以通过丰富多彩的语文实践活动巩固课堂教学的成果，逐步使学生养成接受与探究的习惯。如像《凡卡》《白杨》等课文，教师在教学后可以让学生发挥想象进行故事续写，还可以让持有不同观点的学生继续辩论；像《颐和园》《草原》《桂林山水》等课文，在教学后可以让学生仿写；让学生学完《陶罐和铁罐》《西门豹》后演演课本剧；在古诗教学后可以让学生画一画、演一演、编一编……课外的延伸有了明确的目标，培养了学生的求异思维，扩大了他们的思考量，有效地培养了思维能力。延伸内容不会漫无边际地游离于课堂教学之外，与原教学脱节，并使之成为以后教学的切入口，使阅读教学形成一个完整的体系。我们还可以根据语文学科的特点，注重语言的"理解、积累、运用"，安排各种语文实践活动，如课前让学生查找有关的资料；课后摘录好词佳句；编辑剪报、小报；转述爸爸、妈妈的故事；成语接龙；歇后语比赛；对对子；创作打油诗；举办课本以外的故事会；班级的新闻联播；成语故事汇报会；课文广告秀等等。在活动中激发学生的学习兴趣、求知欲、好奇心，加强情感的体验，多样化、多视角培养接受与探究的意识。在语文实践活动中理解、掌握、积累、运用祖国的语言文字，在实践中增强创新意识，训练创新思维，长期坚持下去一定会让学生创意迭起，智慧的火花迸射。

三、接受性学习与探究性学习结合的"两个注重"

1. 应注重形式与结果的统一。

任何违背自然规律的做法必定导致失败。接受性学习忌大量灌输、不注重学生的理解力和运用能力，引发学生的接受疲劳；而探究性学习要注意探究内容的价值，不能为探究而探究，或只注重探究的形式，不重视探究结果的正确性。对于不同年龄的学生、不同的教材，两种方法结合使用时还要有所侧重。低年级的学生要以接受性学习为主，高年级可适当增加探究性学习的内容。

2. 应注重认知与情感的统一。

接受性学习与探究性学习在课堂教学中结合要注重促进三维目标的和谐统一。如果只注重课文内容的探究，只注重知识内容的任意拓展，却忽视了语文的本体训练，将说明性课文的学习探究变成了科学课，将记叙性课文的学习探究变成了思想品德课，就迷失了阅读教学的方向；如果没有给学生树立正确的道德观、荣辱观、价值观，我们将误人子弟，有愧于"人类灵魂的工程师"的光荣称号。所以我们要改变课堂教学片面单一的落后的评价方式，既关注到学生学习语文双基的训练提高，又让其在全过程中享受精神的洗礼，让学生不断接受真善美的同时，培养他们探究的精神与态度、探究的方法与能力、探究的行为与习惯等，促进学生健康成长。

让写走进阅读课

2011年版《课标》指出:"语文是实践性课程,应着重培养学生的语文实践能力。"听、说、读、写能力则是语文实践能力的重要组成部分。

阅读教学过程就是学生在教师指导下听、说、读、写的综合实践过程,是学生在教师指导下读懂书,掌握读书方法,养成良好的学习习惯和良好意志品质的过程,因而万万不可忽视写的训练。但是当前众多课堂普遍存在"君子动口不动手"的弊端,在阅读课上几乎看不到学生动笔写字和写作的场面,学生应做的写字、写作业、写作文等书面练习都放在课外,也就是忽略了写——这一极其重要的训练方式,把写挤出了课堂。为了纠正这一弊端,就要在阅读课中,拿出充分的时间让学生进行写的实践,让全体学生真正做到"耳到、口到、眼到、心到、手到",从而培养他们对祖国语言文字的兴趣,养成认真、正确地写的良好习惯。反之,没有写的训练,其他能力就难以延伸。让写进入阅读课堂是当务之急而又势在必行。

一、让写走进阅读课堂一举两得

1. 有利于培养学生认真书写和写作的良好习惯。

我国著名教育家叶圣陶先生早在50多年前就明确提出,学习语文的目标就是"得到阅读和写作的知识,从而养成阅读和写作的习惯"。我们在强调智力发展的同时呼唤良好的意志和学习习惯——非智力因素的培养。因此阅读课堂教学着力点应放在听说读写和语言文字的训练上,通过扎实的训练,提高学生阅读理解能力和运用语言文字的能力,从中学到知识,受到思想教育,培养良好的习惯。写好字、写好作业、写好文章是语文基本素养的具体表现。目前我们发现许多怪现象:街头广告错字错词频频闪现,学生一见作文就头疼……这也侧面反映出学校教学中对写的能力培养的缺失。因此在小学阶段一开始就让学生在课堂上有意识进行写的训练,逐步养成仔细观察、认真模仿、勤于书写、勤于练笔、勤于习作、修改文章,书写中做到能布局合理、卷面美观、行款整齐等良好的写字与写作习惯,会使学生形成受益终身的良好素养,对学生将来继续学习和参加工作都具有重要的意义。

2. 有利于调控课堂学习过程的情绪和氛围。

一张一弛，在课堂上表现为节奏的把握，气氛的调节。学生总在紧张热烈的氛围中学习，思维不可能始终如一地保持兴奋，在一定时候，让学生"冷"下来，动笔书写，圈、点、勾、画、练练、写写，把所学到的知识来个总结、梳理，学生的思维更容易得到集中，师生情绪都得以调整，适当放松为再一次的"热场"奠定基础，会更有效地提高课堂效率。

3. 有利于面向全体学生。

写在课堂上让每个学生训练的机会更均等，能改变"少数学生撑门面，多数学生做陪客"的课堂机会不均现象，增强学生的参与意识。学生在课堂上写，教师巡视，能更大程度地照顾到学困生，又能把大部分时间让给学生，以充分发挥学生学习的主动性和自觉性，融洽师生之间的关系，增进师生之间的感情。

4. 有利于反馈学生学习情况。

在教完新课或某一段落后，让学生动手做做课后练习，教师及时巡视、面批，能及时反馈当堂课教学的达标情况，并以学生当堂反馈的情况调控课堂，及时弥补缺失。另外，在课前预习检查中，让学生动手做做有关练习可检测学生预习情况，知晓学生存在的问题，提高学生自学能力，提高课堂效率，达到最佳训练效果。

二、让写走进阅读课堂要因年段而异

把写请进阅读课堂，必须根据课程标准的要求，分年段、有步骤地进行训练。

具体说来，低年级应注重写字习惯的培养，中年级要以习作训练为主，兼顾写字训练，高年级则侧重于写作训练。

1. 低年级注重写字习惯的培养。

我国传统语文教学历来十分重视写字。教师要通过准确、美观的板演示范，教学生认识汉字的结构，了解构字的规律，理清汉字的笔画、笔顺，再让学生认真练习书写，巩固所学知识，记忆字形，培养学生认真、工整、一丝不苟写字的良好习惯，并从中渗透汉字文化和书法艺术，让学生得到中国传统文化的熏陶和美育的感染。教师要求学生"心正笔正""字如其人"，这是语文教学打基础的第一步，至关重要，所以要切实抓好。

2. 中年级训练要兼顾习作与书写。

2011年版《课标》明确要求"能使用硬笔熟练地书写正楷字，做到规范、端正、整洁。用毛笔临摹正楷字帖。"随着年龄和知识的增长，中年级学生要加强词、句、段的训练，在巩固写字的基础上，写的训练范围要扩大，包括写生字、做课堂练习、写句、听写、默写、批注、做课堂笔记、摘录好词佳句、仿写等。

教师因势利导，让学生将阅读中所学的知识化为能力，实现知识技能的迁移，并进一步培养学生良好的阅读习惯，如"不动笔墨不读书"，学会圈点勾画；摘录好词佳句，逐渐强化语感，积累语言文字，丰富语言表达，陶冶爱美情趣，在阅读过程中设计精巧、有梯度的填空题或思考题让学生思维得以训练，所学知识得以强化、延伸；对重要词语，要随机让学生进行造句训练，要让学生写自己想写的话，并要求用词准确，不写错别字，逐步过渡到主动学习、自能作文的阶段。

3. 高年级侧重写作练习。

在良好阅读、书写习惯的培养下，高年级的学生阅读兴趣、动手能力有了明显的进步。教师要在课堂上指导学生摘录锦词丽句，交流收集的歇后语、谚语、俗语、比喻句等，广结博采，丰富积累，让学生写作文有取之不尽的材料。同时教师要指导学生造句、扩句、缩句、改病句、写读后感，加强语言文字的运用练习，并通过仿写、续写、改写等形式，让学生在课堂上动脑、动口、动手，寻找语言训练的最近发展区，消除学生害怕写作的心理，减缓写作的坡度，还能让学生在课文情绪环境的感染下把长期沉积在头脑中的感知记忆材料复苏，或喜或忧，或悲或怒，尽情表演，有效持久地培养他们的写作能力，培养良好的写作习惯。

总之，注重写在阅读教学中的位置，全面、有效、扎实地进行各种写的训练，是提高课堂教学质量的另一重要途径。

玩中悟，乐中学，趣中写

如何提高学生的作文水平，一直是语文教学的热门话题，也是困扰教师们的难题。现行的作文教学，不少教师还是沿袭传统的设计思路，即重点解决"写什么"和"怎么写"这两个问题，教学流程为"确定写作内容（准备素材）—写法指导—学生写作—批改评讲"。而前两个步骤更是被当成是作文教学的重中之重，教师们为此挖空心思，生活作文、观察作文、想象作文……各种类型的作文层出不穷。开头十法、首尾呼应、夹叙夹议……甚至快写作文等作文的技法、规矩总结了不少，令人眼花缭乱。但仍有不少教师反映作文难教，学生抱怨作文难写。

分析传统作文教学法，发现其优点是：教学目的明确，课堂条理清晰；素材单一，便于做写法指导，学生能学到不少写作知识。其局限性是：1. 课堂仍旧以教师为主体，学生处在被动接受的状态；2. 两段式教法，不可避免地把写作内容和写作方法这两种有着必然联系的事物人为地割裂开，从而导致学生情感与知识的分离，甚至让已经兴奋的孩子又冷静下来，按图索骥，按老师的思路写作，这不利于学生用自己的语言表达真实的情感；3. 教师细致用心的指导、评讲，学生难免"千人一面，人云亦云"，雷同、呆板、成人化、格式化的作文，往往缺少童言、童真、童趣、童性，如此教作文，必定让孩子产生接受疲劳，久而久之必然对作文产生畏难情绪和惧怕心理。因此我们要加强对学生心理的研究，寻找激发小学生作文兴趣的良策和指导写作的有效方法。

写作素材是写作必不可少的载体，自然十分重要。2011年版《课标》对此有明确的要求："为学生的自主写作提供有利条件和广阔空间，减少对学生写作的束缚，鼓励自由表达和有创意的表达，鼓励写想象中的事物。加强平时练笔指导，改进作文命题方式，提倡学生自主选题。"对写作知识、方法、技巧的阐述就相对模糊，"写作教学应抓住取材、立意、构思、起草、加工等环节，指导学生在写作实践中学会写作"。可见，对小学生来说，灌输单纯的写作知识、方法、技巧是要不得的。说教，模仿，是让学生被动"获得"，而非主动"习得"。学生的大脑不是简单的容器，即使接受了所谓的技巧，应用起来也是生搬硬套，不可能自然、鲜活。

作文教学不仅是单纯教会孩子们写文章，更是要发展学生的思维，培养综合能力的创新活动。2011年版《课标》明确指出："写作是运用语言文字进行表达和交流的重要方式，是认识世界、认识自我、创造性表述的过程。写作能力是语文素养的综合体现。写作教学应贴近学生实际，让学生易于动笔，乐于表达，应引导学生关注现实，热爱生活，积极向上，表达真情实感。"既然写作是认识和创造性表述的过程，我们教学时就要遵循学生的认知规律，尊重他们的表达方式，发展思维能力，培养创新意识。

系统论告诉我们"合理的整体功能大于各部分功能的相加"。我不断反思原先作文教学的得失，又从李白坚、储晋等老师的作文教学中得到启发，对传统的作文教学模式进行分析和改革，重视教师的主导作用和学生的主体认知作用，扬长避短，另辟蹊径。我尝试用"1+1"快乐作文教学法，把"1"（写作内容）和"1"（写作技巧）加以巧妙融合，即把写作的知识技巧寓于生动有趣、形式丰富的写作内容之中，通过创设情景，激发学生写作兴趣，充分调动学生的主体积极性，发展个性写作的同时，感悟写作的知识、方法、技巧，使之同化、顺应，真正"习得"。正如2011年版《课标》中要求的："在写作教学中，应注重培养学生观察、思考、表达和创造的能力。要求学生说真话、实话、心里话，不说假话、空话、套话，并且抵制抄袭行为。"几经尝试，教学效果较好。

一、"1+1"快乐作文教学法的特征

"1+1"快乐作文教学法，旨在激发学生作文兴趣的同时，培养学生观察、思维、想象力，在写作实践中渗透写作知识、技能、方法，让学生在兴趣盎然的情景中体验、感悟写作，也就是让他们在玩中悟，乐中学，趣中写。因此，写作之前多是创设情境，开展游戏，激发写作兴趣。难点在于设计的内容还要与学生所要学习感悟的知识点相吻合，让学生在玩中学，在学中玩，快乐轻松地写作并掌握写作的知识、方法、技巧。学生写作之前，教师不要多加指导，让学生充分表达个人的感受，使其在了解自己、发现自己的同时也教育自己。先放后扶，在写作后教师对学生加以点拨、指导，使学生对自己的写作体验得以深化，收获成功的喜悦。

二、具体操作环节

1. 选好素材，搭建桥梁。

"1+1"快乐作文教学法与传统的备课方式截然不同，属逆向思维。我们可以先考虑学生所要掌握的知识，再寻找可以承载的载体——素材，再设计有关的细节。

例如，希望学生学会观察，我们可以设计这样几节课："人体摄像机""放大镜和显微镜""神奇的手""大家来找碴"……让学生先做游戏，再在游戏中学会

观察事物的方法。教学生围绕一个意思写具体，可以让学生们写"胖子——朱朱"，比一比哪个朱朱最胖，写"没头脑——丁丁""不高兴——当当""南极历险记"……教学生选材，有"难以割舍之人""小猫咪的苦恼"……教学生描写心理活动的有"扫除心中的魔鬼""伤心辞典"……教学生"文似看山不喜平"，可以写"神通广大的陈老师""砖头奇遇记"……教学生修改作文有"作文医院"等。不难看出，这些素材大多来自学生的日常生活、游戏和童话故事，趣味性强，贴近学生的生活，学生很容易被感染，很容易接受。难点是找准知识的停靠点，捕捉学生学习的兴奋点，发现学生的闪光点。我们只有找好写作素材和知识的结合点，把知识融于写作素材中，这样，分层次、分阶段对学生进行训练，我们的课才能成功。

前一段学校组织春游，学生玩得可开心了。可是一回去写作文，不少学生就抓耳挠腮，苦思冥想，觉得脑子里空空的，什么都记不起来了。大家都说要是有台摄像机那该多好啊，这样就可以把看到的景物拍下来，到时候播放一下，清清楚楚。我从中得到灵感，上了一节"人体摄像机"，教学生学会观察。

一上课，我就告诉学生一个"秘密"，说我们每个人身上都有一台精密的"人体摄像机"，并且要他们在脑袋上找出"前进""倒带""播放""录像"等键，要他们先试录一段，看看每个机器的性能。随着"录音"的号令，学生都在脑门上按了一下"开始"键，班上顿时鸦雀无声。我清了清嗓子，学着机器人的声音说："同学们，你们好，我是你们的机器人老师。我的名字叫叮当……"我戛然而止，定格在那里不动了。学生先是一愣，然后七嘴八舌地议论说"机器人死机了！""不，是没电了。"……这时，我突然说了声"停止"。学生这才恍然大悟，连忙按头上的"停止"键。接着，我让他们"倒带"，回放刚才的录音，让学生说出来。结果可想而知。有的学生没有注意内容，丢三落四；有的学生没有注意语调；有的学生没有注意其他同学的议论……我笑道："看来，这里有不少不合格产品。"学生不服气，嚷起来："不算，再来一次！"

于是，第二次，我要求学生录像，然后指着五官，绘声绘色地继续说："我们的双眼就是最棒的镜头，只要你不睡觉，它就不休息，随时随刻拍到任何你想要的画面，甚至是三维立体的呢；我们的双耳就是敏锐的麦克风，能录下各种有趣奇特的声音；我们的鼻子是录像机加装的辅助功能，可以嗅到各种奇奇怪怪的味道，香的，臭的，辣的……我们的人体摄像机多棒啊！当然，再好的摄像机如果没有配上磁带或记忆棒，所有拍的东西都是零。磁带和记忆棒在哪儿呀？对了，在我们的大脑里，我们的记忆棒内存可大了，关键看你如何录像，如何储存……"这次学生看得更认真了。在后面的"回放"中，学生们在叙述时不仅能复述我的语言，还能模仿我的动作、表情。我立刻给予褒奖，夸他们是"省优""部优""国优""通过 ISO9002 认证"的优质"录像机",孩子们乐得合不拢嘴。我乘机让他们把这节课的内容写下来,并要求在文章的末尾用一句话写自己的感受。这次的作文,很多孩子都得了"优"。因为他们言之有物,因为他们言之有情,因为他们言之有悟。

2. 创设情境,或启发诱导,激发写作兴趣。

写作教学应贴近学生实际,让学生易于动笔,乐于表达,应引导学生关注现实,热爱生活,表达真情实感。我们只有充分调动学生的写作兴趣,诱发写作灵感,让他们展开想象力、创造力,尽情尽兴地写,说出真话、实话、心里话,我们才可能在写作教学中培养学生观察、思考、表现、评价的能力,提高学生语文素养和综合素质。情境的创设要贴近学生生活,学生能接受,并能满足我们训练需要,这的确富有挑战性,同样可以激发我们教师的创造力,需要我们不断地探索、总结。

在批改作文中我发现不少孩子动词的使用欠妥,不是用词不当,就是重复使用。看来,孩子们的词汇积累太少,动词的使用很不准确,要下大力气解决。来一次动词练习吧,怎么练呢?改病句形式陈旧;选词填空不错,但学生的词汇量不一定会增加。看到操场上活蹦乱跳、手舞足蹈的孩子们,我灵机一动,有了主意。

上课了,一进教室,我故意对着班上的"皮大王"、刚才还在走廊上打闹的林同学说:"你刚才怎么又在走廊打闹了,你觉得动手动脚好玩吗?"

"当然好玩!"其他几个小调皮附和着。

"那,今天我不上作文课了,我们来个比武大赛,选出我们班的武林高手好不好?"男孩子们立刻兴致勃勃,摩拳擦掌地喊到:"好!"不少女生面露难色。

我在黑板上写上了"比武大赛"和"南拳""北腿",并陈述了比赛规则:"在规定的时间写出表示手和脚动作的词语,比如手的动作有:打,拍,谁写得多,谁就获胜。女孩子只要认真,不一定会输。第一轮"南拳"比赛,预备,开始。"

教室里顿时只听到沙沙的写字声……

经过较量,同学们分出了"段位",评出了"擂主",但成绩不理想,最多的也才写 24 个。我让高手们把动词写在黑板上,其他学生补充,不一会儿,整块黑板写满了。学生们惊叹不已,许多学生在奋笔疾书,看到"擂主"宝座落在女生手上,女生士气大增,男生不服,一直叫嚷着:"再来一次,再来一次!"快下课了,我宣布:"休战,今天回去好好准备,明天正式比赛。"下课时,我看见孩子们都在教室里交流、讨论着。

第二天比赛,果然,有个学生在三分钟之内写出了 109 个手的动作词语,两分钟内写出了 58 个脚的动作词语,还出现了不少昨天没有出现的新词,荣获冠军。我在一旁暗暗窃喜……接着我还找了一些片段让武林高手们切磋技艺，又让他们演哑剧，让对方猜动词，我还伺机给他们讲"推敲"的故事，告诉他们用词准确的重要性。

比赛结束后，我让孩子们把比赛的过程记录下来，我发现这次学生写的作文十分生动，充满激情，对动词的使用也留心了。

3. 评讲点拨，内化知识。

当学生在外界情境的强刺激下，写作的欲望被充分调动，"憋得难受"时，教师就应该把握时机，让他们不拘形式、灵活自由地倾吐心声。此时教师不宜多话，打乱学生的思维，待学生兴奋期过后，再用生动精练的语言启发和引导学生把最大的收获、最特别的想法说一说。教师及时收集反馈信息加以点拨，既可以说"文"，也可以论"道"，并对学生进行激励。我提倡"导而弗牵不过细"。学生的作文难免会出现用词不当，前后矛盾，详略不当，脱离实际等问题，我们不应该批评讽刺，挫伤他们的积极性，对于学生悟出的写法要大加赞赏，让他们感受成功的喜悦，再让他们自评、自改，以利于今后有意识去阅读、观察、体验、领悟，逐步内化为写作能力。

例如，教学生修改作文，我上了这样一堂课"给自己的作文体检"，告诉学生："我给不少作文检查过身体，看过病，发现不少作文处于'亚健康'状态，大病没有，小病不断。小病不治，可能变成大病、慢性病。所以我今天特意请同学们先给自己的作文体检，看看自己的作文有什么毛病。"学生个个兴趣盎然，纷纷写下自己的毛病，比如"不知道作文写什么""好词好句少，句子不优美""语句不通顺"等。

接着，我就加以点拨提示，提醒学生和身体的疾病联系起来想，归纳出作文常见病有这么几种：1. 素材贫血症——经常提笔不知道写些什么，只好寥寥数语，草草了事；2. 暴饮暴食巨人症——对材料不加选择，记流水账，长篇大论，却无实际内容；3. 段落骨折症——段落与段落之间不注意衔接，上下文不连贯，文章结构松散；4. 句子神经病——词不达意，语句不通顺，句子意思表达不当，甚至闹出误会、笑话；5. 表达营养不良症——不善描写，语言单调、枯燥、平淡、苍白，缺乏感染力……学生们的兴趣更浓了。学生还创造出"心脏偏移症""粗言秽语症""习惯性头疼"等等常见病症状。

我见时机成熟，再次引导深入："有病咱不怕，只要平时注意保健，经常体检，及时发现，对症下药，就能药到病除。不少的作家、语言学家们研究出独家秘方，大家不妨一试。'素材贫血症'可服用'达尔文丸''蒲松龄冲剂''李贺胶囊'等，学习他们平时多读、多听、多看、多想的习惯，做生活的有心人。其实生活不是缺少美，而是缺少发现美的眼睛。捕捉生命中的每个感动，你会发现，生活原来很精彩。"那么其他疾病如何对症下药呢?

学生各抒己见:有"暴饮暴食巨人症"的病人千万别灰心,平时注意饮食习惯,有选择地摄入营养,也就是要认真选材,同时文章要减肥,来个美体手术,大刀阔斧地删除多余的赘肉,即与主题无关的内容及重复啰唆的部分,局部进行整容修补,或运用修辞手法,或用上成语典故,或引用名言警句,生动形象,言简意赅,作文即可恢复健康,重现苗条身材;"段落骨折症"的患者可来个内外兼治,内服钙片(注意句与句、段与段之间的联系,严密文章的逻辑),强健筋骨,外涂骨胶(用好过渡句、过渡段),加快愈合,作文定会恢复生机活力;至于语句方面的毛病,推荐"十全大补丸"(名家名篇),补充各种微量元素(各类课外书籍),建议每日一到三次,每次一到三篇,长期服用保管增强免疫力,身强体壮,百病难侵。这正印证了我们老祖宗的话:"读书破万卷,下笔如有神!"还有的学生还特别提醒大家的是,要牢记"生命在于运动"。要想作文健康,最重要的是眼勤、脑勤、手勤、多写、多练、多改。健康是练出来的,好文章是改出来的!还有,好文章还要用漂亮的字来写……

最后我呼吁:"为了自己作文的健康,赶快给自己的作文体检吧!如果你发现自己的作文有不少毛病,马上着手治疗,作文也能拥有美丽,拥有健康!"趁热打铁,我让学生想象未来世界有一家作文医院,让他们想象医院是什么样的……学生们的一篇篇美文跃然纸上,并对修改作文有了深刻的认识。

我尝试了"1+1"快乐作文教学法多年,孩子们很喜欢上我的课,我自己备课也多了一条思路,感觉教作文也轻松了许多。但我也清醒地知道,它并不能代替所有的作文教学,我还需要不断地探索和改进。

合作学习要关注操作细节

合作学习是新一轮课程改革实施以来所大力倡导的学习方式,但在实践中存在着为合作而合作的现象,课堂上貌似热热闹闹,实则松松散散,成效不尽如人意。不少人感叹:如此合作学习,不给力啊。

2009年,我有幸成为"香港与内地教师交流协作计划"的参与者,在香港的一年间,我发现合作学习在课堂教学中颇有成效,受到师生欢迎。据了解,早在十多年前,香港中小学就掀起一股合作学习的热潮,教育部门通过培训教师大力推行。如今,合作学习在香港课堂是常见的教学方式,充分体现了民主、开放、创新、照顾差异的教学理念。小班化格局更为合作学习提供了得天独厚的便利条件,所有学科的任课教师几乎在每节课上都会运用合作学习,学生也习以为常。通过深入观察,我觉得香港课堂的合作学习绝对不是单纯的教学方式,其中的操作细节让我对合作学习又有了更新的认识,更多的思考。以下是香港课堂片段镜头的回放,我们可以比较、反思、借鉴,从而改进我们的合作学习方式。

课堂镜头一:认同合作者身份,明确合作中的分工。

香港保良局方王锦全小学张老师执教四年级《破釜沉舟》第三课时,要求学生展开合作学习,讨论项羽的性格特点。黑板左上角张贴的一张A4纸,上面打印着"1. 组长;2. 资料收发员;3. 记录;4. 汇报"。这是合作学习小组成员的身份认同,让每个成员确认自己在合作中的角色和任务,这样就解决了小组内分工的难题,简便易行。学生在合作中既发展了自我,又关注了小组,增强了组员的归属感和认同感,个人主动性得到了充分的发挥。当然,小组中学生的号数固定不变,但任务分工可以轮换,每个学生都有机会体验不同的角色,分配到不同的任务,练习不同的内容。

课堂镜头二:认领学习任务,围绕不同任务讨论。

同样执教《破釜沉舟》,保良局方王锦全小学何梅英老师先是重点教学第一自然段,指导学生通过"读一读、想一想、议一议、写一写"的学习步骤,讨论归纳项羽的性格特点,并总结出可以通过人物的语言和行为来体会人物的性格特点的学习方法,这是本单元的训练重点,也是本课教学的难点。紧接着,何老师让学生用这种学习步骤和方法分组展开合作学习,讨论项羽的性格特点。她先让资料收发员上来，让他们抽取自己手上的"工作纸"并领取彩色的小纸片。原来，课文的段落太多，如果让学生讨论全部课文段落，需要很长时间，学生对项羽的性格认识必然肤浅。因此何老师让每一组自由抽取其中的一段进行讨论，每一段内容的学习安排两个小组参与，这样也避免了合作学习中不必要的认领任务争执，汇报的时候也能相互比较、竞争。而学生可以通过讨论，把总结出来的项羽性格特点写在彩色的纸片上，等到小组汇报的时候，汇报员就拿着纸片上台汇报并粘贴在黑板上，让其他同学一目了然。何老师在最后进行归纳总结时，利用这些纸片，分出了褒义词和贬义词（教学的另一学习目标），大大节约了讲授时间，提高了课堂效率。学生注意力更加集中，学习活力得到张扬。通过小组成员的合作讨论，学生总结出了项羽性格的诸多特点，出现了"有计谋""冷酷"等连教师原先备课时都没有想到的词汇，让所有听课的教师都惊叹合作学习给学生带来的思维喷发，惊叹学生的创新性、批判性思维的个性彰显。

课堂镜头三：丰富合作方式，充分发挥学生特长。

香港圣公会诸圣小学的吴老师执教六年级《火烧云》时，在教完课文内容之后，让学生分组合作讨论火烧云是如何变化的，并发放磁性画板和彩笔，让学生读一读，画一画。课堂立刻热闹起来。学生们先是认真读课文，接着七嘴八舌地议论，然后就画图、标示。我发现班上原先总是被冷落在一旁、不爱言语的小胖因为是绘画高手，现在被小组的成员众星捧月般围在中间，而小胖平时迷离的眼神也变得神采飞扬，她用心地画着，那表情似乎在说"我不会让你们失望的"。是啊，合作学习绝对不是简单的个体和群体的运行，合作学习可以照顾差异，让更多学生参与展示，让各个学生都有彰显自己的机会。正因为学生与学生之间既有共同点，又具有差异性，所以才通过碰撞交流、助长式的互动，增进彼此的了解，互相信任、依赖、认同和接纳，逐渐缩短彼此之间的知识、技能、心灵上的差距，增强凝聚力，发挥团队精神。这应该是实施合作学习的初衷和目标。

课堂镜头四：合作过程限时，及时计分评价激励。

当宣布合作学习开始时，保良局方王锦全小学钟老师很自然地走到黑板前，按下贴在黑板上的电子定时器，告诉学生讨论时间为5分钟。随着显示屏上时间的流逝，学生的讨论速度明显加快，一个小组举手示意完成了，钟老师说"加5分"，小组的计分员立刻在自己小组的计分纸上加分。其他几个小组成员立刻紧张起来，连"慢热型"的学生也迫不及待地催促同组其他同学加油。随着时间的推移，举手的小组也越来越多，加分声频频，"加4分""加3分"……当小组汇报时，钟老师或点头赞赏，或皱眉发问，对于学生的合作学习结果不断给予肯定加分，"这个答案有创意，加5分"；"伊伊同学今天汇报声音很响亮，加3分"；"这组同学都认真聆听，加3分"……每个小组的计分员都在自己的计分纸上不断加分，期盼在课后能拿到冠军。在计分评价的激励下，六个小组逐个汇报分享，越说越精彩。课堂节奏既紧凑，又弥漫着温馨与和谐，学生的学习兴趣和专注度也越来越高，主体性得到了充分发挥。

课堂镜头五：合作层次有别，汇聚全班合作成果。

圣公会诸圣小学五年级的写作课上，林老师投影出《月亮忘记了》，先让学生仔细观察，然后让学生开展小组合作学习，再交流所看到、听到、想象到的内容，并进行大胆表达。教师随机给以句式提示，让他们把交流的内容写成整齐、流畅的句子。最后开展全班合作，即将各个小组合作的成果加以汇总，合作完成了这样一首诗，让学生上台汇报表演，展示全班学生的合作成果。

蓝蓝的天空
皎洁的月亮
可爱的小孩
长长的货车
明亮的车头灯
一阵阵的风声，令人感到舒服
货车一边行驶，一边发出"噗噗"的声音
小孩子和月亮玩得很开心，她们哈哈大笑起来
长长的货车想回去休息
活泼的孩子想捉住皎洁的月亮
皎白的月亮想到美丽的地球玩耍
小孩对月亮说："月亮，你好圆喔！"
小孩对货车说："不要开得太快喔，我想和月亮玩一会儿。"
小孩对自己说："好哇！我捉到月亮了！"
……

任何教学方法没有最好，只有合适和不合适。在使用此学习方法的时候，关键是要看话题是否适合学生共同参与。话题的选择应有开放性、争议性、层次性的特点，才可以让学生有话可说，有理可论，才有机会照顾不同层次的学生展示自己，进行思考、讨论、分享。林老师巧妙的选题，精心的设计，让学生有了共同参与合作的空间，再加以点拨，就能点石成金，让课堂诗意盎然。

还有很多合作学习的生动镜头深深镌刻在我的脑海里：教师的躬身参与；各组细则分明的"自我评分表"；教师让同组的学生完成分层次的"工作纸"……通过课堂观察思辨，我发现合作学习是对合作过程的精心组织和对学生主体的充分尊重，既有效地培养了学生合作学习的能力，又大大增强了合作学习的有效性，既有效果，又有效率。我深深感受到这样的合作学习真给力！

《猴王出世》第一课时翻转课堂学案

【教材】
人教版小学语文五年级下册第21课。

【课前准备】
建立学习网站，设有"作者生平、故事人物、名家点评、视频欣赏、辅助资料（词语注释、图片赏析、原文对照）、互动学习"。

预学评价表

班级_____姓名_____

预学内容	优秀	良好	合格
1. 我能把课文读得正确、流利。	★★★	★★	★
2. 我圈出了生字、生词，读准了字音。			
3. 我能用二字词概括每个自然段的意思。 出世——（　　　）——（　　　）——（　　　） 我能用一句话概括课文的主要内容：_____ _____			
4. 读这篇课文，我最喜欢它的____。 （A. 故事　B. 人物　C. 语言　D. 中心　E. 其他） 结合课文内容说给家长听。			
5. 我能提出自己感兴趣的或不懂的问题：_____ _____			
6. 我能抄写一个最喜欢的句子，并说明喜欢它的理由。 句子：_____ 理由：_____			
7. 我充分利用了学习网站中的辅助资料进行自主学习，并在学习群里与伙伴交流、分享。			

经过努力，我一共得到___颗星。

【课堂教学】

一、谈话激趣

1. 猜一猜他是谁。

（1）手持金箍棒，捉妖降魔，七十二变。（孙悟空）

（2）少年英雄，三头六臂，带有六件法宝。（哪吒）

（3）神机妙算，足智多谋，手持鹅毛扇。（诸葛亮）

（4）武艺超群，酒量过人，赤手空拳打死老虎。（武松）

（5）红脸膛，骑赤兔马，善耍大刀，过五关斩六将。（关云长）

（6）着装华丽富贵，心狠手辣，精明能干，明是一把火，暗是一把刀。（王熙凤）

2. 说说自己是怎么猜到的，了解哪些学生读过四大名著。

师引导：厉害！全猜出来的孩子，在"预学评价表"上给自己加两颗星。现在难度加大，如果让你删掉谜面上的一些内容，却还能让大家猜出答案，你会删什么？（这是孙悟空的特质，哪吒的独门兵器，标志性物件，妇孺皆知的故事）有发言的同学再给自己一颗星。

看来，我们班的孩子真是见多识广啊！请问，你们知道这些人物都是出自哪些小说？这些小说被誉为我国的四大名著。这四本书谁读过？我们即使没有读过原著，也能对号入座猜出这些人物。可见，几百年来，这些人物形象广为流传，甚至成为中国的元素，这就是经典。

二、介绍新型课堂

同学们，今天，我们就先走进大家最熟悉的《西游记》，领略经典名著的风采！今天的课堂与以往的课堂不同，就像孙悟空一样翻转，是翻转课堂。

课件先出现翻转课堂四个字，之后再出现"共学单"

昨天大家都做了什么？昨天我们预学了课文，今天我们来检验所学的内容，提出问题和探究答案。上课。

三、共学

1. 课件出示翻转课堂的"共学单"。

（1）我能用二字词概括课文每个自然段的意思。

出世——（　　　）——（　　　）——（　　　）

（2）我能用一句话概括课文的主要内容。

是啊，一蹦，蹦出只石猴。一跳，跳出了美猴王。这个故事情节多离奇，谁看了都喜欢。

读文章，看小说，也可以像这样把很长的一段内容，读成一个词，一句话，就能初步了解文章的意思。积少成多，再长的文章也不怕读不懂！觉得自己有进步的给自己加颗星。

师相机引导，板书：情节。

2. 生生、师生共学。

（1）出示共学问题。

继续努力！通过预习，同学们还在QQ群中发表了自己的看法，提出了不少有意思的问题，大家觉得这三个问题特别有意思。

师点击课件，出示共学问题。

能提出这些问题的同学很不简单，会读书，更会思考，请为自己加上三颗星。

（2）合作小组共学，解决问题。

合作学习小组一起研究讨论，你们还可以借助网络搜索，看看能不能帮忙找到答案。找到答案的每个成员都可以加星。时间5分钟，开始！

A. "石猴没爹，没妈，怎么能生出来？"——他怎么来的？无性繁殖？完全靠作者想象出来的——神奇，再读读课文，找找还有哪些都是作者凭空想象出来的？

B. "孙悟空的金箍棒有多重？"——注意文章中其他的数字，发现什么秘密？

C. "石猴为什么能和狼虫为伴？"——说明他本事大，能结交各种类型的朋友，有领导的才能。

（3）汇报、交流。

师相机引导，紧扣情节离奇、想象神奇，板书：想象、奇。

3. 读到此时，石猴在你心里是（　　）猴王，从文中找到依据，有理有据地和伙伴们分享。请大家登录班级QQ群聊一聊你心中的石猴。

播放音乐，学生讨论、交流。老师相机结合课件中的对仗、语言、动作等有关语句，引导学生学会赏析经典人物形象，朗读部分语句。

板书：语言、人物

读着读着，我们仿佛都成了石猴，我们这里有了一群的猴子，这里成了欢乐自由的花果山。

四、研学拓展

1. 拓学评论家眼中的猴王。

这是同学们眼中的猴王，不同的读者，他们眼中有不同的猴王。请看课件出示评价孙悟空的语言。

（1）孙悟空的形象是人、猴、神的结合体。——季羡林

（2）孙悟空是猴，一副猴相，还常常猴急；孙悟空是人，爱憎分明，一生受不得气；孙悟空是神，法力无边，神通广大，百折不挠，勇往直前。——文学史

中对孙悟空的评价

(3) 不守规矩，崇尚暴力。——英国人眼中的孙悟空

(4) 孙悟空身上表现出"儿童气质"和"江湖习气"。——出自林庚先生对《西游记》的研究。林庚先生说："《西游记》以儿童的天真烂漫的情趣讲述着动物世界的奇异故事，以及它赋予孙悟空的活泼好动、富于想象和轻松游戏的乐观性格，都暗含着当时社会思潮中寻求精神解放与回到心灵原初状态的普遍向往。"

2. 拓学经典四大名著的人物。

(1) 课件出示卡尔维诺的名言。

这就是经典的魅力，经典的魅力在于它的语言、它的人物形象和其中蕴含的丰富的思想，我们再来看相关"经典链接"。

(2) 课件出示"猪八戒吃人参果"片段。

猪八戒与孙悟空形象鲜明，反差极大，我们能体会到作者的语言特色，还能感受到语言描写与内容是高度融合的，不信，我们来读读。

学生朗读片段，对比体会。

(3) 感受名著有一些共同的特点。

出示"温酒斩华雄"片段——以少胜多的描写手法，简练却让人想象无穷，中国独有！

(4) 更适合说书的是《水浒传》，而博大精深的《红楼梦》被称为"中国古代的百科全书"，人物的描写同样形象生动、个性鲜明。课件出示"刘姥姥进大观园"的片段。

五、总结

这就是经典，经得起时间考验的作品，时间愈久，愈能散发出魅力。你可以在不同的时间阅读不同版本的经典，现在你可以读少儿版的，若干年后读古文版的，还可以读外文版的。读他们时，可以大口"鲸吞"，更可以像牛吃草一样咀嚼。相信每次读，你都会有不一样的惊喜。

今天，我们的课就上到这里。希望我们下次再见面时，你不是告诉老师"我在读四大名著"，而是告诉我，你在重读四大名著。下课。

[板书设计]

21 *猴王出世

奇

情节　　想象　　语言　　人物

品课综述：重构课堂，易于翻转

在备课时研读文本，经过数次集体研讨，易语文团队的教师将此课教学目标定位为以下四条：1. 利用信息技术预学。学生能根据文前"阅读提示"和老师提供的视频资料，自主学习课文，了解课文主要内容；2. 尝试借助文中注音和工具书，正确、流利地朗读课文；3. 通过多种学习方法，自由品读语言，感受文字，初步了解石猴形象，体会石猴性格特点；4. 激发学生继续阅读经典名著的兴趣。

毕竟是具有相当阅读难度的古典文学片段，以它为文本翻转课堂，我们深感经历了较为艰深的挑战。挑战一：面对文本的畏难情绪。作为节选自四大名著《西游记》的第一章的课文，文本又是介乎古文和白话文之间，内涵丰富，学生受年龄、时代、知识结构等限制，阅读有一定的难度。学生对经典作品了解不足，缺乏鉴赏力，再加上经典小说篇幅长，情节复杂，人物众多，也给学生阅读增加了难度。挑战二：全新的尝试，缺乏借鉴。信息时代，我们离不开信息技术。但如何充分运用信息技术，没有可以借鉴的样板，只能靠我们去尝试、探索。在福建省电教馆教研室陈凤燕主任指导下，我们厘清了相关概念，尝试寻找两个领域的相关链接点，利用信息技术特长解决问题。信息技术能帮助我们查找资料，解读文本，更能让学生在课堂上体会"师生互动""生生互动""人机互动"等信息交流的乐趣。

此次尝试翻转课堂，执教《猴王出世》，课后留给我不少反思。首先，传统的教学模式是教师在课堂上讲课，布置家庭作业，让学生回家练习。与传统的课堂教学模式不同，在翻转课堂式教学模式下，学生在家完成知识的学习，而课堂变成了教师与学生之间、学生与学生之间互动的场所，包括答疑解惑、知识的运用等，从而达到更好的教育效果。本课教学，学生自主、合作、探究体现得淋漓尽致，特别是"共学"部分，在线讨论"你心中的石猴"，学生在QQ上讨论异常热烈，从不同的角度对石猴"评头论足"，提出的问题有的让人有点哭笑不得，但有的确是非常合乎情理的问题。其次，是从刚性预习向弹性预习翻转。以往学生的预习无非是教师布置的"老三样"，学生在简单枯燥的模式下往往是应付，预习变成走过场。在翻转课堂的预习中，教师收集整理海量信息的同时，自己对作者，对文本的理解力大大提升。其三，是从单一的课堂说教到信息技术的翻转。传统的讲授式教学，让信息输出和输入管道单一，对输出方（教师）和接受方（学生）要求都比较高，容易造成师生关系紧张。信息技术以它独特的交互性、开放性、及时性等特点，让教学方式发生根本性转变。我发现学生在利用

QQ 过程中，100％学生都有发帖子，和讨论组伙伴交流，短短的 5 分钟，人均发帖 3 条。这才是真正面向全体，照顾差异，让学生参与到讨论中来的教学模式。

易语文教学理念认为的翻转课堂是创新，是"变易"，是在创新中固守，是"不易"其志。不管如何翻转，小学语文教学依然要"姓小"，"名语"。所以在教学过程中，我依然注重学生的听说读写，注重对学生思维、想象能力的培养，注重学生语用能力。例如，我从"猜猜他是谁"导入，用文字游戏，让学生浸润在名著的氛围中，并有意识地渗透"人物描写抓特点"的概念；多次让学生读书，从浏览，到带着问题默读，到朗读品味，到齐读欣赏；让学生关注文章的奇，通过交流，讨论，对比，让学生走进经典，感受经典的独特魅力；引导学生用"鲸吞""牛嚼"的读书方法，消除读经典的恐惧；用名家点评的方式让学生拓展思维，学会多元赏析，体会阅读经典的乐趣。从备课到执教再到最后的反思，我深刻体会到夸美纽斯说过的一句话："大教学论的主要目的在于寻求并找到一种教学的方法，使教师少教，学生多学；使学校少些喧嚣、厌恶和无益的劳苦，多些闲暇、快乐和坚决的进步。"在任何时候，把时代的新技术融入教育，让教育不断唤醒、激励、鼓舞每个人，是时代赋予教师的使命。

《母亲的鼓励》课堂观察

课堂实录

【教材】
沪教版小学语文五年级下册第12课。

一、课前热身
学习小组汇报交流各自收集的有关赞美母亲的名言警句，伴随着柔美的音乐声，由各个小组汇报交流。

收集到的名言有：

世界上有一种最动听的声音，那便是母亲的呼唤。——但丁

成功的时候，谁都是朋友。但只有母亲——她是失败时的伴侣。——郑振铎

母亲啊，天上的风雨来了，鸟儿躲到他的巢里；心中的风雨来了，我只躲到你的怀里。——冰心

父兮生我，母兮鞠我，抚我，畜我，长我，育我，顾我，复我。——《诗经》

……

二、谈话导入

师：同学们，刚才我们分享了大家收集到的歌颂母亲的名言，上节课我们学习了课文《慈母情深》，我们深深感悟到了，每一位母亲，为了孩子的成长，无怨无悔地付出，心甘情愿地承受生活的艰辛，母亲很伟大。母亲，是全人类公认的爱的化身！今天就让我们再来认识一位伟大的母亲，她用自己独特的方式，给孩子爱的鼓励，让我们一起学习——

（师板书课题：12　母亲的鼓励）

师：一起齐读课题，读出你对母亲的特有的爱与敬重。

（生渐渐入情，齐读课题）

三、初读课文，概括内容

师：昨天大家预习了课文，现在我们一起来聊聊这篇文章，谁来说说课文是按什么顺序写的？依据是什么？同桌可以先聊聊。

生：是按照时间顺序来写的，写了这个孩子从幼儿园到小学、初中、高中，母亲不断给他鼓励。

（课件出示：幼儿园　　小学　　初中　　高中）

师：你预习很充分，是个很会学习的孩子，不仅明确了作者的写作顺序，还说出了文章的主要内容，比老师小时候强，将来会有大出息！谁还可以试着再说说文章的主要内容，可以把故事的结尾补上。（生举手不多）不怕！大屏幕的关键词可以帮到你。说得好，同学们都会给你肯定；说得不好，因为你有勇气，大家还是会给你鼓励！（举手的学生明显多了）

师：那位举手的同学。（掌声不由自主地响起）

生：文章写了母亲从"我"在幼儿园、小学、初中到高中，一直不断给"我"鼓励，让"我"最后成为清华大学学生的感人故事。（掌声再次响起）

师：同学们的鼓励让你感受到成功了吧！要说什么？

生：谢谢大家！

师：能不能分享一下概括文章主要内容的新方法。

生：如果是按时间顺序写的文章，可以把事情的起因和结果讲清楚，中间部分用时间来概括。

师：你姓什么？

生：姓刘。

师：很棒的方法，可以成为你的专利。可惜表述得不是特别准确。已经非常了不起了，谁来帮忙解释一下"刘氏主要内容概括法"。请刘家的同学帮忙补充说明一下。

生：他的意思是：按时间顺序描写的文章，概括主要内容时可以先说事情的起因，再把时间的关键词联系起来，最后说事情的结果。

（掌声再次响起）

师：又一个好方法诞生了，祝贺！看来鼓励确实能产生奇迹。下面我们接着聊。请大家翻开课本第40页，自由读课文，再次感受母亲的爱的鼓励。

（生自由读课文，很投入）

四、完成练习，感悟体会

师：很多同学读完课文了，能用课文中的一个词来形容一下自己此刻的心情吗？

生1：悲喜交集。

生2：悲喜交集。

生3：悲喜交集。

师：（板书——悲喜交集）都说是悲喜交集。"喜"从何来？

生：这个原先很一般的孩子在母亲的鼓励下最后成为名牌大学的学生。他的母亲非常了不起。

生：母亲看到孩子在自己的鼓励下不断进步，非常高兴，我也很高兴。（生笑）

师：好孩子，你绝对是个心地善良的人！

生：特别是她的孩子高考时，她能预感到自己孩子可能被第一批重点大学录取，她心里一定很高兴。

师：高考是人生一场重要的考试，大学可能是人生的一个分水岭，这个孩子成功了，当然是喜事临门。为何又生"悲"？

生：我觉得他的母亲太委屈了，知道自己孩子不好，还不能批评，长期不敢对孩子说真话，太难受了。

生：我觉得他的母亲非常可怜，孩子不是很争气，她比其他母亲都过得更辛苦，要经常被老师批评，还要编谎话鼓励他的孩子。

师：老师可没有批评妈妈，老师是实话实说。

生：我觉得文章中的最后一个自然段对"我"的描写非常感人，他母亲为了孩子，两鬓都斑白了，我读了后快哭了。

生：文中"我"说的话，让我感受到他母亲比其他的母亲都更伟大，我也被打动了。

师：真是悲中有喜，喜中有悲，悲喜交织，就是"悲喜交集"。有一句名言说得好，阅读力就是学习力，学习力就是竞争力。同学们阅读能力很强，自己读懂了文章，还理解了关键词语的意思，看来今后有很强的竞争力哦。是啊，这篇文章不长，故事情节简单，语言也很朴实，没有太难懂的地方，但妙就妙在一个"悲喜交集"，不仅写出了文中母亲的内心活动，也勾起了读者强烈的共鸣，让我们一起来读课文最后一个自然段，联系上下文，再次体会"悲喜交集"的复杂心情。（生齐读。声音略显低沉）

师：是的，这"喜"来之不易，催人泪下，可以这样读。谁再来试试？

（生读）

师：他读的和你们略有变化，让人有身临其境的感觉，很感人。你们听出有什么变化吗？

生：他前面读得比较轻快，后面才慢慢变得沉重，听了都心酸。

师：他读得好，你听得也仔细。同桌互读，仔细听同桌读完了可以交流评价。（同桌互读，评价）

师：我看到很多同学都被感动了，究竟是什么让我们感动呢？让我们一起来完成课后的练习，并讨论一下你们的发现。

师：请合作学习的1号同学上来领取表格。组长来安排其他两位同学一个当记录员，一个当汇报员，5分钟后，我们一起来交流学习的成果。（学生合作学习，完成课后练习题）

师：时间到。哪个小组抢话筒？（生纷纷喊"我来！""我来"，生在投影仪上展示表格）

师：大家对照一下答案，跟他一样吗？

生（齐）：一样。

师：看来这样的题目难不倒大家，现在关键是要聊聊你们的发现。

生：我们小组的发现是，老师都是说"我"的缺点……

师：你再读读老师的话。不要冤枉老师，老师不是用来冤枉的，是用来尊敬的，老师都是说"我"的缺点吗？

生：（读句子）老师说的都是实话，而且是善意的提醒，后面也有鼓励。妈妈说的都是鼓励孩子的话，不愿伤害孩子的自尊心。

师：了不起的发现！任何的智慧都源于细心的发现。请坐。其他小组有没有更新的发现？

生：我们小组发现，老师说的是实话，妈妈没有直接告诉孩子，而是把老师的话改了以后告诉他，结果产生了神奇的力量，让孩子变化神速。

师：经过更为细心的比较后，又有了新的发现。那么老师和妈妈的话究竟会让"我"听后有什么不一样的感受？让我们看孩子在幼儿园时妈妈和老师的对话。（课件出示第一自然段）

师：谁来读？喜欢读的孩子一起读。（生读，很动情）

师：先来看老师的话："你的儿子特别好动，在板凳上连三分钟都坐不住，在家里也这样吗？"如果你是母亲，要把老师的话告诉你的孩子，你如何转述？

生：老师说你特别好动，在板凳上连三分钟都坐不住，在家里也一样吗？

师：孩子，如果你妈妈对你说这句话，你听了，心里会怎么想？

生：我觉得我不是好孩子，我就是坐不住，在家也一样。

师：那你妈妈听了老师说的这句话后又会怎么想？

生：妈妈非常难过。她鼻子一酸，差点流下泪来。因为全班30位小朋友，她的儿子表现最差。

师：别小看了这"鼻子一酸"，这"酸"让所有人动情，动心！你觉得这是位怎样的妈妈？

生：这位妈妈特别爱自己的孩子。

生：这位妈妈此时非常伤心。

生：这位妈妈特别有智慧，她能克服自己的情绪，没有把自己的情绪带给孩子，而是鼓励孩子。

师：克服情绪？改个字。

生：克制情绪。

师：真好！"酸""差点"写了妈妈的——

生：神态。

师：妈妈的话，和这几个字的神态描写，让我们读到了这话背后藏着妈妈独特的心。让我们一起看看妈妈回去和孩子说的话。

（课件出示：老师表扬你了，说宝宝原来在板凳上坐不了一分钟，现在能坐三分钟了。别的孩子妈妈都非常羡慕妈妈，因为宝宝进步了。）

师：谁来读。

生：老师表扬你了……

师：你是个善解人意的孩子，能体会出妈妈此时的心情是什么。

生：妈妈希望他的孩子能增强自信心，所以先表扬他的孩子，还说别人都羡慕妈妈，鼓励孩子能坐得住。

师：孩子听了这句话，心情如何？

生：很高兴，觉得自己有进步。

变易篇

生：觉得自己可以做得更好。

生：想好好努力，让同学们的妈妈更羡慕自己的妈妈。

师：也就是——喜！是啊，字字总关情！

师：那妈妈说这句话时，心情如何呢？

生：心里非常难受，还得强颜欢笑。

生：心里很不踏实，不知道自己这么说会不会让老师知道，觉得自己在说谎，要是被孩子知道了，怎么办？

师：也是很矛盾，很纠结。

生：妈妈心里非常希望孩子能够进步，哪怕是只多坐几分钟。

师：嘴上说的似乎欢喜，实际上心里是满满的——

生：悲伤。

师：这就是——"悲喜交集"吧！我们再读读，读出妈妈对孩子的爱和鼓励。（生再读）

师：我相信你也有个特别温柔、善良的妈妈，回去告诉她，同学们都羡慕你有个好妈妈。谁也有这样的妈妈？谁希望自己也能有这样的妈妈？请你也来学着说说妈妈说的这句话。（指名读，有三四个学生读）

师：全班读。（生齐读）

师：听了大家的朗读，我的心里也是悲喜交集，你们理解了，表达出来了，我被感动了！孩子有变化吗？

生：那天晚上，她儿子破天荒地吃了两碗米饭，并且没让母亲喂。

师："破天荒"怎么理解？

生：从来没有过。

师：让你想到谁？

生：盘古。（生笑）

师：是啊，就像盘古开天辟地一样，在这个孩子的一生中是非常重要的一个进步。孩子进步了吗？

师：另外两组对话，学习小组选择其中的一组好好读读，体会一下孩子和母亲的"悲喜交集"。（学习小组自由读书，聊书）

生：孩子在妈妈的鼓励下进步非常明显。

师：哪句话？

生（读）：老师对你充满了信心。他说了，你并不是个笨孩子，只要能细心些，一定会超过你的同桌，这次你的同桌排在第21名。

师：聊聊。

生：小学时，妈妈还是在鼓励他的孩子，虽然他的孩子还是落在班级的后

169

面，但只要努力就能超过同桌。

　　生：中学时，妈妈还是在鼓励孩子，只要他努力，很有希望考上重点高中。

　　师：是的！妈妈的鼓励，看不见，摸不着，但却能让_____的人变得_____。

　　（课件出示：鼓励，让_____的人变得_____。）

　　生：鼓励，让<u>消沉</u>的人变得<u>自信</u>。

　　生：鼓励，让<u>失望</u>的人变得<u>有希望</u>。

　　生：鼓励，让<u>懒惰</u>的人变得<u>有动力</u>。

　　生：鼓励，让<u>黯淡</u>的人变得<u>有光彩</u>。

　　师：这个"黯淡"用得好，可以指环境"阴沉、昏暗"，更可以指人"没有希望，不美好"。对比一下刚才的表格，我们就能真切地感受到——鼓励，让人生一下子有希望，有自信，有动力，有光彩！

五、概括学法，熟读成诵

　　师：同学们，这个故事让我们悲喜交集。而作者又是怎样写出这样感人至深的故事呢？说说自己的发现和收获。

　　生：可以用对比的办法。

　　生：可以通过人物的语言和神态的描写，体现人物的内心。

　　师：很可贵的发现，可以用对比和重复的方式来表现。这篇文章没有写——

　　生：人物的外貌和动作。

　　师：但精练的语言一样能打动读者。

　　师：让我们再次朗读最后一个自然段，相信，这次读，关于外貌一定会有新的发现，新的感受。

　　（生互读，师生共读，男生读，女生读，分角色读。班级里熟读成诵，气氛感人）

　　师（总结）：今天我们学习了这篇课文，让我们学到学法和写法的同时，也让我们对母亲，对人与人之间的交流有了更深更多的感悟！让我们一起满怀着对母亲的敬仰，再读读课题——

　　生：母亲的鼓励。

　　师：让我们满怀着爱和善良，一起再读读课题——

　　生：母亲的鼓励。

　　师：让我们满怀对自己的信心，一起再读读课题——

　　生：母亲的鼓励。

　　师：谢谢大家！下课！

品课综述：移情练语，得法得智

《母亲的鼓励》线索简单、语言平白，但感情真挚、动人。教学这样的叙事散文，怎样做到以文为例，实现情感熏陶与语言学习的同生共长，是十分重要的问题。陈曦老师践行易语文主张，进行了有益的探索，具体分析有以下三个最为突出的特点。

一、重视情感体验，激情移情

在《母亲的鼓励》一文中，真挚、强烈的情感贯穿始终。此类文章的教学，必须牵住"情感"这一牛鼻子，让学生感同身受，受到感染，得到启迪。这既是人文性教育的要求，也是减少繁琐分析的有效途径，因为抓住文章的内在情感，很多内容学生更易于理解与感悟。教师很注意抓住课文这一特点，引导学生进行情感体验，以得到情感熏陶，升华道德认识，但角度有所区别。

比如，一开篇的蓄情，陈曦老师巧借热身——交流各自收集的有关赞美母亲的名言警句，简要复习《慈母情深》，调动学生对母爱的共鸣，再引入课题。这样的引入方式，唤起学生对母亲的情感，也为学生理解课文做了很扎实的铺垫。

其次，是教学过程中的"以读激情"。陈曦老师很重视朗读的指导，让学生在反复的朗读中，读出文章所含的情感。陈曦老师的独特之处是，寓教师鼓励、学生鼓励于感悟内容的过程中："说得好，同学们都会给你肯定；说得不好，因为你有勇气，大家还是会给你鼓励！""又一个好方法诞生了，祝贺！看来鼓励确实能产生奇迹。"

可以说，这节课从始至终洋溢着浓浓的感激之情、敬佩之情、赞颂之情。学生在体会课文之情、融自己之意的过程中，思想、品格、情感等都受到感染熏陶。这种情感体验、感染熏陶将深深地刻在学生的心中，给学生的成长带来深远的影响。

二、充分利用课后练习，练语练心

充分利用课后练习，当堂完成填写表格这一环节，是这节课亮点之一。课后练习往往体现了编者对课文重难点、训练重点的提示，理应作为备课、教学的重要依据，若能紧密结合教学，当堂完成则更好。教师让学生当场填写表格，写母亲对孩子的鼓励。这样，一是训练了学生的听记能力；二是发展了学生的想象能力与书面语言的表达能力，同时，也促使学生进一步阅读课文的"三次鼓励"，加深理解。陈曦老师在学生填写表格后，着重让学生进行对比阅读，从中发现老师的话与母亲的话的特点，为理解"三次鼓励"的作用、体会妈妈的良苦用心打下基础，同时发展了学生分析阅读的能力，培养了语感。

三、凸显以文为例，得法得智

怎么借助课文这个例子让学生得言、得意、得法、得智，应是语文教师亟须研究的问题。陈曦老师在这方面进行了有益的尝试，充分运用课文这一例子，引领学生学习语言、运用语言，落实新课标所提出的"致力于培养学生语言文字运用能力"的要求，成功地实现了课例的"增值"。

陈曦老师的课在处理教材上，大胆利落。在初读把握整体感知的基础上，陈曦老师利用课后的表格，让学生当场填写，但其落脚点在于让学生理解感悟课文的内涵——比较母亲的话与老师的话的不同点，这就说明其教学目标指向的是阅读能力的培养。在品读孩子在幼儿园时妈妈和老师的对话这一部分，陈曦老师引导学生继续运用比较的方法，自读自悟，然后让学生以学习小组为单位，选择另外两组对话之一，进行读书、聊书，顺利实现了学习方法的迁移。当然，陈曦老师也注意到发展学生的语言表达能力，比如，设计一道填空题，让学生在表达中进一步升华对鼓励作用的认识。最后梳理、小结的重点也是放在"作者是怎么表达的"。但综合整篇文章的教学，其重心无疑是在于阅读能力的培养上，体现了"语言文字—思想内容—语言文字"的螺旋上升式的认识过程。

陈曦老师的实践告诉我们：学生依靠自己的阅读能力是可以读懂许多课文内容的。语文教师必须学会取舍，学会沙里淘金，才能有效规避繁琐、过度的分析，将教学的落脚点置于语言文字的运用之上。

特级教师　陈宝铝

《神奇的饼干》作者教学课堂观察

课堂实录

一、故弄玄虚，先声夺人

师：今天上什么课？

生：作文课。

师：饼干课。

生：啊？

师：（手举饼干）这可不是一块普通的饼干。来这儿的前一天夜晚，我把他塞进行李箱，准备带他来，他可高兴了。夜里，在梦中，我听到了饼干先生对我说："听说你要给××的小朋友上课，请你帮我做件事，好吗？"我很好奇，就问："做什么事？"他说，多少年了，他的爷爷、奶奶、爸爸、妈妈，祖祖辈辈长相都是圆圆的，一成不变，一点个性都没有。他有一个小小的愿望，希望你们帮他改变一下身材。你们想帮他吗？

生：想。

> **评析**：作文教学应该有两种方式，一是写作情感的诱导，二是具体方法的指导，而前者则是作文教学的前提与基础，很大程度上决定了教学的成与败，效果的好与坏。因此，有经验的教师总是一开始就重视学生习作心理和情感的优化。陈老师显然是深谙此理的。一节"饼干课"就大出学生意料，让他们兴趣顿生；继而，"饼干托梦"又赋予教学以神秘、虚幻的色彩，让他们跃跃欲试。如此一个接一个的故弄玄虚，不仅把学生畏惧作文的心理阴霾一扫而光，还不断刺激着学生的好奇心和心理期待：这"饼干课"会怎么上？饼干的身材又如何改变？

二、巧抖"包袱"，出奇制胜

师：他希望改变自己的形象，改变自己的生活，变成一件艺术品。想改就需要特殊的工具。饼干先生要求大家用平时吃东西，又能说会道的嘴，来把他雕琢打造，变成各种样子，各种形状。饼干先生还交待，为感谢大家，边角料可以让大家吃，你想塑什么就塑什么，越有个性越好。工具会使用吗？同桌互相看看，看看我们这张嘴，内外部都有哪些器官？哪些部件？（生互相张嘴观察）

生：有牙齿。

师：有没有牙齿没长齐的？（众笑）

生：还有舌头，再用上牙齿。

师：还懂得综合使用。

生：用嘴唇。

师：牙齿有没有不同？

生：旁边的牙叫犬牙。

生：还有门牙。（学生边说边露出门牙）

师：说得好。长在最后面的又叫什么？

生：大牙。

师：刚才，这么多的工具大家都记住了吗？有没有办法记下来？

生：写下来。

师：好。老师和你们一起写。你们要写得又快又好。

（师板书：唇　舌　牙：犬牙、门牙、大牙，学生记录）

师：该怎么使用这些工具？

生：门牙能咬。

生：犬牙能磨食物。

师：犬牙能磨吗？再看看。

生：犬牙可以撕，大牙才是磨食物的。

师：门牙除了咬食物，还可以用来干什么的？

生：还可以啃。

生：还可以挡东西，不让东西漏下来。

师：观察细致。舌头呢？

生：可以卷舌。

师：吃东西时呢？

生：尝出味道。

生：舔嘴唇。（生做动作）

师：那嘴唇呢？

生：嘴唇可以抿。

师：这么多功能你们记下来了吗？（生听后记笔记）

师：（巡视）练习一种边听边记的本领，长大后非常好用。俗话说"好记性不如烂笔头"就是这个意思。

师：准备好了吗？来，每人原材料一块。（师发饼干）工具自备！我喊一、二、三，你们就开始！可不能犯规哦。

生：好。

> **评析**：相声之所以吸引人，主要因为相声有"包袱"。受人欢迎的相声，一定有着高超的"设包袱"和"抖包袱"的技巧、时机。这一环节的教学，颇有点"抖包袱"的意趣和成效。在学生正为如何改变饼干的身材而犯嘀咕时，教师逮准机会，"抖"出改变饼干身材的特殊工具——牙、舌、嘴唇。吃饭的家伙何时也具有了雕刻的功能了，真是闻所未闻啊！于是，学生的好奇心再次被强化，潜意识里觉得这节课一定好玩、刺激，一定别有一番情趣。如此，他们如何不格外用心投入呢？

三、妙设"机关",强化刺激

师：准备。一——，二——，停！

（生张嘴，把饼干放在嘴边，听到老师喊"停"后，都笑了。）

师：同学们，我们呆会儿就要让饼干先生变身，有可能是件艺术品，也可能体无完肤。饼干先生从千里之外的福州来看你们，那么相信你们，多么有情有义啊，你们是否再仔细看看他，记住他先前的样子，记住他原先的香气，看清他脸上或者身上的特征，还可以跟他说句悄悄话，摸摸他。再像刚才那样记下关键词。

（学生看，闻，说悄悄话，并认真记录，师板书：原样，然后巡视）

师：谁来说说自己记的关键词。

生：它的形状像太阳。

师：说关键词。

生：圆圆的。身上有许多小洞。

师：再简洁明了些。

生：圆圆的，小洞。它身体的旁边有一圈像花瓣一样的东西。

师：关键词——

生：花瓣。

师：对了，这就叫记关键词。

师：有没有记录味道？

生：香。

师：不够准确，太一般了。

生：奶油，芝麻香。

生：淡淡，葱香。

师：还观察到什么？

生：他的身上凹凸不平的，有葱花和芝麻。

师：像什么？

生：像雀斑和青春痘。

师：想象力非凡。

师：谁记了跟饼干说的悄悄话。

生：我说，我要把你雕成一艘船。

生：我对他说："你放心，我会很小心的……"

……

师：大家用上了手、眼睛和鼻子，还有脑子。要观察，少他们可不行。好，准备开始。一，二——停！为什么停？

生：不知道。

师：老师看见同学们想雕饼干的样子十分可爱。谁上台把刚才的样子让大家看看。（一生上台，张嘴"啊"的一声）

师：慢点，定住！（生定格）你们观察到了吗？仔细观察记录下来。（生记录）

师：记了哪些关键词？

生：眼睛、嘴巴、鼻子。

师：观察较细致，但没有把握住特点。仔细看他的动作、神态。

（师板书：动作　神态）

生：大大的山洞。

师：这下观察得细致了，还用上了打比方。生动！

生：迫不及待。

师：这个词形容得特别准确，这是大家的心理活动。（师板书：心理活动）

师：谁还有其他的关键词？（生交流，生记）

师：好！预备，一，二——

生：停。（众人笑）

师：老师可没想停，你们想停下来干什么？有没有人又发现什么？

（生笑，回答不出）

师：可以看看同学的表情、动作，还可以把周边的环境记下来。

（生又观察记录）

师：真的要开始了。请大家集中注意力，边创作，边观察体验，把自己的创作过程、感想、体会……用简单的关键词记下来。预备，一，二，三——开始！

（学生开始创作，老师巡视，发现学生记录得较少）

师：现在有一个同学在记录，两个了，五个了……

（听了老师的话，学生陆续开始记录）

评析："饼干课"虽然好玩，但决不能上成游戏课，还得把精力和重点落实在学生的书面表达上。而这一切的前提就是要让学生获取有效的习作素材。如果纯粹地指导学生看饼干形状，闻饼干香味，说心理想法和看同学如何观察，也是无可厚非的，只是由于内容的陈杂和步骤的繁复，容易造成学生的视觉疲劳和厌烦心态，影响观察效果。为此，陈老师巧设"小机关"，即在学生想咬未咬饼干的当口，喊了声"停"，一下子把学生的注意力从咬饼干转移到观察上。更见匠心的是，每次"停"之后，都要求有不同的观察任务，或饼干的外形特点，或同学的表情动作，或自己的心里想法，并引导一一记录，目标明确，有序有效。虽然观察的对象较多，但有了"停"这个小插曲，就把原本枯燥乏味的观察变成了情趣盎然的娱乐活动，学生当然乐此不疲，从而为有话可说打下坚实基础。

四、对话指导，妙趣横生

师：时间到。谁上来展示一下作品，请把作品和记录本带上来。那么大家该做什么？

生：当裁判。

师：裁判也要适当记录，待会儿判决才有依据，这叫不打无准备之战。好词句也可以学习借鉴。另外，提醒大家要仔细倾听选手的介绍，如果觉得好，可以伸出大拇指夸奖他，鼓励他；如果有不明白的地方，或者觉得不妥的地方，可以用表情、手势提醒他，比如，皱眉、摆手等，但不要叫出来打断他的发言，好吗？

生：我想把饼干变成一条船。

师：介绍作品，首先要介绍自己。

生：我叫杨洁。我的作品是一只熊。我觉得饼干很好吃。

（众大笑，学生有的皱眉，有的摆手）

师：各个评委，给个分数。

生：一百分。负的。

师：没听说还有负的一百分。

生：五十分吧。

师：为什么？说理由

生：因为他雕得不像熊。

生：他介绍得不具体，是怎么雕的要说一说。

师：你接受大家的意见吗？改改吧！

生：我本来是想把他雕成小狗的，先咬一口，饼干太脆，裂了，小狗的头没了，我看了半天，觉得更像狗熊，就又咬了一小口，把它的脚咬了出来。

师：改一个字。

生：雕出来。

师："雕"用上引号就更准确了。

生：我又用犬牙把它的头慢慢啃出来，一只狗熊就雕成了。

（学生有的竖起大拇指，有的想鼓掌）

师：小狗变狗熊。有意思。这回可以打多少分了？

生：91分。

师：说说理由。

生：他想象力丰富。

生：他说得比刚才有进步。

生：他不怕失败，不怕困难。

师：勇气可嘉，还虚心听取别人的意见，奖励你一枚饼干勋章。

（生鼓掌祝贺。第二个同学上台）

师：说说创作过程，用上记录的关键词。

生：我先看他，用指甲先划出一条船的样子，再用牙齿咬掉多余的，就成了一条船。（生竖拇指）

师：评委打多少分？

生：99分。

师：理由。

生：雕得很像，说得很清楚。

师：一分扣在哪里？

生：比刚才同学说得详细一些，但还没有说具体。

师：用什么工具？

生：用牙齿、口水和嘴唇。

师：怎么用的？

生：我先用舌头舔了舔，没想到饼干一下子就"趴"（四川方言，"软"的意思）了。（众笑）

师：顺序听懂了没有？过程说清楚了吗？

生：还没有。

师：回忆一下，你开始想做什么，怎么做，后来呢？

生：我先捏着饼干看，突然想把它雕成一条船。于是，我用指甲在饼干上划出一条船的样子，再用牙齿小心地咬着饼干多余的部分。这样慢慢地咬着，眼看大功告成，没想到，用舌头舔的时候，唾沫沾上了饼干，饼干一下子就"趴"了，（众笑）没办法，只能这样了。

……

师：从大家的展示情况看，我们班有未来的艺术家、发明家……因为你们都具有艺术家、发明家特有的东西，敢于想象，敢于创造，不怕困难。

评析：学生学习语文是"接受信息——处理信息——输出信息"的一个过程，接受信息主要指看、听两个方面，这是储存阶段；处理信息包括思考、感悟两个方面，这是加工阶段；输出信息包括说、写两个方面，这是运用阶段。作文教学也离不开这三个环节。有了前面教学的接受信息（看、听）、处理信息（思、悟）和运用信息（说、写），自然就水到渠成了。这一环节的关键，也是最显教师教学功力的，就是如何现场指导学生把话说清、说顺、说好。陈老师显然对此是上心的。当学生的表达限于简单的"我的作品是一只熊。我觉得饼干很好吃"和"我先看他，用指甲先划出一条船的样子，再用牙齿咬掉多余的，就成了一条船"时，陈老师通过与同学们展开对话，引导学生发表看法，提出意见，这样，介绍作品的同学自然就明白自己的话简单在哪里了，还懂得该如何补充、修改。由于有了切实的指导，学生再说时，明显有了较大的提高。

五、畅谈感受，引发回味

师：这节课马上就要结束了，我们要说再见了，我想问问大家，大家下课之后还会记得我吗，还会记住这节课吗，还会记住这催人奋进的获奖感言吗？能记住的举手。（全班学生都举手）

师：一年后能记住的举手。五年后？十年后？（学生举手人数逐渐减少）

师：怎么办？

生（齐）：写下来。

师：对，课后请大家写下来！可以选取印象最深的人，最有趣的事，记录下快乐的，又让人感触深刻的瞬间，还可以根据内容取一个充满魅力的题目。

师：其实，我们身边不是缺少美，而是缺少创造，缺少行动。希望你们以后不管做什么事，都要多观察，多思考，多创造。相信聪明、好学的你们一定会变得更可爱，更快乐，更有智慧。就像这间教室里墙上的这句话："每个人都能带来变化！"下课。

评析：作文教学必须努力落实"作文即做人"的教育教学观。课末，引导学生回味愉悦的学习过程，强化成功的情感体验，并送出美好的祝愿，使得课堂教学飘荡着浓浓的人文关怀和生命成长的气息，令人回味无穷。

品课综述：作文课贵在有趣、有味、有效

如果你亲历这堂作文指导课，你不能不为学生的忘情投入、兴趣盎然而拍手叫好，不能不为教师的精妙构思、激情演绎而赞赏不已。究其原因，就是教师全力落实三个"关注"。

1. 关注情感的激发。赞可夫说过："只有在学生情绪高涨，不断要求向上，想把自己独有的想法表达出来的气氛中，才能产生出使儿童的作文丰富多彩的那些思想、感情和词语。"可见，兴趣是写好文章的基础，要让学生写出好文章，首

先就要让学生乐于动笔。因为兴趣与自信心是写作成功最重要的"内驱力",而这恰恰是写作课中情感态度目标达成的重点。过分强调技巧训练与材料搜集而忽视这一"内驱力"的激发,是写作教学中的常见病与多发病。没有内驱力,学生就不会更不愿去主动思考,去主动挖掘生活经历中的素材。这正是学生把作文视为畏途,大量产生千人一面的平庸之作的根本原因。纵观整节课,从出人意料的导入到制作工具的亮相,从引导观察的"定格"到片段指导的热情评价,学生的习作兴奋点不断被触发和调动。就在这种愉悦的情境中,内心的情感与积累的语言碰撞,激活了学生的情感,使得表达成为学生的心理需求,进入了不吐不快的境地。

2. 关注思路的开拓。上海举办首届WTO培训班时,一位老师的开场白是"我们无法告诉你们怎么做,但我们愿意同你们一起探讨该怎么想"。这节课就在"同学生一起探讨该怎么想"上下了功夫。我们一向认为,一个人能写出好文章,首先得有思想,而后才是占有材料,具有一定的写作技巧。叶圣陶曾经说过:"心有所思,情有所感,而后有所撰作。"作为一种创造性的脑力劳动,一篇习作的完成必须经历从思维到表达的过程,想好是写好的前提。而我们平时的很多作文教学,往往与之相反,教师常把大量的时间用于遣词造句、谋篇布局的技巧训练上,忽视了让学生想——思维训练。陈老师则致力于学生"想"的训练,学生在陈老师的引导下,对饼干的外形就有了不同的想法,又对如何给饼干变身有了不同的思考。陈老师又对片段写法进行指导和整理,让学生得出大致的写作思路。如此一来,学生"情动于中而形于言",写出一篇篇文情并茂的小文章,也就不足为奇了。

3. 关注个性的表达。2011年版《课标》指出"让学生易于动笔,乐于表达,应引导学生关注现实,热爱生活,积极向上,表达真情实感""减少对学生写作的束缚,鼓励自由表达和有创意的表达"。为了实现这一理念,这节课教师在多方面进行了有益的探索。一是选材打基础。作文是一种带有个性特征的创造性劳动,需要有较扎实的生活基础作后盾。"巧妇难为无米之炊",学生只有对自己感兴趣的事物,他们才会积极地去关注。这节课,陈老师独具慧眼,让学生对日常生活中的平常之物——饼干玩起变身术来,这不正对学生爱玩的胃口吗?于是,不同的学生就有了自己不同的"变"法,就为个性表达创造了条件。二是导说做保障。教师通过片段引导,学生相互交流,相互引发,启发学生把想要写的情节说具体。这样一步一步地展开思路,放飞了学生的思想,彰显了学生的个性。

特级教师 刘仁增

《日记一则——在那面墙上》
第一课时教学设计

时间：2009年10月9日星期五下午

地点：香港保良局方王锦全小学

学生：四年级（32人）

【学习范畴】

阅读（精读）、说话、品德意志。

【教学重点】

说话声音响亮，有感情地朗读课文。

【阅读】

1. 掌握精读策略：SQ3R阅读法。
2. 有感情地朗读课文。
3. 理解课文的内容和段意，体会作者表达的思想感情。
4. 学习划分意义段。

【语文学习基础知识】

1. 书写字词：张贴、获奖、情不自禁、侧耳、夸奖、愿望、刮、神情。
2. 复习日记的特点。
3. 复习带声母Z、C、S的音节。

【其他】

培养谦厚辞让和孝顺父母的美德。

【教学过程】

一、谈话导入情景

1. 自我介绍，让学生也介绍自己。
2. 介绍的方式有很多，比如用一组数字和简单的关键词来介绍一个人。

课件出示：

74　5000多　50多　12　随处可见　金波现象　我国著名的儿童文学作家、评论家　首届全国优秀儿童文学奖　获国际安徒生奖提名

二、读课题，浏览文章

1. 揭示课题《日记一则——在那面墙上》
作家和其他人有什么不一样的地方？

2. 说说这个课题和以往看到的课题有什么不同？（点明体裁是日记，破折号说明主要内容）

3. 存在即合理，说说日记的好处。（鼓励说话，记录生活中的点滴及变化，抒发感情，舒缓情绪，锻炼文笔，激励人生，锻炼意志）

4. 读课题，从题目中预测这篇文章大概写什么？（SQ3R法的Q——发问策略）

5. 带着问题，自由读文章，找答案。（SQ3R法的S——浏览策略）遇到不懂的字词可以做记号，举手提问。

三、范读课文，加深感知

师范读，让学生聆听，学生认为自己读不准的地方要做记号，注意老师语气的变化。

四、《汉语拼音园地》教学

1. 音节热身操：小音节累了，把带Z、C、S的音节叫出来一起动一动。

2. 请学生按课文中标出的红色音节练习，把带Z、C、S的音节读好。

3. 小组合作学习，互相正音。

4. 完成习题"读词语，找出红色字的音节，把音节圈起来"。

五、学习字词、正音

1. 正音。

2. 最难写的字是什么？（学写"获奖""夸奖""刮"）

3. 理解"张贴"。（什么张贴在我们班的墙上？还看见什么东西粘贴在哪里？练习说完整话，其他随文识字）

六、生读课文，边读边思考课后习题"想想写写"

提醒学生填写后要读一读，检查一下是否通顺。

七、指导朗读文中的句子，体会作者谦厚辞让、孝敬父母的美德

1. 我多么高兴，每当我走过那面墙，就会情不自禁地停下脚步，多望它几眼。

师：高兴时的神情怎样？下一段有一个词和"情不自禁"意思一样的是——止不住，可见作者高兴的样子；有一个字可以看出他情不自禁高兴的样子——多。

2. 当我听到他们谈起我那篇作文的时候，就止不住心跳，我多么想听听他

们夸奖的话啊!

师:怎么读出"!";"啊"也可以读成——ya;如果是你,你最喜欢听到怎样的夸奖?……你们都在称赞他,你们真正明白了夸奖的意思——称赞;如果你们听到别人这么夸你,心里一定——很高兴,不好意思……请带着这样的心情读;想听吗?好像还不想,再读,有点想,但达不到非常想,强调"多么"。

学习到这里,自然而然地会产生什么疑问?

师:为什么不亲口告诉母亲,而是到后面才告诉母亲?——谦厚辞让,孝敬父母。

3. 妈妈望着我难过的神情,安慰我说:"你长大了会写得更好!"

师:你们觉得这句该怎么读,才像妈妈说的?——语气亲切,和蔼……想想在你生病痛苦的时候,在你伤心难过的时候,在你情绪低迷的时候,像妈妈这样的鼓励、支持,就叫——安慰。

八、小结

这就是作家金波小时候写的日记。因为记住了当天的时间、天气,真实记录了当时的事件发生起因、经过、结果,特别是当时的心情,所以每次翻阅如时光倒流,往事历历在目,也激发他更加努力学习,回报自己的母亲和老师。后来他还特地为母亲写了散文集,在母亲去世的时候,把那本书放在她的枕边,让她带到天国去。从中我们不仅体会到写日记的好处,也学习到金波爷爷的谦厚辞让及孝顺父母的美德。

品课综述:因势利导,顺势而变

记得有这么一句俗话:"在什么山头唱什么歌。"在香港上课的确和内地大不一样。

我在交流的香港保良局方王锦全小学上一节课,按进度正好到第四单元第11课《日记一则——在那面墙上》。虽然是全新的教材,陌生的学生,但我还是自信满满。因为从教20年,阅课无数,公开教学也是家常便饭了,即使文本不同,但教法相近,我又听过他们的课,对香港的教学范畴、领域等已略知一二。最重要的是我把课堂性质定位在"研讨",而非"示范",这样一改,自然心理压力释放不少。一番精心准备后,就开讲了。

本课是著名作家金波的作品。为此,事先我还查找了有关作者金波的资料,深为震撼。金波先生是当今著名的儿童文学作家,评论家,成就显赫。光被海峡两岸暨香港入选为小学课本的文章诗歌就多达50多篇,被誉为"金波现象"。阅读他的文章，不论是谁，无不会被那纯真的童趣，充满爱和美德的意境，及凝练、生动的文字深深吸引；读他的诗歌，你会觉得人世间万物皆变得鲜活灵动又纯净美好，实在是不可多得的精神盛宴。这篇文章亦是如此，短小畅达，却颇耐人玩味。本单元的主题是"留下我的人生脚印"，学习重点特别强调"说话声音响亮"，其他的教学重点大大小小也有18条，其实也是强调工具性与人文性的和谐并重。我要如何在一节课上展示这些？我围绕学习重点做了设计，还对朗读指导作出预设，想展示原任老师们最感兴趣的"朗读指导教学"，这节课教学任务没有如期完成，在意料之外，又在情理之中，我反思这节课，有以下几个优点。

1. 善于营造和谐的课堂氛围，激发学生的学习兴趣。

因为在全新的环境中教学，师生之间毕竟还是有隔阂，所以"破冰行动"还是势在必行。因此我在课前和学生进行谈话，逐步引入课题。学生已经都认识我了，我就让学生做自我介绍。一连三个，他们都用同一种方式介绍自己。我就说："其实自我介绍还有好几种方式。"我在黑板上写了一组数字"74　5000多　50多"来介绍金波，又让他们看课文的作者简介。学生们一听，感觉新鲜，注意力被吸引，我因势利导，不露痕迹引入课题，这样引入比以往的直白式揭题要自然生动得多。

2. 注意面向全体，不断鼓励激发学生的学习热情。

面向全体是教师课堂教学的基本价值取向。我在设计训练环节时，有不少环节都充分考虑到面向全体，照顾差异。如拼音复习用小组比赛，朗读学法用的是小组合作，对于学生发言不断给予激励反馈评价，让更多学生敢于发言，乐于参与，课堂上始终充满爱与期望。整节课上，我的课堂调控能力较强，善于激励与引导，教学重点较突出，省去很多整顿纪律的时间，学生们的学习积极性高涨，状态良好，课堂效率较高。

3. 不断渗透学习方法，引导学生学会学习。

"授之以鱼"不如"授之以渔"，在短短的40分钟，我时刻提醒学生学习方法的使用，从SQ3R阅读法，到写日记，到倾听，到朗读，到写字等，点点滴滴地渗透，润物无声，让学生逐步提高学习质量，学会学习，并养成终身学习的良好习惯。

不足之处：

1. 对学生普通话水平预计过高，教学设计容量太大。

毕竟香港人长期使用广东话，人对语言使用是有惯性的。即使学生们知道上我的课要用普通话，但由于平时讲得少，听得少，张口还是港式普通话，这也挑战我的听力和临场应变能力，并且还要做及时地点评和矫正，花去了不少时间，以至于原本预设的内容没有全部完成。虽然是这样，但我觉得在课堂上及时纠正读音还是很有必要，否则可能造成对其他学生的误导，也失去语言的权威性。如果我先前多征求原任老师的意见，调整教学内容，课堂就会更从容有序。

2. 教学时对个别普通话听力较弱的学生还欠照顾。

本班学生在这节课上表现是令人欣慰的，发言面广，参与人数多，但我还是可以从个别学生的眼神中看到他们的吃力和无助。从外表观察，他们可能是外籍的，非华文区的学生，母语不是中文，学习自然更加吃力。因此我们今后教学还要兼顾到这些学生，至少不要让他们有孤独感、逼迫感，因为只有在心灵上有安全感，人才能放松自己，释放能量，人格才可能健康。

3. 识字教学不够扎实。

本次教学的对象是四年级学生，又是第一课时，香港的中文教材也是把生字分成两类，一类会认，一类要会默。在识字教学环节，我侧重了读音，在字形教学时，本来还想重点提醒学生最难写的"获"，但因时间关系，临时做了调整，没有呈现。现在回想起来，课堂不是为观课老师而设计的，应该首先考虑到学生，他们才是课堂的主人。后面没上完的内容，下一节课可以补上，但学生本该在这节课上掌握的知识技能不可以随便取舍。我把这个遗憾告诉原任老师，让她帮我补上。

课堂是传递美，创造美的最佳场所，我爱课堂，我爱学生，我觉得我在课堂上是最美的！

绘本《我的幸运一天》阅读指导课教学实录

执教：福州教育学院附属第三小学　林燕梅

一、封面激发兴趣

师：（出示狐狸图）瞧，这是谁？

生：狐狸。

师：你们觉得狐狸是一种怎样的动物？

生：我觉得狐狸很聪明。

生：我觉得狐狸是一种狡猾的动物。

生：狐狸爱吃肉。

师：当一只小猪遇到一只狐狸（出示图片），会发生什么事呢？让我们一起走进绘本——

生：《我的幸运一天》

师：猜猜"我的幸运一天"到底是谁的幸运一天？

生：我认为是狐狸。

师：你从哪里看出？

生：因为狐狸会吃小猪，封面上狐狸笑得很开心。

师：你关注到图画信息，真了不起，绘本的图画里藏着故事。

生：我觉得是小猪。

师：有意思，为什么他认为是小猪的幸运一天？答案就藏在绘本里。读绘本时我们可以先看一看图画，再读一读文字，最后把文字和图画联系起来想一想，你就会有不一样的体验。（板贴：看、读、想）接下来我们就用这个方法，去绘本里看看到底是谁的幸运一天？

二、感知图画故事

（一）感知狐狸的幸运。

师：打开扉页，上面画着一间小木屋，里面住着一 狐狸。（出示狐狸修爪子图）狐狸正在修爪子。桌面上摆满了各种专业工具，还有一本介绍"实用猎食方法"的书。猜猜它准备去做什么？

生：它要去捕猎。

师：狐狸正想着，门外好像有动静。（出示狐狸开门图到拎着小猪图）它打开门一看是一只小猪。小猪自己送上门，真是天上掉馅饼了。狐狸连忙夹住小猪往厨房跑去，马上就有一顿香喷喷的烤猪肉咯！读到这儿，你觉得这是谁的幸运一天？

生：狐狸。

（二）感受小猪的不幸到幸运。

过渡：是啊，小猪太可怜了！

第一个办法：

师：（出示小猪被捉的三幅图）开门的一瞬间，看到的是狐狸，小猪有什么反应？

生：冒冷汗，汗毛都竖起来了，直哆嗦……

师：是啊，它害怕极了。当狐狸死死地夹住它时，它拼了命地在——尖叫！它可能会说什么？

生：放了我！救命啊！……

生：救命啊！救命啊！臭狐狸你快放开我！

师：无论它如何喊叫，都改变不了狐狸要吃它的决心，最后它不再挣扎了，无奈地看着狐狸。想想，如果你是这只小猪，此时此刻，你会怎么做呢？

生：我很脏，你不怕吗？

生：我患有口蹄疫，你吃了会被我传染的。

生：我还没长大呢，肉不多……

师：书上的小猪是怎么做的呢？（出示图）

生：让狐狸帮忙洗澡。

第二个办法：

师：（出示图）狐狸把洗得白白净净的小猪放到平底锅里，迫不及待地给它洒上各种调味料，看来小猪这次在劫难逃了是吗？

生：不是的。

师：（出示狐狸做饭图）狐狸没有马上吃它，而是在做各种美食。猜猜小猪对狐狸说了什么？

生：我肚子很饿。

生：我太瘦了……

生：你可以把我养大，这样就可以吃到更多的肉了。

师：是啊，把小猪喂饱，可以让狐狸吃得更过瘾。

第三个办法：

师：（出示小猪被推进烤炉图）澡也洗了，饭也吃了，狐狸点起了炉火，把小猪送到烤炉边，就在紧急关头，小猪又想到一个绝招。（出示按摩图）狐狸为什么要给小猪按摩呢？

生：狐狸为了满足小猪最后的心愿。

生：这样肉可以更松软，更好吃……

师：是啊！（出示狐狸按摩、流汗、昏倒三幅图）为了能吃到更嫩的猪肉，狐狸卖力地给小猪做各种按摩，累得满头大汗，最后体力耗尽，昏倒在地。（出示小猪回家图）而小猪呢，打包好东西，开开心心地跑回家里。跷着二郎腿，一边——

生：吃饼干。

师：一边——

生：看书。

师：读到这儿，你觉得这是谁的幸运一天？

生：小猪的幸运一天。

师：刚才，我们通过看图就读懂了一半故事。绘本的图画会说话，一张张图画串联起来就是一个有趣的故事。

三、品味文字故事

师：小猪是怎么把不幸的一天变为幸运的一天？办法大家都知道，不过，小猪要怎么说，才会让狐狸心甘情愿为他做那么多事，最后还成功逃脱？这个我们得向书上的小猪学习。（师把小猪和狐狸的三次对话提取出来）

（一）第一次：师生对读。

（学生读小猪的话，老师读狐狸的话）

生：好吧，听你的安排吧。可是，我有一件事情要说。

师：什么事？

生：嗯，你知道，我是一只猪，而猪是非常脏的，难道你就不想给我洗洗澡吗？想一想吧，狐狸先生。

师：嗯……他是很脏。

（二）第二次：男女生分角色读。

（请男生读狐狸的话，女生读小猪的话）

女生：好吧，听你的安排吧。可是……

男生：可是什么？

女生：嗯，你知道，我是一只非常小的猪，难道你就不想喂饱我，让自己吃得更过瘾一点吗？想一想吧，狐狸先生。

男生：嗯……他确实小了一点。

（三）第三次：全班齐读。

"好吧，听你的安排吧。可是……"

"可是、可是、可是什么？"

"嗯，你知道，我是一只勤劳的猪，所以我的肉特别硬。难道你就没有想过先给我按摩一下，让自己能吃上更嫩一点的烤肉？想一想吧，狐狸先生。"

"嗯……肉嫩一点当然更合我的口味啦！"

（四）用"可是"猜想办法。

师：请大家比较这三次对话，你有什么发现？

生：句子很相像。

师：绘本的文字很有特点，常常出现简单反复的结构。在小猪说的这么多话中，有一个关键词语，让他的命运发生大逆转，是哪个词？

生：可是。

师：是的，"可是"起到关键作用。小猪一次次用"可是"把自己从狐狸的嘴边解救出来。"可是"真管用，让我们也开动脑筋，帮帮小猪的忙。看谁的表达有创意！（课件出示：好吧，听你的安排吧。可是……想一想吧，狐狸先生。）

生：好吧，听你的安排吧。可是我得了口蹄疫会传染的，想一想吧，狐狸先生。

生：好吧，听你的安排吧。可是你吃了我就只有一只，不如放了我，我帮你叫更多的猪过来。想一想吧，狐狸先生。

生：好吧，听你的安排吧。可是我爸爸是黑社会老大，他会找你报仇的。想一想吧，狐狸先生。

师：大家说的都不错，一句话不仅救了小猪的命，还让狐狸忙个不停。这真是谁的幸运一天？

生：小猪。

师：刚才我们知道绘本的图画会说话，现在我们还知道了绘本的文字有内涵。我们通过品读文字，就可以了解故事的发展过程。

四、图文并茂品故事

师：日本绘本之父松居直爷爷就说了，绘本里有三个故事，一个是图画故事，一个是文字故事，还有一个是图画和文字共同诉说的故事。想不想把图画和文字串起来读一读？

生：想。

师：接下来请大家安静地读一读整本绘本。老师来翻页，你们读完每页举手示意。（播放图片回顾故事大意）

师：同学们，这个故事是否在你的小脑袋瓜里留下深刻的印象呢？我们一起来回顾。小猪在面对狐狸要吃它的危险时，它都想出了哪些办法战胜狐狸？

生：让狐狸帮它洗澡。

生：让狐狸帮它做好吃的。

生：让狐狸帮它按摩。

师：小猪就是用了这些办法战胜狐狸的。（逐张出示图片）面对小猪的借口，狐狸又做了什么事呢？（生复述）故事的结局是小猪幸运地逃回家，它躺在椅子上，惬意地边吃饼干，边看书。而狐狸累得瘫倒在床上。

师：小朋友们，狐狸和小猪，你喜欢谁？为什么？

生：我喜欢小猪，因为小猪很聪明。

生：我喜欢小猪，因为它面对狐狸的时候很勇敢。

生：我喜欢小猪，因为它很机智。

师：是呀！当我们遇到困难或危险时，也应该和书中的这只小猪一样发挥你们的聪明才智，想想办法，还要沉着、冷静，这样才能克服困难，脱离危险！老师送你们一句话，智慧才是战胜敌人的法宝。

五、揭秘图画、深入探讨

师：这本绘本故事有趣吗？

生：有趣！

师：绘本故事之所以那么有趣，和它的图画是分不开的，图画里隐藏着秘密哦！看完故事，揭秘图画，可以让你对故事有更深刻的理解。

师：（出示封面）现在我们把书本往前翻，这是最开始的封面。一只狐狸和一只小猪，狐狸恶狠狠地瞪着小猪，而小猪没有害怕，却露出俏皮的微笑，手舞足蹈好像很开心。这是为什么？

生：因为小猪最后得救了。

师：其实这就已经暗示了故事的结局。你猜到了吗？老师找了几处暗藏秘密的画面，你们也学着找找看有什么发现？

师：（出示狐狸出场图）你读到了什么？

生：桌子上有很多工具，说明狐狸捕猎很专业。

生：墙上挂着狐狸和猎物的合照，说明狐狸是捕猎高手。

师：由此可见小猪能得救太不容易了。（出示小猪吃饭图）你又读到了什么？

生：小猪嘴上说很怕狐狸，但是它却在笑，感觉不是真的怕。

师：是的。因为此刻它心里已经想好办法逃离了。（出示地图图）你发现什么了？

生：小猪在研究地图，这样下次就不会再走错路了。

师：是的，绘本图画有很多秘密。我们都找完了吗？

生：没有。

师：还有很多秘密等着你们自己去找。同学们，阅读是一个不断思考与发现的过程。我们今天通过看、读、想三个阅读方法，了解了图画故事，品味了文字故事，最后读懂了整个绘本故事。绘本适合0~99岁的人去读，相信每一次阅读，你都会有不一样的体验。

六、布置作业。

有人说小猪最后手上拿的不是书，而是一本笔记本，上面记录着狐狸、大野狼、熊的家庭地址。其中，狐狸那行被叉掉，代表任务完成，说明小猪是有计划地去捉弄狐狸。你同意这个说法吗？请从图画中找证据。

【课后反思】

易语文有"不易"、"简易"、"变易"三层含义。"变易"是易语文最精髓的思想。一切事物均有两面性，并且不断转化。变与不变要在"易"上求得和谐统一。本课教学从易语文主张出发，根据"变易"这一思想精髓，通过三个大问题"是谁的幸运一天？""为什么是它的幸运一天？""它是怎么让自己从不幸走向幸运？"分别从文字、图画、图文结合角度来指导学生阅读绘本。其实"是什么？""为什么？""怎么做？"就是阅读惯用的思维方法。给学生一个大致的框架，然后在课后让学生用本节课所学的方法去阅读其他绘本故事，真正做到学以致用。绘本故事仅是一个凭借，是用来养成学生课外阅读习惯的。这就要求学生有一定的信息储备量，在阅读过程中才能最大限度地进行推理想象，从而产生共鸣，获得体验。学生在读书中，发现疑惑并能独立提出问题，解决问题，思维就能不断发展。在这个过程中离不开教师的引导，教师的引导要根据学生学习情况，以及文本和图画中的信息进行最大限度地挖掘。教学手段既要讲究创新变化，又不可喧宾夺主，上出语文味，真正授之以渔。

《送元二使安西》第一课时教学设计

执教：福清市高山中心小学　　高静雯

【教材】

人教版小学语文四年级上册第20课。

【教学目标】

1. 正确、流利、有感情地朗诵诗歌，读出古诗的美。

2. 感悟诗歌内容，想象诗歌所描绘的画面，体会朋友间深厚的情谊。

3. 培养对古诗的热爱之情，有主动积累课外古诗的良好习惯。

【教学重难点】

重点：理解古诗大意，读出古诗的美。

难点：想象古诗所描绘的画面，体会朋友间深厚的感情。

【教学设计】

一、了解诗人，理解诗题

同学们，今天我们就来学这首送别诗——（指板书，生齐读课题）

1. 了解诗人。

这首诗可不一般，它是唐朝四大绝句之一，更有人说"唐人别诗，此为绝唱"。（出示相关内容）写出这么了不起诗歌的诗人是——王维，我们在三年级上学期就学过他写的思乡的诗——《九月九日忆山东兄弟》，哪位小诗人来朗诵？（一生读一、二句后，全班读三、四句）

听着你们的朗读，我仿佛见到了思乡的王维。这节课我们将一起来感受王维送别好友，重情重义的一面。

2. 解题，读题。

大家都预习过这首诗了，谁读懂了题目的意思？

（1）"使"：出使。你是从哪个地方知道"使"是出使的意思？这个"使"你理解成什么？（去）看看注释，这"使"可不是一般的去，"使"是什么意思？（出使）是啊，只有接受皇帝的派遣才能够出使。（若学生说错"使"的意思，让其他学生纠正后，点出借助注释的学法，让该生再说一遍题意）读书真认真，借助注释就能理解关键词的意思了。

（2）相机介绍"元二"：王维的好朋友。古时候人们根据孩子出生的顺序给他取小名。元二是他家中第二个出生的男孩，所以人们叫他元二。

（3）齐读课题。

谁来读课题。（若生读错，强调元二是个人名，使是出使，要注意这里的停顿）你也读。（评价：这样一停顿，题目的意思就让人听得清楚、明白了。）一起读。

二、学习全诗，指导书写

1. 初读全诗。

题目读好了，相信大家也能把整首诗读好。请同学们捧起课本，放声读古诗，看谁能读准字音，读通诗句。注意，自己读自己的。只读一遍不够，要同桌互读。

读得真认真。谁愿意来读这首诗？（生没读准的，让其他同学纠正后再让生读一遍。交代多音字要读正确，出示多音字并注音；要求读准字音，读通诗句；

字正腔圆）

这首诗中有许多多音字，你都读准了，真好。老师就问你一个问题："朝"为什么读 zhāo，不读 cháo 呢？看来你已经理解"朝雨"的意思了。

2. 教师范读。老师也想来读一读这首诗，大家认真听。

3. 齐读全诗。学着老师的样子，捧起课本，一起读。

4. 指导书写"舍""君"。

这首诗中的"舍"字可有意思了。它是个多音字，注意字形，它还是个会意字。从字形上看，"舍"字像什么？是呀，举起右手，和老师一起写。（师边范写，边做说明，撇捺舒展要对称，中间短竖倾斜，"口"字注意，竖画下延，横折的折笔倾斜，底横出头。我们还要写"君"这个字。"口"字的书写再说一遍）

请同学们认真地把"舍"和"君"各写一个。（提醒写字姿势。巡视中要评价）写完的同学对照范字，看看哪些地方没写好，再给字整整容。

5. 理解出使线路。

（1）汇报诗中的地名。

修改好的，就轻轻把笔放下。

这首诗中出现了三个地名，找到了吗？（生说三个地点，师摆放卡片）瞧，这是一条简易的出使路线图。谁能结合诗句的内容，以及搜集到的资料，来摆一摆它们的位置？（生上台摆地名卡片）同学们，你们知道吗？查阅资料可是学习古诗的好方法。他摆对了吗？（若生摆错，师问：谁来帮帮他？）

（2）小结：那时，王维居住在长安（师补板贴：长安）。你能不能根据这几个地名的顺序，用自己的话来说一说这首诗写了一件什么事？老师给你起个头："得知元二奉命出使，王维从长安赶到……"

那么，送别那天的渭城又是一番怎样的景象呢？（指地名）让我们再次走进这首诗。

三、借助想象，品味画面。

理解一、二句诗：渭城朝雨浥轻尘，客舍青青柳色新。

1. 圈画景物。

（出示自读要求1：默读一、二两句，圈画诗中描写的景物）请同学们默读一、二两句，把诗中描写的景物圈出来。（生自读圈画）你找到了哪些景物？（一生汇报：朝雨、轻尘、客舍、柳树，师板书）其他同学注意看，你和他找的一样吗？

2. 想象画面。

朝雨：大小、朦胧、带给其他景物的变化——浥。

柳树：颜色、姿态、与其有关的其他景物——春天。

朝雨、轻尘、客舍、柳树组成的那可是一幅画呀！（出示自读要求2：轻声读一、二两句，边读边想象，让这画面变得有声有色）同学们，轻声再读读一、二两句，抓住景物特点，边读边想象画面，（说慢点）看谁能把这些画面想象得有声有色。（生自读时，师巡视，提示个别学生根据插图来说）

你们看到了一幅怎样的画面？（生答）老师仿佛看到在这春意盎然的渭城中还有其他景物，其他色彩，还听到了动听的声音呢！谁和我一样？（强调：读诗的时候边读边想象画面，这样就能把古诗的味道读出来了）带着这样的想象，我们一定能读出诗的味道。

（学生说到轻尘或朝雨的时候）

师：是啊，在朝雨的滋润下，渭城不再尘土飞扬，一切都变得那么清新自然！

生：我看到了一棵翠绿的柳树，柳枝在微风中飘扬。

师：真懂得想象，不但看到了美丽的颜色，还看到了柳树婀娜的姿态！

师：这么美丽的春天，渭城中一定有其他美丽的色彩。除了柳树的绿色，还会有什么样的色彩呢？

生：我看到一只黄色的小狗趴在客舍外面。

师：多么通人性的小狗啊，它也来为元二送别。

生：蒙蒙的细雨湿润了尘土，这尘土是黄褐色的，而且街道很干净，有一些小贩在街边摆摊叫卖。

师：你理解了"浥"字的意思。听你这么说，我不但看到了一幅清新自然的画面，还听到了声音呢！想象真是神奇！

师：听，走进画面，你们还听到了什么声音？

生：我听到滴答滴答的雨声。

师：那是屋檐滴水的声音，可不是朝雨的声音。看看"浥"字什么意思？对呀，湿润了轻尘的雨是一场蒙蒙细雨。

生：我听到小鸟在柳树上叽叽喳喳地叫。

师：这是快乐的使者发出的天籁之声。

生：我听到马蹄走在路上哒哒的声音。

师：你一定是从插图中得到的启示，真好。

生：我还听到王维在和元二告别。

师：是啊。

师：听着你的朗读，我仿佛就看到了这样美丽的画面。来，走近一点，深深吸一口气，你仿佛闻到了什么？（不评价，递话筒直接说）

生：我闻到了花香。

生：我闻到空气中夹杂着泥土和小草散发出来的气味。

生：我闻到的是从客舍里飘来的酒香。

师（小结）：这就是渭城春天特有的气息！简单的两句诗，借助想象，我们就能读出这样生动的画面。来，咱们把这美丽的画面读出来。（生齐读一、二句）

3. 画中有情。（小组讨论）

师：春天的渭城有那么多景物，诗人为什么只写了这些景物呢？你们从哪一个景物中感受到了王维与元二之间的离别之情呢？小组合作，讨论。（提问不超过3人，师巡视时提示生汇报可以说：我们小组认为……）

生：我觉得朝雨就像王维留下的眼泪，他不舍得元二离开。

师：这雨也变得有情有义了。

生：我觉得在轻尘里面有王维对元二的离别之情。元二出使要走很远的路，很辛苦。渭城这里本来是尘土飞扬，但是朝雨湿润了尘土，这样其实是让元二更好走。

师：会思考，会表达，会搜集资料来学习古诗，老师要给你点赞！

生：我觉得离别之情在客舍中。他们在客舍里喝了一杯又一杯的酒，这情就在客舍里越来越浓烈了。

师：想得好，说得好！

生：我认为柳树能体现他们的离别情。我知道"柳"和"留"的读音很像，就代表王维对元二的挽留。

师：孩子你懂得真多！

生：老师，我有补充。古时候还有折柳送别的习俗。柳树生命力顽强，在哪里都能很好地生长。我觉得王维是希望元二出使安西，也能够好好地生活。

师：原来，一个看似平常的景物，竟饱含着这样深厚的情谊啊！

4. 过渡：元二即将离开渭城，这蒙蒙的细雨和翠绿的柳树，寄托着王维对他深深的情谊——（生齐读一、二句）

5. 美景不在。（擦去四个景物名称）在这最美的季节，这对最要好的朋友却要分别。离开故乡，元二再也见不到渭城的——朝雨，见不到青青的——客舍，也见不到那翠绿的——柳树。

6. 齐读全诗。渭城一切的一切他再也无法见到了。（擦去板书）让我们再次走进这首诗，用心感受藏在诗中的离别之情吧！

四、品悟诗情，理解"更尽"

1. 拓展离别诗句。自古诗人伤别离。来看看那些大诗人都以怎样的方式送别好友的。

一起读。（出示1：李白乘舟将欲行，忽闻岸上踏歌声。）这是汪伦在以踏歌的方式送别李白。

（出示2：莫愁前路无知己，天下谁人不识君。）高适以真挚的祝愿来送别好友。

而王维呢？他却在——（齐读三、四句）

2. 质疑：读着这样的诗句，你们的脑海中一定产生了许多疑问，谁来说说？（生自由提问，留"劝酒"的问题后面解决，其他的问题让生帮忙解决。板书：劝酒？无故人？）

3. 体会路途的艰辛。

善于提问才是真正会学习的表现。

元二即将出使，（指着路线图）想知道，他要走的是一条怎样的路吗？（出示：十日过沙碛，终朝风不休。马走碎石中，四蹄皆血流。——《初过陇山途中呈宇文判官》（节选）唐　岑参）

诗人岑参用诗句记录下了这一路的景象。

刚才，老师教给你们许多学古诗的方法，谁记得？（借助注释、展开想象、多读几遍、查阅资料、联系诗句……师不评价）就用这些方法，多读几遍，自己读懂这首诗并想一想，你仿佛看到了什么，听到了什么？（至少用一分钟时间读，生自由读诗时，师巡视提示生可以说：我从哪一句中仿佛看到什么？提问3人）

生：我从"终朝风不休"这句中仿佛看到狂风卷起漫天的风沙，还听到呼呼的风声。

生：我从"马走碎石中，四蹄皆血流"这句仿佛看到马蹄在不停地流血，马儿痛苦地哀嚎着。

师：可见，这真是一条怎样的路？

生：充满艰辛的路。

生：很难走的路。

师：此时此刻，你想对你的老朋友说些什么？

生：元二，我的老朋友，你的出使之路这么难走，你一定要保重身体啊！

师：此时，你一定会劝他再喝……

生：你快再喝一杯酒吧，离开渭城你就没有这么好喝的酒啦！

师：王维心中千言万语，都化成了这一句——（提示生读三、四句）

师：这一路上狂风不休，黄沙漫天，道路坎坷。别看路线图上（指路线图）只有短短的距离，仅靠车马和双腿，元二至少要花上半年（强调）的时间才能到达安西！此时的你在劝好朋友喝酒时，又会对他说什么呢？

生：好兄弟，再干了这杯酒，为兄祝愿你平安归来！

师：多谢王兄，小弟定不负兄长所望，平定西突厥，早日凯旋！干！（师生碰

杯)

一路坎坷,一路艰辛,此去途中真是凶多吉少!想到这里,王维又一次举起酒杯——(齐读三、四句)

4. 体会友人离别的哀愁。

同学们,在唐朝以前就有许多人出使西域。(课件出示)汉朝的张骞出使西域,花了13年的时间才回到让他朝思暮想的故乡。班超出使西域,花了整整31年才回到那个让他魂牵梦绕的故乡啊!那元二呢?谁又能知道元二出使西域要花多长的时间才能回到故乡呢?

此时的王维年老多病,他也许等不到元二归来的那一天了。想到这里,王维一定是举着酒杯,望着元二,眼里噙着泪啊,(生齐读三、四句)多么情深义重的相送!但纵使跨越千山万水(指路线图),他们之间的深厚情谊(板书:情),也将永留心间!同学们,将这份深情送进诗中。(生齐诵全诗)

五、总结

1. 叠唱。后来,这首千古绝唱又被称为《阳关三叠》。人们由这首诗入歌,再由歌入曲,千百年来传唱不衰。(播放结课音乐)瞧,这是众多叠唱方式中的一种,一起读。(若读不好,第一句师范读后,生再读)

课件出示:渭城朝雨,渭城朝雨浥轻尘,浥轻尘。
客舍青青,客舍青青柳色新,柳色新。
劝君更尽,劝君更尽一杯酒,一杯酒。
西出阳关,西出阳关无故人,无故人。

(生配乐齐读,师带第一句)

2. 总结。一杯浊酒尽余欢。千百年后,纵使斗转星移,时过境迁,但藏在诗中真挚的情谊,将世代流传。

[板书设计]

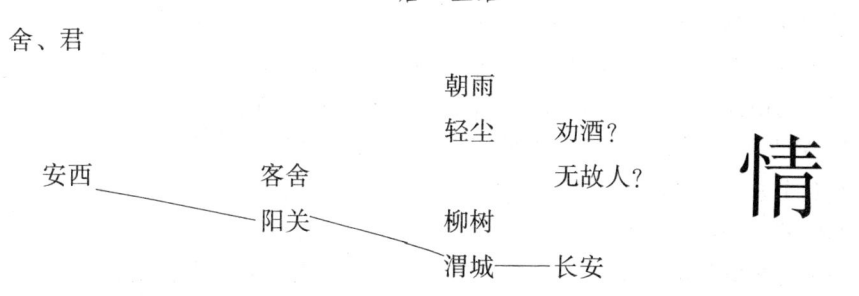

送元二使安西
唐　王维

舍、君

朝雨
轻尘　　劝酒?
安西　　　　客舍　　　无故人?　　　　情
　　　　阳关　　柳树
　　　　　　　渭城——长安

【教学简评】

易语文指引下的古诗词教学

《送元二使安西》是著名诗人、画家和音乐家王维所著的一首脍炙人口的送别诗。这首诗以送别为主题，前两句写景，后两句叙事，表达了作者对友人即将远赴安西时的依依惜别之情。这首诗既不刻画酒筵场面，也不直抒离别情绪，而是别具匠心地借别筵将尽、分手在即时的渭城朝景及劝酒场面，表达出王维对友人的留恋、关切和祝福。这首诗洗尽雕饰、用明朗自然的语言，抒发诚挚、深厚的惜别之情，以情意殷切、韵味深远独树一帜。

静雯老师以易语文提倡的"简约、高效"的教学模式来建构教学环节，以"诗中有画，画中有情"为切入点，以诵读为本，以想象贯穿课堂，让学生在想象中入境，在品读中悟情。课上诗味盎然，课末诗韵犹存。在师、生、诗三者互溶对话中处处彰显着易语文的智慧。

一、回归本源，"读"占鳌头——"不易"的智慧

古诗词以精练的语言，深刻的意蕴，丰富的情感，美妙的意境，向我们展示着祖国文化的博大精深。为师的我们如何能够引领学生兴趣盎然地触及古诗词里的意蕴、理趣呢？2011年版《课标》的内容中"第二学段目标"指出："诵读优秀诗文，注意在诵读过程中体验情感，展开想象，领悟诗文大意。"这一学段要求的定位，突出了古诗教学的独当之任是诵读诗文，还古诗文教学的本来面目。本节课的教学紧扣学段特点，扎实地引导学生诵读，口诵心惟，让学生从读正确、流利，到读出节奏，再到读出情感韵味，循序渐进，实现古诗词及其意境意蕴入脑入心的目的，学生体会到的送别之情也由淡转浓。

二、化繁为简，授之以"渔"——"简易"的智慧

古诗词的创作离我们的生活时代久远，了解诗人如何通过诗句、意象来表情达意是学生学习古诗词的难点。众多一线教师往往不得要领，无法巧妙找到一个能引发学生产生共鸣的教学方法或方式。如：教学这首诗时，要引导学生想象并了解前两句诗所描绘的意境就着实不易。易语文倡导"简易"教学，即"在服务学生学习的前提下，把复杂的问题简单化，让教学过程简约，使课堂简洁又易于操作"。在此教学环节中，静雯老师引导学生围绕诗句内容及景物特点，创设情境，悄然引领学生从颜色、声音、气息等方面展开想象，从简单的"朝雨""轻尘""客舍""柳色"四个词语中想象到丰富、生动的画面。学生在有条理、有层次且富有情趣的想象中对古诗产生更鲜明的体验，获得更深刻的美感享受。至此，学生感受到王维"诗中有画"的特点，更深层次地体会到"画中有情"这一

内涵。这样的教学，简约而不简单，极具"简易"的智慧。

三、和谐圆融，相得益彰——"变易"的智慧

这节课处处彰显易语文的辩证、和谐之美，做到深入浅出、动静相宜、情理相生、收放自如……

本诗虽只有简单的28个字，静雯老师却能根据学段特点对教材进行适度解读，将简短的诗句还原为学生最愿意接受的一个荡气回肠、流传千古的故事。教学时关注学情，顺势生成。如：课上，学生在教师的引领下，体悟到春天渭城之美，临行时朝雨之妙，加之学生课前预习时对古人送别习俗的了解，教师稍一点拨，学生便能体会到景中所包含的离愁别绪。此时"情动而辞发"，教师以"送别"为契合点有效拓展，巧妙地"以诗带诗""以诗解诗"，更好地帮助学生感悟诗句背后所饱含的真挚情谊，从角色体验中，走入情境，体会离别，感受王维诗中处处有别意，字字含真情。这样的学习体验，学生习得的学法在不断巩固、内化，学生的主体地位真正得到体现，从而达到"自学自悟""不教之教"。

王育芳

特别的说明书——
非连续性文本读写联动教学设计

执教：福州教育研究院　何捷

【设计说明】

此案分为两个部分，其一为非连续性文本的阅读训练；其二为仿写训练，是比较新颖的读写联动式设计。其中，关于药品说明书的阅读训练，不仅能有效提升学生的阅读能力，而且能有针对性地服务于生活，设计切中并符合语文课程标准中关于非连续性文本阅读的指导要义。随即的拓展写作训练部分，设计上模仿说明书这种特殊的形式进行，让学生练得有新意，有乐趣，有效果。

【教学目标】

1. 看懂药品说明书。
2. 模仿写关于"我"的说明书。
3. 在练习中逐渐形成阅读、写作要面向生活，服务生活的务实读写意识。

【适应学段】第三学段

【课时设定】2课时

【教学过程】
一、谈话导入

师：平常大家生病吃药时，是怎么吃的呢？

生：爸爸妈妈让我怎么吃就怎么吃。（众笑）

生：我听医生的，医生让我怎么吃就怎么吃。其实爸爸妈妈也是听医生的。（众笑）

师：我明白了，这叫"遵医嘱"。确实应该这样。不过，有时候我们在家中会偶发一些常见病，例如肚子疼、牙疼、不消化、拉肚子……人吃五谷，常有个头疼脑热的，一时找不到医生，也到不了找医生的程度，可以在家长的指导下，服用一些常用药。吃药前，你觉得要做些什么？

生：还是听爸爸妈妈的话。（众笑）

师：确实够听话的。不过，爸爸妈妈该听谁的话呢？这时候，大人会看一份神秘的东西——药品说明书。大家见过么？

生：没见过。

师：所以说是神秘的东西嘛。其实它一点儿也不神秘，每一种药品的包装盒里都配有药品说明书，看懂它，倘若今后有些小毛病就可以自己来解决啦。这也证明了你的成长。所以，可以说今天这节课是人生中重要的一课哦。

> **评析**：谈话导入，让课堂气氛变得平和、舒缓。同时所谈的话题与学生的生活息息相关，能有效勾连起学生的生活经验，为接下来的教学主体环节做好铺垫。何捷老师在这个环节特别注意儿童的学习心理，言语上营造神秘感，也起到良好的激趣作用。

二、看懂药品说明书

1. 通读，摄取完整信息。

师：不看不知道，看了全知道。药品说明书没那么神秘。请看我为大家带来一份真实的药品说明书。（课件展示）请大家从头到尾逐字阅读这份药品说明书，看看你都摄取到哪些信息。（生全体速读课件。）

生：我发现这里写着药品的成分，还有功

开胃消食片说明书
主要原料：山楂、麦芽、陈皮、鸡内金、白扁豆、白糖等。
主要功能：改善肠道功能，促进消化，保健肠胃。
成分含量：每片含黄酮0.39毫克；钙45毫克。
适宜人群：消化不良者。
服用量：每天三次，每次六片。
服用方法：饭后温开水送服。
保质期：18个月。
生产日期：10月15日。
批准文件：卫食健字（2002）第0592号。
贮藏方法：阴凉干燥处。

能、原料等。

生：还有生产日期、批准文件、贮藏方法等。

（其余补充发言略，共同归纳此说明书上的10个项目）

师：看药品说明书，首先要注意一个"全"字，看得完整。（板书：全）也许一个不起眼的缺漏将会引起巨大的反应。所以，建议大家第一步要按照说明书内容出现顺序顺着读，从头到尾连贯着读。

2. 速读，提取有效信息。

师：不同的人看同一份材料，会有不同的结果，那都是因为每个阅读的人需要不同。让我们做个游戏，以不同的身份再次快速阅读这份说明书，看看你都提取了哪些和你身份相关的有效信息。

课件展示：

"我"是一个需要服药的孩子的父亲；

"我"是一个药品检测人员；

"我"是一个患病的小孩；

"我"是偶然间发现这瓶药的人；

也可以自定义身份。

生：如果我是一个需要服药的孩子的父亲，我主要会看看说明书中的主要功能、适宜人群、用法用量、保质期这些信息，因为我要给我的孩子服药，不能让他吃错药，乱吃药。

师：很好，这是一个称职的父亲。

生：我要是一个药品检测人员，就看看药品的批准文号、保质期。我不吃药，我只检查药是不是假药，有没有过期，所以只需要看这两个部分。

生：我现在就是一个患病的小孩，我要看的和那个做父亲的一样。（众笑）不过，我最好把其他项目也看看，这样自己放心。（众笑）

师：真难得，比一个当爸爸的还细心。

生：我是偶然发现这瓶药的人，我只要看看保质期就好啦。一是因为现在我不需要吃药，其他不需要看；二来看看有没有过期，过期就处理掉。

生：我是制药的人，我主要看看药品的成分。

……

师：真不错。不同身份就有不同的阅读目的，快速阅读后提取最为有效的信息，这是一种能力，也是一种素养。（板书：各取所需）希望大家在日常生活的实际锻炼中不断进步。同时也希望大家在日常生活中要留心这些看似不起眼的说明书，让它成为你的生活好助手，伴随你快乐、平安、顺利地生活。

3. 解读，综合运用信息

师：光说不练可不行，接下来请大家练笔。请根据课件中的要求，再次细读这份药品说明书，看看你是活学活用还是纸上谈兵。（课件展示）同学们可以当做问答题一样，逐题回答，也可以像平常写作文一样，将这些内容串联成一段话。

> 1. 这种药品有什么功能？
> 2. 在什么情况才需要吃这种药？
> 3. 应该怎么吃？
> 4. 服用前后还应该注意些什么？
> 5. 看懂药品说明书有什么用呢？

附：学生习作

平常吃药的时候，说明书只能被我们抛弃在一边，一切听医嘱。但是，如果你今天看到了这篇文章，请不要再次将它丢弃，因为，看懂说明书，对你来说是个不小的挑战！

我眼前的这份说明书是开胃消食片的。这种药是用山楂、麦芽、陈皮、鸡内金、白扁豆、白糖等做的，主要用来改善肠道功能，促进消化，保健肠胃。你知道在什么情况下吃它吗？比如说：我们一家三口去吃自助餐，无限量地将牛肉串、羊肉串什么的洗劫一空。突然，我感觉肚子里塞满了钢针，又痛又胀，而且是"进退两难"——吐也吐不出来，拉也拉不出来。我出现了消化不良的症状，此时就应该吃开胃消食片。于是，我拿出一次应当食用的量——六片，冲好温水，待到吃过饭后，连同温开水一起服下。

太好了，经过药物的治疗，我已经痊愈了。但是，吃剩的药品该如何保存呢？服用后应该按照说明书上的贮藏方法，把药放在阴凉避光处妥善保存，再看看保质期何时到，如果保质期快过了应当尽早处理。

俗话说得好："是药三分毒。"为了避免激发药物的毒性，我们应当了解药物的信息。比如：我应该吃多少？我应该怎么吃？保质期过了没有？有没有批准文号？我是否出现说明书上写出的症状？有没有禁忌？如果你没有注意到这些信息，那么只能吃到过期药、假药、毒药了！而这些信息，说明书上都写着呢。我认为，看懂药品说明书不仅能够帮助我们更好地了解药品本身，往大了说，说不定还能捡回我们的一条命。

师：很好，能将阅读的信息变为这段话，说明你不是个书呆子，懂得活学活用。（板书：活学活用）确实，阅读并切实读懂说明书，就能服务生活，能够学以致用。

> 评析：何捷老师的这部分教学设计很有针对性，分为通读、速读、解读三个不同方式，不同目标，不同功效的读，这是非连续性文本的性质所决定的。非连续性文本中的信息不是连贯呈现，而是在文本中呈零星、发散式地分布。这就需要通过不同形式，有针对性地读，才能使信息被提取，梳理，整合，阅读才有效。非连续性文本的这一特质在这个环节的设计中得到了很好体现。同

> 时，此环节教学已经开始实施从读到写的过渡，读懂是为了写清，读与写紧密结合，学生在不断获取信息后立刻进行言语实践，将信息进行转化、加工、运用，这样的读写结合教学扎实，学生练习能收到实效。

三、仿写另类说明书

1. 了解语言风格。

师：请你谈谈，类似说明书这样的文本，在语言上有什么特点呢？

生：我觉得很简单，很简洁，该说的就说，没有一句废话。（板书：简洁）

生：没有用比喻、排比等修辞手法。

师：为什么不用呢？

生：用了反而说不清楚了。

师：我明白了，就是表达清楚这个特点吧。（板书：清楚）其实，只要是清楚的表达，用上这些修辞手法也无妨。这就是写作的魅力。没有固定的方法，只要清楚表达，什么方法都算是好方法！还有吗？

生：它还很实用，每一篇都教会我们一些东西。

师：（板书：实用）很好，这样的文章和大家平时写的作文不大一样，讲究的是语言的简洁，表达意思要清楚，写的内容要实用。这就是说明书这一类文本的语言风格。请大家记住，写作，不仅仅只有一条路，一种写法。好文章，也不仅仅只有一种评价标准。咱们今天重点关注的就是实用、独具特色的说明书。

2. 尝试新写法。

师：平时大家都写过自我介绍一类的文章，接下来就让我们来写一种另类的自我介绍，将其写成说明书风格的习作。你会发现，形式的变化将带来非凡的写作感受哦。

课件展示：请听听老师的解释吧。这里的"品名"，请你填写自己姓名；"品相"，请介绍自己的长相；"色泽"，是介绍自己的肤色；"重量"，相信你一定能猜到；"体型"，也就是介绍自己的体型啦；"功能"，就是请你介绍自己的个性特点，或者是自己所具备的能力，能做些什么，会干什么活儿等；"特长"，顾名思义啦；"注意事项"，就请你自己作个交代吧，比如有什么小习惯、坏脾气等，都可以在这个项目中填写；"生产商"，就是你的父母啦，这一栏留给他们吧；想必你也

"我"的说明书
品名：
品相：
色泽：
重量：
体型：
功能：
特长：
注意事项：
生产商：
生产日期：
特别说明：

猜到了"生产日期"就是介绍你的生日啦。

附：学生习作

品名：林雨馨

品相：乌黑的头发被一条水红色的牛皮筋扎着，有"两双"水灵灵的大眼，可惜其中一双是眼镜哦。一个扁得不能再扁的鼻子，一张呈月牙形的嘴巴，外加两只小巧的耳朵，凑成了活泼可爱的我。

色泽：黄里带微白。

重量：像小鸟一般的重量——30千克。

体型：超级苗条，都快成筷子了，所以该产品又称"超级瘦猴"。

功能：该产品与众不同，善于绘画。有一次画的一个长发穿裙子的小女孩，博得美术老师称赞。

特长：写作和弹钢琴，"大作"已在《福州日报》等报刊上发表过多篇；在老师的帮助下，钢琴弹得越来越好，曾经现场演绎《北风吹》，获得众人好评。

注意事项：该产品生气时，请不要与其讲话，不要离该产品太近，否则就会遭到"灭顶之灾"；如果该产品做作业心不在焉的话，作业上的错误会比天上的星星还多。

生产商：该产品的妈妈是老师，善于教书，教龄长达20多年，桃李满天下，对该产品严格检验，合格分数要求在90分以上，最好是95分以上；爸爸喜欢玩电脑，电脑是他的第二生命。

生产日期：2月17日。

特别说明：该产品在生产时也许出了些故障，导致该产品的右大腿接近膝盖的地方有一块红色的微型"中国地图"（胎记），可像了！只是海南与台湾不大到位。一次，一位老人无意中发现了该产品身上的"中国地图"，看了又看，还不停地说道："好啊！真好！以后肯定是栋梁之材！"这几句话让该产品高兴了好几天。如果你想见识该产品，一定要认准"中国地图"商标哦！

师：请你来介绍一下，这样幽默的说明书是怎样炼成的？和大家分享你的经验吧。

生：我是一边写一边笑的，这种形式太有趣了，说明的居然是自己，感觉很特别，很新奇。所以，写起来就不累了。

师：看来写作的兴趣很重要，有兴趣就不累。还有秘诀吗？

生：我觉得只要简单改变一下作文的形式，就会让文章个性十足，能在众多同题作文中脱颖而出。

师：这句话简直可以说是写作宝典啦。在写作前，要做哪些准备呢？

生：在写作之前，可以多找一些真的产品说明书来看一看，对说明书有更多的了解，也许写起来会更顺手。填写完之后，你还可以看一看，自己尝试着增添一些项目，让自己的产品说明书更与众不同，内容更加完整、精彩。当然，要对自己比较了解，有一些细节写起来才更吸引人。

师：模仿就是重要的一步，向生活学习，向生活要素材就是一种有效的学习方法。你真善于学习。多阅读，常写作，读写结合，越写越好。

3. 拓展延伸。

师：请大家谈谈，读写联动的课，给你什么启发？

生：有一些文章很实用，例如今天的说明书，很特别，也算是一种文章吧。

师：其实，像这一类的文章生活中很常见，还有各种的账单、清单、图表、图示，大家看的广告、时间表、书本的目录、索引等，不是由意思完整的段落构成，但是含有很丰富的信息。在生活中我们要多关注。例如下图是何老师出版的一本书的版权页，值得大家阅读。不过很多人阅读书本时，都错过了这很重要的一页。我相信大家会感兴趣的。（课件展示版权页）大家课后有兴趣，可以找找类似的看一看，相信会长进不少呢。还有吗？继续说。

生：有时候我们将作文的形式变一变，写起来更有意思，更容易。

师：对，习作的内容和形式是多种多样的，大家要敢于突破常规。

生：我觉得好文章也是多种多样的。原先我以为只有散文才是好的，现在我知道了，只要写清楚就好。怎么写，用什么样的句子写都可以。

师：这个发现很可贵！

	Wo de Moli Yuwenke
	我的魔力语文课
	何　捷　著
出版发行	海峡出版发行集团
	福建教育出版社
	（福州梦山路27号　邮编：350001　网址：www.fep.com.cn
	编辑部电话　0591—83726908
	发行部电话　0591—83721876　87115073　010—62027445）
出版人	黄　旭
印　　刷	福建东南彩色印刷有限公司
	（福州市金山工业区　邮编：350002）
开　　本	720毫米×1000毫米　1/16
印　　张	14.25
字　　数	211千
插　　页	1
版　　次	2015年8月第1版　2015年8月第1次印刷
书　　号	ISBN 978-7-5334-6847-7
定　　价	29.00元

评析： 此环节以写为主。特色在于强调变式写，鼓励学生写得清楚，写得顺畅，写得有意思，让写成为一种享受。何捷老师很注意课改新的写作理念渗透，不断鼓励学生向生活学习，到生活中寻找范本，让写作与生活接轨，为生活服务，在生活中锻炼提高写作的水平。同时，之前对非连续性文本的引入和介绍，也使得写变得更加容易，有章可循，读写联动组建在一个新颖的结合点上，学生便于操作。何老师拓展的理念，把非连续性文本的阅读引入学生视野，引入课外旷阔的学习空间。

【名师点评】

纵观全课教学，有以下三个很突出的优点。

其一，教学理念很新颖。2011年版《课标》颁布实施以来，非连续性文本成为大家关注的焦点，但关乎此类的教学设计还是比较鲜见，不少教师甚至还不能，也不敢"越雷池"。此时，何捷老师推出这节课的设计，理念就显得新颖、独特，勇气可嘉。他在非连续性文本的阅读教学中融合的写作教学，实现了读与写的有效联动，这样的教学理念体现的是教师对课程标准比较精准、深透的把握，建立在丰富的教学经验积累的基础上，构筑于对第三学段学生基本学情的准确定位上。新理念，新思路，整节课给人耳目一新的感觉。

其二，教学设计很精巧。何捷老师乐于阅读写作，擅长写作教学，此课的设计就充分体现了教师的特色、特长、特性，将非连续性文本的阅读和写作教学巧妙、精密地结合在一起，不断"变易"，形成读与写的联动。先以读切入，充分读，分层次，分目标，分阶段读，读得到位就能水到渠成，写就能自然渗透融入，也就能写得轻松自如。这样的设计有两个作用，既让非连续性文本的阅读落到实处，学生读得透彻，有收获，又让文本成为范本，降低了写的难度，使写具有趣味性，实用性，灵动性，使学生达到"乐于动笔"之效。

其三，能力训练很到位。何老师结合此课的教学，对学生进行多种的能力训练。如：信息的收集，整理，加工的能力；非连续性文本的初读，速读，精读，解读能力；分析范文，借助范文创新写作的能力；主动探索，尝试解决问题的能力；面向生活，自助、自学、自觉应用所学为生活服务的能力等。何老师在坚守训练中不断调整教学策略。可以说这是一节以非连续性文本阅读和写作为纬，以能力训练为纲，经络分明，读写合理充分地实现联动的一节课。

《伯牙绝弦》第一课时教学案例

执教：福州教育学院附属第二小学　唐禧

【教材】
人教版小学语文六年级上册第25课。

【教材分析】
《伯牙绝弦》是人教版语文六年级上册的一篇文言文。故事荡气回肠、耐人寻味。伯牙喜欢弹琴，子期有很高的音乐鉴赏能力。伯牙把感情溶进乐曲中去，用琴声表达了他像高山一样巍然屹立于天地之间的情操，以及像大海一样奔腾于宇宙之间的智慧，琴技达到了炉火纯青的地步。而钟子期的情操、智慧正好与他产生了共鸣。不管伯牙如何弹奏，子期都能准确地道出伯牙的心意。伯牙因得知音而大喜，道："相识满天下，知音能几人！"子期死后，伯牙悲痛欲绝，觉得世上再没有人能如此真切地理解他，"乃破琴绝弦，终身不复鼓"。古人说："士为知己者死。""伯牙绝弦"所喻示的正是一种真知己的境界，这也正是它千百年来广为流传的魅力所在。

选编这篇课文的意图，一是让学生借助注释初步了解文言文的大意；二是积累中华优秀经典诗文，感受朋友间相互理解、相互欣赏的纯真友情；三是体会音乐艺术的无穷魅力。

【设计理念】

在"运河之声"全国多种风格与流派小学语文名师教学观摩活动上，闫学老师的《伯牙绝弦》一课如高山流水，曲韵悠长，至今还余音袅袅。她对教材有深入而独到的解读，让学生和听课的教师深深地沉浸在"高山流水不息，千古知音难觅"的境界里。如何从名师课堂的"神坛"走向适合自己课堂设计的"讲坛"呢？我们决定采用拿来主义，大胆借闫学老师的课堂智慧，做了一些借鉴与突破，结合执教老师自身特点，力求在设计上更接近常态课，更贴近自己的学生现状上出新意。

全课设计以"三品知音"为线索贯穿前后，一气呵成，既让学生扎扎实实地接受了一次语言文字训练，又在过程中受到熏陶、感染、滋养，课堂的语文味浓重，学生学习效果凸现。把语文与生活嫁接一处，语文课堂便有了广度。此时再加上课后拓展环节，课堂就有了张力。

【案例描述】

片段一：品读课题。

师：再读课题。

师："弦"是什么，谁知道？

生：琴上的弦。

师：看，这就是弦，对于琴而言，弦就是琴之魂。（出示课件）再看"琴"字，如果我们把它上面的两个"王"连起来，它就像丝丝琴弦。古人在造这个字的时候就是用象形的办法，把琴弦标注出来了。可见，弦对琴来说是多么重要啊。

> **评析**：说文解字，对"弦"的适度讲解补充学生知识经验的不足，点明弦是琴之魂，有利于学生对后文俞伯牙"破琴绝弦"举止的理解，产生情感的共鸣。此设计巧妙。

师："绝弦"的"绝"，怎么理解？

生：断绝。

师：你会利用注释，利用身边的资源，连起来理解"绝弦"的意思吗？

生：把弦弄断。

师：你会颠倒语序，用现代文来理解，好！文言文的翻译啊，不能逐字逐句，那么呆板地翻译，要学会变通，要学会模糊地翻译。

评析：学生容易逐字翻译，从而会产生语义不畅。教师适时强调文言翻译的模糊性和注重语感顺畅。这一方法值得在小学文言教学中推广。

师：连起来说说课题的意思。

生：俞伯牙把琴弦弄断了。

师：高声再读课题。

评析：题为文眼，充分发挥课题的教学资源。对"绝"的理解也为下文埋下伏笔。

片段二："善"字品读。

师：找找具体描写伯牙善鼓，钟子期善听的是哪两句话？

生：伯牙鼓琴，志在高山，钟子期曰："善哉，峨峨兮若泰山！"志在流水，钟子期曰："善哉，洋洋兮若江河！"

师：这两句中间还有两个"善"字，这两个"善"，还是善于的意思吗？

生：是"好"的意思。

师：这个"善"字很有意思。（板书：善）造字的时候，这两个点，就像人们伸出的两个大拇指在称赞他，下面的口呢，我们还可以写得大一点，张大嘴巴，大声的称赞，大大的称赞，要让别人看得见，听得着的称赞。善哉，谁会读？

（多人试读。全班读）

评析：全文出现了四个"善"，意思不同，尤其是后两个"善"，学生似乎只可意会不好言传。教师再次通过说文解字的办法，梳理了几个学生的表达，理解后，朗读就能找到夸奖的感觉。这部分的字词教学扎实。

片段三：劝解伯牙。

师：可是月有阴晴圆缺，人有旦夕祸福。第二年的中秋，在钟子期的墓碑前，俞伯牙做出了令世人惊愕的决定，全班读——

生：子期死，伯牙谓世再无知音，乃破琴绝弦，终身不复鼓。

师：数数，这句话中写了伯牙做的几件事？

生：第一件事，伯牙说世上再也没有知音了；第二件事，伯牙把琴弦摔碎了，终身都不弹琴了。

师：你会数，说明你会翻译了。对于伯牙而言，他心里好受吗？

生：悲痛欲绝。（板书：悲）

师：带着这种悲伤的情怀再读。

师：看到如此悲痛的俞伯牙，你想不想劝劝他呢？

生（我是俞伯牙的朋友）：伯牙兄，人已不在世了，何必拿琴出气呢？你再坚持弹下去，说不定子期在天上听到了会更高兴。

生（我是伯牙的师父连成先生）：伯牙，俗话说，一日为师，终身为父，请听为师一劝呀。世上没有不散的筵席，子期已死，人死不可复生，以后你还要多多弹琴，他在黄泉路上也能听到你的琴声。

师：文绉绉的言语让我感到，你不但是伯牙的知音，还是文言文的知音啊。

评析："劝解"是老师的设计，因有前面充分感知知音的基础，才有此时学生个性多样的表达。"劝伯牙"的环节激起学生浓厚的兴趣，他们能充分展开想象，多角度地劝解伯牙。

片段四：品读知音。

师：此时，伯牙，你不能再沉默下去了，要不，世人可就真要误会你了。谁心里有回应的话，你告诉他们，你心里是怎么想的？

生：子期死了，再也没有人能听懂我的琴声了。我再弹琴又有什么意思呢？所以我决定"破琴绝弦，终身不复鼓"。高山流水，知音难觅。对于了解我、唯一能听懂我琴声、为我付出那么多的知音，我要用自己的行动来报答他。

生：子期死了，就让我的琴随他去吧。我不是无情之人，摔琴是我的一种纪念。

师：看来，是我们太不了解知音在子期心中的地位。再读这句话，读得坚定些。

师：学到这，请你从生命的角度来说说，他们是怎样的一种朋友？

生：他们是一对同生共死的朋友。（板书：生死与共）

评析：学生对"知音"的解读可以是多元的，教师的设计让学生渐进式地体悟"知音"的内涵，丰富了学生对文本的理解，也达到语言训练与情感体验的目的。

【名师点评】

唐老师变易传统的文言教学，精彩的课堂演绎，让我们重新走近了古文，投入到了那浪漫美妙的意境之中，感受到了它独有的韵味，领略到了古文那博大深厚的内涵。这节课我们虽看到了一场悲剧，更应该从这个故事中见证一种人生的美好，感受一份人间的温暖……难怪在我国古代文化的史册中，一直认定文言文为重要的精髓。难怪在新课改的发展进程中，要将少量的文言文引入小学语文教材，让充满想象力的学生第一时间感受古文独有的韵味。

　　书读百遍，其义自见。唐老师充分信任学生，把读的权利还给学生，鼓励学生不断探索，寻找自信的力量，在自悟自得中感受朗读的乐趣，充分展示了"以读促悟"的理念。师生互动，生生互动，非常踊跃，撞击出了课堂教学的生命火花。她把自己的情感深深地融入到文本中，与学生随着作者的情绪时起时伏，或歌或泣、或思或诉，真正实现师生共鸣，使得学生的个性和认识，得到最大化的释放，人文情怀得到滋养，人生境界得以提升。这是一种"润物细无声"的"无为"境界。

附录：

陈曦印象记

于永正

在我眼里，陈曦永远是个孩子。这不容易，我教了一辈子书，也就是把自己教成一个孩子。陈曦，一直就是个像男孩子的女孩子。

第一次见面时，她不过二十七八岁，留着男孩的发型，她的头发绝对没有我的长。大眼睛，双眼皮，一双明眸总是带着笑意。身穿牛仔服，更显得精干利落，像一个男孩子。她的一口标准、流利的普通话，竟使我怀疑她不是福州人。我们的第一次见面在上海。我刚上完课，她迎上来，笑着站在我面前，说："我是陈曦，福州的。"

不用她介绍，我记得很牢。因为她是个有特点的女孩，一个教师一节课，足以让人记忆犹新。我说："我记得你。你就是两年前在马鞍山举行的全国阅读教学大赛上获一等奖的陈曦。我的两位同事听过你执教的《灰雀》，对你赞不绝口。他们说，这个一等奖是真语文，是靠孩子、教师真正去'读'出来的。你的课是真正以读为主的语文课！"

她连声说自己的课很稚嫩，说是在我面前不敢妄谈"朗读"二字。陈曦是个善于学习的女孩，在见我之前，就听了我的《小稻秧脱险记》。她说自己深受启发，她说发现了真正的优质语文课。我们就这样相逢，相识。缘分就开始越来越浓。

这样的女孩让人印象深刻。我清楚地记得第二次见面是在天津。全国作文教学研讨会一结束，著名特级教师张树林居然邀请我和陈曦吃狗不理包子，饭后又邀我们到他家里喝茶。我心中有些纳闷，请我是老交情，请一个小女孩陈曦，这又是唱的哪一出？后来我才知道，陈曦是个好学的孩子，但凡有机会就如饥似渴地学习，张树林这样的前辈高人，早已和陈曦是师徒关系。张老师是有名的大胖子，上楼梯、起坐，陈曦都主动去搀扶，就像个孩子对长辈那样尊敬。张老师用他那特有的磁实而又浑厚的男中音说："老于，你别羡慕，她是我的徒弟，非常优秀。"他的宽厚的胸膛简直是一个优质的大音箱，从里边发出的声音真好听。

说完，他大笑，我们也大笑。

陈曦孩子般搀扶着张老师，以至于我很羡慕他，这不是嫉妒。我想，要是我以后行动不便，也能有这样的徒弟搀扶着该多好哇！因为我看中陈曦对前辈的这份敬重，不久，她真的成了我的徒弟。没有举行什么仪式。她每次发短信，总是师傅长师傅短的，我也顺着她，张口一个徒弟，闭口一个徒弟，一来二去，就认了。这就是中国人说的缘分。一次，我去福州讲学，她邀我到她的学校给教师们讲课，指导。陈曦说："师傅不是我一个人的，我要让学校教师都享受福利。"我这才知道她当时年纪轻轻已是福州一所名校的副校长。我很高兴在福州有个这么优秀的徒弟，有这么一个善于分享、为人大气的女徒弟。于是我逢人就介绍她，推荐她。其他青年教师听了，都以羡慕的眼光看着她。至于其他老教师是不是也羡慕我有这样优秀的徒弟就不得而知了。因为上了年纪的人，都善于把自己的真实想法隐藏起来。后来我们多次见面，除了讨教语文教学之外，陈曦也像对待张老师那样，对我百般敬重。但更可贵的是，如果同时还碰上了张老师，她更多地照顾张老师。我一如既往地——不嫉妒。因为我理解她，鼓励她，认同她，她是个做事很细致的孩子，讲究个轻重缓急，分得清主次先后。

她像个男孩，但还是存有一颗女儿心。

2009年，我到厦门讲学，她听说后驱车三个多小时从福州来看我。多少年了，她还是留着短发，着装简洁。第二天下午，活动结束，她带我到她姑妈家去。她姑妈叫陈秀卿，是福建省书法家协会副主席，厦门市书协主席，我国著名的书法家。还没落座，她就对姑妈说："这是我的师傅、著名特级教师于永正先生，爱好书法，请您给写一幅字。"我想：这也太直奔中心了吧？转念一想，陈曦不就是这样真性情的孩子么。陈先生说："于老师一定也喜欢写字吧？请先留下墨宝。"我战战兢兢地写了一首郑板桥的题竹诗，陈先生端详了一会儿，对陈曦说："你师傅为人宽厚大度，谦让仁慈。"陈曦大吃一惊："姑妈你怎么看出来的？"陈先生一笑，说："从字看出来的呀！字如其人嘛。"说罢，研墨，展纸，润笔，挥笔写下《易经》中的两句话："天行健，君子以自强不息；地势坤，君子以厚德载物。"

第二天，我回到徐州。她发来短信："姑妈喜欢《易经》，我亦喜欢。相信师傅一定也喜欢。送您一句祝福，愿平安、幸福与您一生相伴。"读着短信，她似乎就站在我的面前，一双含笑的明眸看着我。我心里只有感动——陈曦，看似男孩，但还是女儿心。

时光如白驹过隙，和她没见面才一会儿功夫，我就感受到了陈曦的成长。再见她时，她已经是福建省首批名师，政府为她专门成立了"陈曦名师工作室"。当年的那个小女孩，已经成长为带着众多徒弟一块成长的领衔名师了。

2011年秋天，她到深圳听课，当着我的面说出了一些名师课的不足，直言不讳，一针见血。后来她写了一篇文章，对这次听到的课作了评价。一分为二，优点是优点，问题是问题，她指名道姓、毫不遮掩地写出了自己的看法。说优点不虚，谈问题有据，坦坦荡荡如水，诚诚恳恳可感。文中透出一股坦荡、刚正之气。我感叹：她确实有男子气魄！

最近，读了她写的《易语文，中和的智慧》。真是刮目相看！她成熟了。她在文中写道："从古代的医学、建筑学、伦理学……到现代的物理学、化学、信息学、遗传学等都受到《易经》的启发和影响。有人形容《易经》就像个古井，不管是谁，不管在什么时间，放下一个水桶，就能打上你要的那桶水。因此，《易经》被誉为'中华文化最高的智慧'。"没想到，善读善思的陈曦，从《易经》这个古老的井里，提出了一桶易语文的水！细读一下，觉得还真有道理！

陈曦说，易语文的"易"有三层含义，第一，不易。即抓住语文教学的根本规律，处理好师与生、学与教、知识与能力、预设与生成等方面的关系。第二，简易。语文教学要简约，不能搞复杂。第三，变易。语文教学既不能因循守旧，也不能动荡不宁，要因文、因人而异，要以学定教，顺学而导。简而言之，一切从学情出发，从学生的实际出发。

我看了她执教的《开国大典》和《全神贯注》等课例，真是大气之极，简约之极，有效之极！若不是站在一定的高度上，是断不会有如此之课堂教学的！从中，我初步品出了易语文的味道。

今天，我终于明白了，她的发型为什么如此简单，她的着装为什么如此简洁，她做事为什么如此干练。原来，她方方面面都在演绎着"易"的理念！我也终于明白了，她为什么常在我面前讲《易经》。易语文的提出与实践，绝非偶然。

陈曦是一位年轻的女性。但她的直率、坦诚、热忱、气度与冷静，她的知识的广博，思考的深刻与做人的洒脱，她的高瞻远瞩、广阔的胸襟与做事的气魄和果断，常常使我把她与"伟岸丈夫"连在一起。她的确是一位像男孩的女孩！

精彩陈曦

何 捷

凌晨三点半,依偎着撒满天空的繁星,一个智慧的灵魂在思考。

她所关心的话题也许只是一个教育的细节,一堂课的打磨,孩童一句稚嫩的话语。在旁人那里未曾停留的信息,此时都清晰地呈现在她脑海中。她微笑着,带着对问题精益求精的探求。她说:"做人难得糊涂;做教育,我不愿糊涂,不喜混沌。"于是,在浩淼的宇宙夜空,她将自己的心和灵全部投放,与热爱的教育教学工作一同呼吸。此时周围是祥和的静夜,无数人已在困顿中沉沉睡去,而她则独享着此刻的静谧,这样难得的时空给她带来的是思维的奔驰,是灵光的闪现。

这样的凌晨,在她的教学生命体验中,已经记不清有多少个。她,就是精彩陈曦。

精彩是个很中性、丰富的词,我仅仅用它来书写陈曦。于我看来,再多的溢美,再繁复的修饰对于她而言,都是可以痛快割除的附庸。率性天真的她,宁愿保持着童真,沿循着她从师之初就建立起来的良善。我相信在她的教育人生中,永远不能也不敢懈怠的记忆,就是从深爱自己的孩童身上,从前辈恩师的智慧里所汲取的丰厚营养。这些自然成为她秉持至今的品格与性情,处事之风骨,更是她宏大而温润的教育情怀。

如此精彩的陈曦,带来的是一种扑面而来的冲动,让每一个认识她的人都试图打开记忆的闸门。我开始搜索陈曦留给我的第一印象⋯⋯

十几年前的一个下午,我带着朝圣的心前往福州师范一附小听课,据说是一位刚参加全国教学大赛载誉归来的名师展示《灰雀》一课。铃声伴随着心跳,走进一个让我大感意外的青年女教师:干练的短发,亮丽的眼眸,俊俏而略带消瘦的面庞。这与想象中获得全国最高级别教学专业赛事大奖的名师形象有很大距离,年轻的陈曦将给听课的福州市数百骨干带来什么样的演绎?开课仅几分钟,所有的顾虑就开始瓦解,她就是为课而生的。一节课后,我甚至重新定义了名师。名师之名,就在于对专业的执着与矜持,在于对教育的真挚与彻骨的热爱。这些,陈曦都转化并体现在她的课堂上:极其清晰的教学思路,至今看来仍显科学前卫的教学理念,对教材分寸精准的拿捏与把握,还有她独特的亲和力、感染力,就藏在她与儿童相视瞬间的甜美一笑,就在她与儿童灵动机智的对话之间。

很难说清楚，是她成就了课堂，还是儿童成就了她，她与课堂，与儿童，水乳交融，相生相长。

初相遇，陈曦带给我的竟然是教育人生路上的大角度转轨。我在心里啧啧赞叹：名师，应该就是这样。实践证明，后来成为校长、特级教师、学科带头人、学术导师的陈曦，在许多青年教师的成长路上，不断扮演伯乐的角色：提携青年参加高端教研活动，帮助青年设计课堂教学，引领青年读书成长，关怀青年职场境遇。千里马易寻，伯乐难求。陈曦的豁达与包容，满怀爱意与诚心期待，都在众多青年教师的成长路上，化作如影随形的清风，变身为微曦闪烁的明灯，沁入青年教师的心，融为大家结伴前行的无穷动力。自然，其间也包括小小的我。回顾我十余年的教学之路，基本就是按照陈曦带给我的巨大冲击力来约束自己，要求自己，自我研训与自觉发展的。我常常在即将丧失教学信心时，心里默念：做像陈曦一样的语文教师，让学生喜欢自己，喜欢语文，喜欢生活。"喜欢"二字，成为一种神圣而坚韧的力量，那是陈曦带给我的教育生命的启示。遇到一个能够指引自己的慈祥高人，是何等幸事。感恩，我在起步时遇到陈曦。

现在想来，近几年，陈曦能在全国语文教学专业领域提出独树一帜的易语文教育思想，也许，就在那时候开始萌芽，就在她十几年不间断地精耕细作的教育沃土中滋养成长。否则，易语文又怎会在问世后，立刻引起全国语文教学界广泛关注，易语文的教学思想精髓怎会被陈曦带到祖国各地，怎会在广大一线教师中口耳相传。一个个奇迹的背后，都归结在同一个答案，同一个符号——精彩陈曦。她将自己和所从事的教育教学画上了永恒的等号。

我全程参与陈曦易语文教育主张的研究过程，亲历了易语文从破到立的建构过程，发现了陈曦"严谨，求真，去弊，悦纳"的学术精神，这不能不说是对"精彩"的又一阐释。

易语文教育主张的哲学思考源自《易经》，国学家底深厚的陈曦自小对中国古典文学、哲学就有着痴迷的热爱。她喜欢研读《易经》，如今为了转化为语文教育主张，她更是虚心请教专家，曾远赴香港探求易经奥秘，也到田间地头采自然之气，实地查询考证。她常对身边的教师说："宁可慢，也不要让我们急于端出的所谓研究结果耽误别人。"有时候，为了验证一种教学方法的有效性，陈曦甚至用尽了一个年段所有班级试教，写下数以万计的反思，和许多有志于教学研讨的同行交流。我清楚地记得她主持教学研讨时的开场白："我是陈曦，请大家向我开炮，谢谢大家对我的批评。"这样的真诚，使得"陈曦名师工作室"历次教学观摩研讨都吸引着来自福建各地的名师、青年骨干。大家在一起享受愉快的时光，产生激烈的思想火花碰撞，每个团队成员都成了教学求真路上的伴侣。"陈曦名师工作室"的活动，也成为一次次观念的汇聚，智慧的互动。

渐入佳境后，易语文研究进入理论建构和海量实践双轨并行阶段。此时，陈曦的悦纳精神为其研究工作充分助力。她悦纳各种言论，研讨中组织百家争鸣，这让她的主张变得更加多元与周全；悦纳各种流派，各种风格的教学展示，这让易语文的实践研究变得更加丰厚。在几次课程改革的转型期，陈曦不断挑战自我，重塑自我，也实现了一个又一个更高更新的目标。去弊，在每一次学术研究拾级而上的过程中，都显露痛苦中蕴含的无限价值。她从来没有沉醉于取得的成功之上，相反，她总说："人，从未有过真正的成功。进取，就是每一个教师生命的原色。"课程改革之初，她首先从课堂有效性入手，研究高效课堂；课程改革深入阶段，她将"儿童"作为教学研究的主要方向，提出建构适切于儿童的童趣课堂；课程改革转型阶段，她又结合担任香港小学语文教学顾问的经历，吸纳了香港小语教学精髓，力主翻转课堂，注重学情本位，实现以学定教。在福州二十余年的教学历程中，我们很少听到陈曦执教课有重复。《开国大典》《小英雄雨来》《伯牙绝弦》《桥》《创意写作》《五彩池》《白鹅》……每一节课都成为经典。我们很少听到她讲述陈旧的理论，总是感觉她把握着最新最前沿的学术观点，与课改的脉动同频。她在磨砺中实现着自我超越。

精彩陈曦，言说不尽。不光我一人，大家都喜欢她。在武汉，我遇到杨再隋教授，他关切地询问："陈曦的语文教育，做得如何了？"在江苏，特级教师于永正说："陈曦，我的好徒弟，认识她真好。"在北京，崔峦老师勉励我："陈曦的课，真棒，你要好好学。"在上海，贾志敏老师说，陈曦教的是真语文……